STUDIES ON VOLTAIRE
AND THE
EIGHTEENTH CENTURY

180

General editor

HAYDN MASON

School of European Studies
University of East Anglia
Norwich, England

EMILE LIZÉ

VOLTAIRE, GRIMM ET LA CORRESPONDANCE LITTÉRAIRE

THE VOLTAIRE FOUNDATION

AT THE

TAYLOR INSTITUTION, OXFORD

1979

ISSN 0435-2866

ISBN 0 7294 0121 9

Printed in England by Cheney & Sons Ltd,
Banbury, Oxfordshire

Table des matières

Préface

〜〜〜

Il est deux façons pour le chercheur d'apporter de nouveaux matériaux à l'histoire de la culture en général et de la littérature en particulier. L'une consiste à découvrir des documents totalement inconnus (comme le journal secret d'un écrivain), l'autre à redécouvrir des documents pour un temps négligés et méconnus, et à y mettre au jour de l'inconnu.

Le second cas est celui des périodiques, et plus encore des périodiques clandestins, manuscrits, comme il en existe un assez grand nombre au siècle des Lumières. Ils ne furent jamais oubliés, puisqu'ils furent en partie imprimés au cours du siècle suivant, soit dans l'immédiat prolongement de la grande époque des philosophes, au premier tiers de ce siècle, soit par ceux qui ramassèrent le flambeau au cours de son troisième tiers, quand triompha pour un temps en France l'esprit laïque et républicain. Mais une fois retombés l'engouement et l'enthousiasme, les 'journaux manuscrits', les 'correspondances littéraires' retombèrent au rang des documents d'histoire, et, l'histoire littéraire s'éloignant de l'histoire générale, ils ne furent qu'un objet de lointaine référence, utiles tout au plus aux biographes.

L'optique changea il y a environ un demi-siècle, lorsque s'apaisa le haro sur le positivisme, et que, sous l'influence bénéfique du marxisme, on redécouvrit les liens qui unissent les œuvres d'art avec leur public, leur époque, et que s'élabora une histoire des mentalités. En même temps, le journalisme se faisait enfin admettre comme un genre littéraire, sans doute mineur et peut-être auxiliaire, mais vivace et parfois assez riche pour qu'un Jean Prévost en adopte les mesures pour jauger un Stendhal.

Ainsi s'explique le renouveau de l'intérêt qu'ont suscité les 'correspondances littéraires', dont l'étude sérieuse ne fait que commencer, et d'abord, en avant-garde, celle qui est considérée comme la *Correspondance littéraire* par excellence, celle de Friedrich-Melchior Grimm, à laquelle ont collaboré, consciemment ou non, deux des plus grands écrivains philosophes, Diderot et Voltaire.

7

Que les spécialistes de Diderot aient ouvert le chantier de recherches n'a rien pour surprendre, puisqu'une grande partie des œuvres de Diderot ont été 'publiées' et, de son temps, seulement publiées dans la *Correspondance littéraire*. La liste en est si longue qu'elle peut donner le vertige, par la tentation de retrouver coûte que coûte la patte des grands écrivains dans des textes perdus au fin fond de tous les périodiques. Car les éditions du dix-neuvième siècle sont loin d'avoir révélé ces trésors et surtout toute la richesse des manuscrits: je fus, pour ma part, émerveillé, en consultant pour la première fois, grâce à mon admirable ami Werner Krauss, la collection de la revue de Grimm conservée à Gotha. De quoi déjà rêver d'une réédition intégrale, mais les historiens de la littérature étaient fort loin encore de ces projets, surtout peut-être quand ils se consacraient à Voltaire.

D'autres chercheurs, cependant, s'intéressaient peu à peu à ce domaine, sous l'angle des rapports avec la culture européenne francophone, car la *Correspondance littéraire* fut lue dans les cours d'Allemagne, de Suède, de Russie: j'ai nommé en particulier J. de Booy et J. Schlobach. Il est donc fort logique que le premier colloque scientifique qui ait été consacré à la *Correspondance littéraire* se soit tenu à Sarrebruck, en février 1974, avec un grand succès. Les actes publiés depuis en ont révélé le sérieux des participants et la richesse des découvertes déjà faites ou en cours. C'est à ce colloque qu'Emile Lizé exposa ses découvertes, avant même de soutenir sa thèse à Paris et parla, devant cette assemblée, de 'Voltaire, "collaborateur" de la *Correspondance littéraire*'. Et voici que, ce colloque ayant impulsé et accéléré les découvertes des autres chercheurs, Emile Lizé a dû mettre à jour, pour le publier, son ouvrage, tout au moins en ce qui concerne l'histoire de la revue de Grimm. C'est très bien, et tant mieux.

C'est un document fort complexe que le périodique. L'historien, au sens plein du terme, a tendance à dépouiller ensemble tous les périodiques de la même époque, pour brosser en quelque sorte une toile de fond, par exemple d'une année, et donner ainsi une image de la mentalité de l'époque. Et le périodique 'littéraire' peut très bien servir pour cette tâche, car le mot 'littéraire', au siècle des Lumières, a une compréhension fort large que nous définirions plutôt de nos jours par *culturel*, à condition d'en exclure le domaine proprement scientifique. Mais si l'on réduit le champ de travail à l'histoire même du texte des journaux, c'est encore une entreprise très longue que de faire l'histoire d'une publication périodique particulière ou même de retrouver la personnalité de tel ou tel journaliste. Enfin, l'on peut, à l'intérieur d'un même périodique, étudier tel ou tel collaborateur, occasionnel ou non, et c'est la méthode qu'a choisie Emile Lizé, laissant à d'autres comme mme Kölving le soin de dresser un inventaire intégral, ou, comme mme Mervaud, de retrouver le début de la *Correspondance littéraire*. Emile Lizé s'est donc attaché uniquement à Voltaire. Reprenant les suggestions que j'avais émises en 1969, il a procédé à une enquête tenace, dont j'ai suivi les étapes avec passion et qui s'est révélée très fructueuse. Au point de départ, il s'agissait seulement de répertorier les textes dont Grimm signale qu'ils sont de Voltaire, ce qui était très naturel, étant donné la réputation de Voltaire dans les années cinquante.

Ce n'est pas, à la vérité, qu'on puisse considérer Voltaire comme un 'collaborateur' du journal au sens propre du mot. Dès le colloque de Sarrebruck, Emile Lizé dissipait *a priori* ce malentendu. Mais le fait est que Grimm a publié dans sa revue, pendant une dizaine d'années, un très grand nombre de textes de Voltaire, et qu'il apparaissait ainsi, au moins aux yeux des abonnés, comme un important collaborateur.

On serait tenté d'imaginer que Grimm voulait plaire à son public d'au-delà du Rhin, c'est-à-dire de souveraines allemandes, parce que Voltaire était déjà connu dans ce monde. Et assurément la revue a commencé à l'époque même où, rompant avec Berlin, visitant les cours germaniques, il passait plus d'un mois dans celle de Gotha, auprès de la duchesse qui fut le principal abonné de la *Correspondance littéraire* (avril-mai 1753). Bien que ce rapprochement ait été suggéré par S. Stelling-Michaud et J. Buenzod, au colloque de Mannheim sur Voltaire et l'Allemagne, les dates semblent montrer que seules les *Nouvelles littéraires* de Raynal pouvaient alors parvenir à Gotha. Et surtout, Grimm n'inséra systématiquement des textes de Voltaire que plus tard, lorsqu'il eut fait sa connaissance personnellement avec mme d'Epinay, en 1759. Il fut alors, au moins pendant une dizaine d'années, à même d'avoir régulièrement des copies des œuvres que Voltaire destinait à l'impression.

Emile Lizé a tenté de cerner à ce propos les rapports du grand philosophe avec le journaliste allemand. C'est moins leurs affinités qui peuvent surprendre que les causes de leur éloignement postérieur. Des personnalités aussi fortes restent, à vrai dire, toujours insaisissables.

Mais dans ces conditions, l'objet de la recherche devait changer. Il ne s'agissait plus d'étudier un collaborateur dans ses liens avec une revue et avec le rédacteur en chef. Il ne s'agissait plus de se borner à ce que

Voltaire aurait écrit *pour* la *Correspondance littéraire*. Il s'agissait désormais d'étudier l'image que la *Correspondance littéraire* donne de Voltaire.

Emile Lizé a donc voulu révéler, grouper, tout ce qui concerne Voltaire dans une revue dont une certaine partie était inédite. Cette méthode m'a paru indispensable et elle se révèle fort vivifiante. Elle éclaire d'ailleurs aussi bien la revue que l'auteur: c'est ainsi qu'Emile Lizé a publié, pour la première fois, un type de texte qui fut la victime d'omissions systématiques de la part de Maurice Tourneux: les analyses des pièces de théâtre, dont seule une édition complète pourra faire redécouvrir l'importance, mais dont on apercevra facilement ici l'intérêt.

Sans doute, voulant aller encore plus loin, Emile Lizé a publié des œuvres dont Voltaire est seulement le destinataire, ce qui l'entraînait dans un dédale de petits textes dont certains sont anonymes et qu'il est souvent fort difficile d'identifier. Ces enquêtes bibliographiques sont lassantes, souvent décevantes, et il est trop aisé pour tel spécialiste 'borné' de démentir une hypothèse. Je n'estime pour ma part que ceux qui viennent donner la main sur le chantier, et bien avant la onzième heure.

La tâche majeure était en réalité d'ouvrir le chantier le plus largement possible. Vu sous cet angle, le relevé qu'offre Emile Lizé est comme le grand dossier où les commentateurs trouveront leurs matériaux classés d'avance et en quelque sorte étiquetés. Une histoire s'y esquisse de ce qu'on peut appeler: 'Voltaire dans la *Correspondance littéraire*', c'est-à-dire dans la culture des lecteurs autant que dans la mentalité du groupe philosophique dont Grimm fut le truchement.

On regrettera sans doute de ne pas lire dans ces pages, exhaustivement, toutes les pièces répertoriées. La place manquait évidemment pour donner le texte intégral de tout ce qui n'était pas inédit. Et de ces inédits, on ne trouvera pas ici une véritable édition critique. Si les variantes sont notées par rapport aux éditions imprimées, elles ne le sont pas entre les divers manuscrits. On pourra même regretter que, dans le cas des manuscrits, le texte de base ne soit pas toujours le même; on remarquera aussi que la transcription, malgré les bonnes intentions initiales de l'auteur, offre encore un certain nombre d'imperfections: les historiens de l'orthographe et de la ponctuation vérifieront eux-mêmes, ou attendront la nouvelle édition de la *Correspondance littéraire*. Pour cette édition, en tout cas une équipe est prête, et le courageux et considérable travail d'Emile Lizé en est désormais le gage très probable. Il faut lui en exprimer toute notre reconnaissance.

Jean Varloot

Avant-propos

LES recherches récentes menées sur les œuvres de Diderot raniment actuellement l'intérêt de la *Correspondance littéraire* de Grimm et Meister. L'édition critique, en cours d'élaboration, de cette somme philosophique, est soumise dans de très nombreux cas aux problèmes que posent les copies manuscrites de la *Correspondance littéraire*, dont un récent colloque à l'Institut d'études françaises de l'Université de la Sarre a montré la complexité.

A l'encontre des diderotistes, les critiques de Voltaire, à l'exception de quelques spécialistes dont m. Pomeau qui m'avait proposé cette recherche, ont jusqu'à présent quelque peu 'boudé' les feuilles manuscrites de la *Correspondance littéraire*. Pourtant, c'est grâce aux indiscrétions de Grimm et Meister que de nombreux textes de Voltaire nous ont été conservés.

C'est avec un vif plaisir que je m'acquitte ici de ma dette de reconnaissance envers ceux qui m'ont aidé dans cette étude tout en assumant l'entière et seule responsabilité à l'égard d'éventuelles erreurs. Je m'empresse de remercier m. René Pomeau pour l'intérêt sans éclipse qu'il a porté au progrès de mes travaux. Ses conseils, ses directives stimulantes et son inlassable confiance m'ont été essentiels.

M. Jean Varloot a mis très obligeamment à ma disposition les microfilms conservés au L.A.96, associé au CNRS, et m'a fait profiter des notes qu'il avait prises lors de son séjour à Gotha. Qu'il en soit ici vivement remercié ainsi que m. Robert Mauzi, Directeur du Centre d'études des XVIIe et XVIIIe siècles de l'Université de Paris-Sorbonne. A partir du monumental dépouillement de tous les manuscrits de la *Correspondance littéraire* établi par mlle Ulla Kölving (Upsal) en 1976, pour ce Centre de recherches et avec l'aide inestimable de mme Jeanne Carriat (Paris), j'ai pu vérifier et compléter de nombreuses entrées de l'inventaire, grâce à une subvention de l'Université d'Ottawa, en 1978.

Je suis très redevable également au personnel de la Bibliothèque nationale, de la Bibliothèque historique de la ville de Paris, de la Bibliothèque royale de Stockholm, de la Bibliothèque de l'Arsenal, des

Archives d'actes anciens de Moscou et de la Bibliothèque Paul Hazard de l'Institut de littérature française de Paris IV.

La collation sur la copie de la *Correspondance littéraire* de Catherine II a été effectuée lors d'un séjour en URSS en 1977, dans le cadre des échanges Canada-URSS du Conseil des arts du Canada et de l'Académie des sciences de l'URSS.

Je remercie en outre mmes Agneta Hallgren et Maria Save (Upsal), mm. Jean Th. de Booy (Rosendaal), Jean Garagnon (Melbourne), Ulrich Ricken (Halle), Jochen Schlobach (Sarrebruck) et Paul Vernière (Paris) pour leurs précieuses informations.

Une pensée toute particulière s'adresse à ma femme, Diana, qui m'a soutenu de ses encouragements et qui a assumé la lourde tâche de la dactylographie de mes travaux.

Dans sa forme originale d'une thèse de doctorat de troisième cycle, cette recherche a été menée grâce à une bourse France-Canada du gouvernement français qui m'a été octroyée généreusement pendant les deux années de mon séjour à Paris.

Last but not least, je tiens à rendre hommage au professeur Haydn Mason, éditeur des *Studies on Voltaire* et à m. Andrew Brown de la Voltaire Foundation, qui ont favorablement accueilli la publication de cette étude.

Liste des abréviations

Ars.   Bibliothèque de l'Arsenal, Paris.

Bengesco   *Voltaire: bibliographie de ses œuvres* (1882-1890).

Best.   *Voltaire's correspondence*, éd. Th. Besterman (1953-1965).

Best.D   *Correspondence and related documents*, éd. Th. Besterman, dans les *Œuvres complètes de Voltaire* 85-135 (1968-1977).

BHVP   Bibliothèque historique de la ville de Paris.

CL   *Correspondance littéraire.*

CL.1812   *Correspondance littéraire* (1812).

CL.1813   *Correspondance littéraire*, éd. Michaud et Chéron (1813).

CLT   *Correspondance littéraire*, éd. M. Tourneux (1877-1882).

G.   Forschungsbibliothek, Schloss Friedenstein, Gotha.

M.   *Œuvres complètes de Voltaire*, éd. L. Moland (1877-1885).

Mw.   Archives centrales d'Etat, Moscou.

n.a.f.   Bibliothèque nationale, Paris: Nouvelles acquisitions françaises.

Rhl   *Revue d'histoire littéraire de la France.*

S.   Bibliothèque royale, Stockholm.

Schlobach   Jochen Schlobach, 'Lettres inédites de Voltaire dans la *CL*', *Studi francesi* (1970), xlii.

Ups.   Universitetsbiblioteket Carolina, Upsal.

W.   Goethe-Schiller-Archiv, Weimar.

W.I   Staatsarchiv, Weimar.

Z.   Bibliothèque centrale, Zürich.

Introduction

I

La Correspondance littéraire: sources manuscrites et éditions

༈

Des quelque quinze abonnés[1] qui reçurent, entre 1753 et 1813, les copies manuscrites de la *CL* de Frédéric Melchior Grimm et Henri Meister, Louise Dorothée de Saxe-Meiningen, duchesse de Saxe-Gotha et son fils Ernest, qui devait lui succéder sous le nom d'Ernest ii, furent parmi les premiers à souscrire à ce périodique dont la longue existence témoignerait, s'il en était encore besoin, de son intérêt. Le contenu des manuscrits conservés à la Forschungsbibliothek, Schloss Friedenstein, Gotha, laisse néanmoins penser que cet abonnement ne fut pas le premier. Cette collection, qui est, de l'avis de tous les spécialistes actuels, la plus complète, ne commence en effet qu'avec la livraison du 1er avril 1754. Les livraisons s'étendant entre mai 1753 et avril 1754, dont le contenu ne nous est connu que par la première édition[2] de la *CL*, ont-elles été envoyées à Gotha? Le mélange des *Nouvelles littéraires* de Raynal et de la *CL*, pour cette période, à l'intérieur du manuscrit de Gotha, pourrait plaider en faveur d'une réponse positive. Tourneux, à juste titre, croyons-nous, l'avait rejetée (CLT.ii.230):

L'espèce de préface par laquelle Grimm expose son plan et ses visées, la mention de la princesse [à propos des *Annales* de Voltaire], citée comme une personne étrangère [...] prouvent que nos prédécesseurs [...] ont pu se procurer le début même de la *Correspondance* et qu'elle était écrite pour d'autres princes allemands.

Comment expliquer cependant que 'l'espèce de préface' dont parle Tourneux et qui ouvre la livraison de mai 1753, offre d'étranges

---

[1] sur les abonnés de la *CL*, voir J. Th. de Booy, 'Henri Meister et la première édition de la *Correspondance littéraire* (1812-1813)', *Studies on Voltaire* (1963), xxiii.215-69; et J. Schlobach, 'Die frühen Abonnenten und die erste Druckfassung der *Correspondance littéraire*', *Romanische Forschungen* (1970), lxxxii.1-36.

[2] on rappelle que les premiers éditeurs ont, selon Tourneux (*Correspondance littéraire, philosophique et critique par Grimm, Diderot, Raynal, Meister, etc.*, éd. Tourneux, Paris, Garnier, 1877-1882, 16 v.), CLT.ii.233, utilisé un manuscrit trouvé à Berlin qui a probablement servi de copie aux imprimeurs.

17

ressemblances avec celle qui commence l'ordinaire du 1er avril 1754 et le manuscrit de Gotha?

En mai 1753, Grimm annonce ainsi son entreprise:

Dans les feuilles qu'on nous demande, nous nous arrêterons peu à ces brochures dont Paris est inondé tous les jours par les mauvais écrivains et par les petits beaux esprits, et qui sont un des inconvénients attachés à la littérature; mais nous tâcherons de rendre un compte exact et de faire une critique raisonnable des livres dignes de fixer l'attention du public. Les spectacles, cette partie si brillante de la littérature française, en feront une branche considérable; les arts n'y seront pas oubliés, et en général, nous ne laisserons rien échapper qui soit digne de la curiosité des étrangers. Ces feuilles seront consacrées à la vérité, à la confiance et à la franchise. L'amitié qui pourrait nous lier avec plusieurs gens de lettres, dont nous aurons l'occasion de parler, n'aura aucun droit sur nos jugements. En rapportant les impressions du public, nous tâcherons de n'appuyer les nôtres que sur des raisons.[3]

Similairement, le manuscrit de Gotha, dans l'ordinaire du 1er avril 1754, précise:

Nous nous arrêtons peu, dans nos feuilles, à ces brochures que Paris voit éclore et mourir le même jour, qui sont l'ouvrage d'une foule de petits écrivains sans génie, sans talent et sans goût, et un des inconvénients attachés à la littérature. [. . .] nous tâchons de ne laisser rien échapper qui soit digne de la curiosité des étrangers. [. . .] Ces feuilles sont consacrées à la vérité, à la confiance et à la franchise. L'amitié qui nous lie avec plusieurs gens de lettres, dont nous sommes obligé de parler, n'a aucun droit sur nos jugements.[4]

La comparaison de ces deux textes prouve surabondamment que le 1er avril 1754 marque le début d'un ou plusieurs nouveaux abonnements, dont très vraisemblablement celui de Gotha.

Quels princes allemands ont précédé ceux de Gotha? Il est encore impossible de répondre sur ce point d'une manière parfaitement satisfaisante. L'abonnement de la landgrave Caroline de Hesse-Darmstadt commence apparemment au début de 1754.[5] Une lettre de Grimm au 'Baron de Brand, premier écuyer de son Altesse Royale, Monseigneur

[3] CLT.ii.238.
[4] CLT.ii.331-32.
[5] l'exemplaire de Caroline de Hesse-Darmstadt a peut-être été détruit comme le laisserait supposer la lettre de Grimm à Nesselrode, du 1er avril 1774: 'il ne m'est pas indifférent en quelles mains ce fatras [de la *Correspondance littéraire*] tombe si nous avons le malheur de la [Caroline de Hesse-Darmstadt] perdre [. . .], il me serait intéressant de le savoir anéanti dès à présent', Frédéric Melchior Grimm, *Correspondance inédite*, recueillie et annotée par Jochen Schlobach (Munich 1972), no.122, p.185.

le Prince de Prusse, à Berlin',[6] du 15 février 1755, laisse également entendre qu'August-Wilhelm, frère de Frédéric II, prince de Prusse, fut parmi les premiers abonnés. Aucune trace de ces manuscrits n'ayant pu être retrouvée,[7] la seule copie utilisable pour les années 1754 à 1760 reste celle de Gotha. Elle est composée de vingt-cinq volumes numérotés de A à Z,[8] rangés sous la cote 1138, montés sur onglet, et reliés en carton. Le premier tome (1138 A), qui va jusqu'à la fin de l'année 1751, contient quelque 110 livraisons des *Nouvelles littéraires* de Raynal. Outre une lettre de Grimm au Baron de Studnitz du 19 mai 1748,[9] le second tome, qui couvre les années 1754 à 1758, présente en ses cent premiers folios un mélange fort confus des *Nouvelles littéraires* et

---

[6] 'Vous vous souviendrés sans doute que vous vous etes chargé de mes interets auprès de son Altesse Royale et de m'indiquer les moyens de rendre mes feuilles tous les jours plus dignes de l'acueil dont Elle les honore', *Correspondance inédite*, no.1, pp.29-30.

[7] d'où provenait l'exemplaire du bibliothécaire Jean Augustin Capperonnier qui 'avoit entre les mains le manuscrit de la correspondance commencée par l'abbé Raynal en 1752' (lettre de Suard à Meister du 16 avril 1813, J. de Booy, 'Henri Meister et la première édition de la *CL*', p.242)? Qu'est devenu ce manuscrit dont le *Catalogue des livres de la bibliothèque de feu m. Capperonnier*, vente du 21 mai 1821 et jours suivants, article 1091 (Paris, de Bure, 1821) précise qu'il s'agit d'un 'Manuscrit de la Correspondance de Grimm, pendant les années 1756 à 1779, en cahiers. – Pièces sans date de la même Correspondance, 141 feuillets. – Pièces de vers sans date, qui nécessairement doivent entrer dans la Correspondance de MM. Grimm et Diderot, 262 feuillets in-4°. C'est d'après ces manuscrits dont M. Capperonnier etoit propriétaire que l'on a publié cette partie de la Correspondance; toutes les enveloppes portent son paraphe' (cité par J. de Booy, 'Henri Meister et la première édition de la *CL*', p.269)? Au moment où nous rédigeons ces lignes, nous apprenons que la *Revue d'histoire littéraire* (1979), va révéler la découverte faite en 1977 aux archives de Merseburg par Christiane Mervaud et Ute van Runset du début de la *Correspondance littéraire*. Charles Porset m'avait informé de l'existence de cette copie (cote: Rep.57.I.F.10) et Jochen Schlobach, confirmant l'identification en août 1978, a bien voulu relever pour nous les articles de Voltaire. Les copies de Weimar (Goethe-Schiller-Archiv, cote 96, Nr.965 – année 1780), de Dresde (Sächsische Landesbibliothek, cote R 69 – 1er janvier au 1er février et 15 mars au 15 avril 1769) ainsi que la copie d'Auguste de Saxe-Gotha (Gotha, Forschungsbibliothek, Schloss Friedenstein, cote B 1265-1281 – années 1769-1803 – signalée par J. Varloot, 'La *CL* de F. M. Grimm à la lumière des manuscrits de Gotha: contributions ignorées, collaborateurs mal connus', *Beiträge zur französischen Aufklärung und zur spanischen Literatur*, Festgabe W. Krauss, éd. W. Bahner (Berlin 1971), p.431, n.13) ont été décrites par J. Schlobach ('Description de manuscrits inconnus de la *CL*', *La* Correspondance littéraire *de Grimm et de Meister (1754-1813)*, Colloque de Sarrebruck, 22-24 février 1974 (Paris 1976), pp.119-25). Pour ces trois dernières copies et pour celle de Zurich (Zurich, Bibliothèque centrale, cote M 44, 1774-1793 avec des lacunes) ainsi que pour les extraits de la copie de Suède conservés à Upsal (Upsal, Universitetsbiblioteket Carolina, cote F 523.3), nous avons utilisé l'inventaire d'Ulla Kölving.

[8] les lettres 'I' et 'J' sont confondues.

[9] G.1138B, f.2r. Le texte en a été publié dans CLT.ii.229-30.

de la *CL* pour les années 1754 et 1755. Les lacunes qui s'y trouvent sont inexplicables à moins de présumer que les livraisons manquantes sont à l'exemple de l'ordinaire du 1er avril 1757, éparpillées dans d'autres archives de la République démocratique allemande.[10] Peut-être faudrait-il également formuler l'hypothèse que Tourneux, qui s'était borné à reproduire l'édition de Taschereau[11] en l'augmentant d'un certain nombre d'articles inédits, a, comme pour la livraison du 1er octobre 1755 mais sans l'indiquer, repris un fragment classé à cette date par les éditeurs précédents.[12]

Une année est composée de 24 ordinaires soit deux livraisons par mois. Chaque ordinaire commence par le libellé suivant: 'A Paris ce premier (ou 15)' suivi du mois et de l'année, du no. (de 1 à 24) en chiffres arabes, et comporte une feuille plus un feuillet soit 6 pages. D'une écriture très serrée, les articles y sont séparés par un trait non rectiligne et une suite d'arabesques.

A partir de 1759, deux années sont groupées dans le même tome. D'autre part, il faut noter un accroissement du volume de chaque livraison dont la moyenne semble être de 2 à 3 feuilles. En 1759 seule la livraison du 15 août est manquante. Quoique cette livraison figure dans les éditions, il semble que ce soit là le résultat de découpages des éditeurs.[13] Le séjour de Grimm à Genève, depuis février jusqu'à octobre 1759, en compagnie de madame d'Epinay, pourrait peut-être expliquer cette lacune.

C'est en 1760 que commence l'abonnement de Louise-Ulrique, reine de Suède et sœur cadette de Frédéric II. Le manuscrit de cette copie de la *CL* 'se trouvait jusqu'en 1854, à la bibliothèque du château royal de Drottningholm'. Il est maintenant déposé à la Bibliothèque royale de

---

[10] ceci expliquerait la présence de la livraison du 1er avril 1757 dans le manuscrit E XIII a n.16 conservé à la Staatsarchiv de Weimar et composé également de *Nouvelles littéraires*.

[11] *Correspondance littéraire, philosophique et critique de Grimm et de Diderot depuis 1753 jusqu'en 1790*, éd. Taschereau, (Paris 1829-1830), 15 vols.

[12] des découpages arbitraires de certaines livraisons ainsi que des déplacements d'articles ont été effectués par les éditeurs afin de conserver l'équilibre de chaque livraison. Un exemple particulièrement probant de ces manœuvres concerne la livraison du 15 janvier 1760, manquante dans G. Les articles qui la composent dans les éditions sont totalement différents de ceux qui sont placés sous la même date dans S VU 29, 1, où figure cet ordinaire.

[13] nous avons noté, parmi les articles qui composent cette livraison dans CLT.iv, deux articles relatifs, l'un à Claude Villoret, *L'Esprit de m. de Voltaire* (s.l.1759), l'autre à Cl.-M. Guyon, *L'Oracle des nouveaux philosophes* (Berne 1759) (CLT.iv.135) qui font partie de l'ordinaire du 1er août 1759 dans G.1138C, f.73*v*.

Stockholm sous la cote VU 29: 1-16. Les neuf premiers volumes couvrent la période 1760 à 1768. Montés 230×185 mm, ils sont 'reliés en veau et portent l'ex-libris de la reine Louise-Ulrique', c'est-à-dire 'les armes de Prusse et celles de Suède, entourées du collier de l'Ordre de l'Aigle Noir et de celui de l'Ordre des Séraphins; le tout sur un fond d'hermine et surmonté d'une couronne royale avec, comme supports, un lion couronné et un sauvage'.[14]

A la suite de la livraison du 15 décembre 1760, le tome VU 29 1 comporte deux extraits des livraisons du 1er et 15 décembre 1756. 'Ils renferment deux articles assez longs sur les arts, l'un portant sur la coupole de la chapelle de la Vierge à Saint Roch peinte par Pierre, et l'autre sur les grandes machines en peinture et en poésie',[15] sujets favoris de Louise-Ulrique, et ont été sans doute envoyés à la cour de Suède afin d'encourager sa souscription.

De 1761 à 1766, la moyenne des livraisons est d'environ 4 feuilles. Certains ordinaires, notamment ceux du 15 octobre au 15 décembre 1763 ainsi que diverses livraisons de 1766 vont atteindre 5 feuilles en raison de l'insertion des *Salons* de Diderot. 'Une table des auteurs dont il est parlé, des matières traitées et des anecdotes rapportées dans le volume de cette correspondance'[16] complète le tome 1138 F contenant les années 1765-1766. Par ailleurs, depuis 1763, le texte des manuscrits est présenté d'une façon plus soignée, chaque article étant séparé par un trait rectiligne.

En 1767, le volume des livraisons continue à être en moyenne de 4 à 5 feuilles. Pourtant, Grimm remplacera la livraison du 15 décembre 1767 par un 'Supplément à l'année 1767' qu'il annonce ainsi: *Le Sallon de 1767 par M. Diderot:*

Je prends le parti de détacher cette fois ci le travail de M. Diderot du corps de la Correspondance littéraire et de l'expédier séparément. Il pourra former un ouvrage à part qu'on ajoutera à la correspondance littéraire de l'année 1767.[17]

Un problème insoluble dans l'état actuel de nos connaissances[18] concerne la livraison du 15 mars 1767. Le manuscrit de Gotha contient

[14] Ulla Kölving-Rodriguez, 'Les années 1760-1763: travaux de l'équipe d'Upsal', *La Correspondance littéraire de Grimm et de Meister*, p.83, n.12. Voir aussi C. M. Carlander, *Svenska bibliotek och ex- libris* (Stockholm 1904), i.23.

[15] Ulla Kölving-Rodriguez, 'Les années 1760-1763', p.82.

[16] G.1138F, ff.618r-653v.

[17] G.1138F, f.281r.

[18] nous ne sommes pas en mesure de préciser la date à laquelle ont été reliés les manuscrits de Gotha. La confrontation du manuscrit de Stanislas Poniatowski signalé par J. Fabre,

bien une livraison portant cette date. Cependant, d'une écriture différente des autres ordinaires de l'année 1767, son contenu est identique
à celui de la livraison du 15 mars 1768. Cette lacune se retrouvant dans
le manuscrit de Stockholm nous invite à penser qu'il n'y a pas eu de
livraison à cette date.

A partir de 1764, un autre abonné de marque, Catherine ii de Russie,
s'était joint aux pratiques de Grimm. Georges Dulac a donné une
description succincte mais excellente de cette copie qui ne comporte pas
moins de 26 volumes, et à laquelle nous renvoyons en y ajoutant quelques précisions. L'année 1765 n'y est présente que dans les folios 1 à 20
du volume i (les folios 20 à 30 couvrant des passages de CLT du 1er
janvier 1766). 'Les folios 31 à 327 correspondent aux 24 livraisons de
l'année 1766 qui semble complète.' L'année 1767, volume ii où 'manquent les livraisons du 15 mars, du 1er octobre et du 15 décembre'[19]
présente quelques additions intéressantes pour notre propos: au compte
rendu sur les *Lettres sur les Panégyriques, par Irénée Aléthès, professeur en droit dans le canton d'Uri, en Suisse*, après avoir précisé que
cette lettre 'finit par une esquisse du panégyrique de Catherine ii,
impératrice de Russie' (CLT.vii.345), Grimm ajoute:

auquel tout ce qu'il y a en Europe de personnes recommandable par quelque
coté, sera empressé de souscrire. M. Irenée Alethes parcourt rapidement les
travaux de cette princesse, entrepris depuis son avènement à l'empire; il
parle de ses principes de législation, de ses idées de tolérance, de sa protection
accordée aux dissidents de Pologne, de sa généreuse bienfaisance exercée
envers le mérite négligé et oublié ailleurs. Je supplie M. Irenée, comme son
panégyrique doit être celui d'un homme libre et veridique, de gronder un peu
sa majesté impériale d'avoir fait un don de cinquante mille livres a M. Diderot
en cette année 1767 sans compter celui de l'année 1765. M. Irenée me dira qu'il
est très noble, très grand, très genereux, tres doux de faire ainsi en un clin d'œil
le sort d'un homme rare et de sa fille, mais je lui representerai qu'il faut du
moins laisser à cet homme le courage de lever les yeux jusqu'à sa bienfaitrice,
et comment l'aurait-il?[20]

Egalement, au compte rendu sur l'*Essai historique et critique sur les
dissensions des églises de Pologne, par Joseph Bourdillon, professeur en
droit public à Basle* (CLT.vii.421-22), Grimm ajoute:

Stanislas-Auguste Poniatowski et l'Europe des Lumières (Paris 1952), p.637, qui commence
en février 1767, devrait permettre d'infirmer ou de confirmer cette hypothèse; notons (voir
supra) que cette livraison est similairement absente du manuscrit de Moscou.

[19] Georges Dulac, 'Le manuscrit de Moscou', *La Correspondance littéraire de Grimm et
de Meister*, pp.107-11.
[20] Mw, F.181N.1433.ii, f.123r.

'Enfin on eleve à Catherine ɪɪ un autel où tous les philosophes, toutes les âmes honnêtes et sensibles sacrifieront. C'est l'autel où les membres de la vraie église, dispersés par toute l'Europe, se réunissent et deposent d'un commun accord et librement leur hommage. Le vœu de ses peuples vient de décorer l'Auguste Catherine des surnoms de grande, de sage, de mère de la Patrie. Le refus qu'elle a fait de ces titres ajoute un nouvel éclat à sa gloire, et la posterite qu'on ne refuse pas continuera ces titres glorieux, et lui conferera un quatrieme, celui de Protectrice des Droits de l'humanite: titre dont il était reservé à Catherine de rechercher et de meriter d'entre les souverains le glorieux hommage.'²¹

L'année 1772 (t.vii) est complète à l'exception de la livraison du 1er juin. Dans le volume xvi (1781), la livraison de janvier est composée en partie d'extraits de janvier 1783. Les livraisons de mars, avril, mai 1784 sont incomplètes et groupées. Le volume xxii (1787) comporte un inventaire (folios i-xxii) qui renvoie à l'édition Barbier de 1829 de la *CL*. Egalement, les livraisons de janvier, février, mai et août y sont incomplètes. De même un inventaire (folios i-xiv) est présent au début du volume xxiii (1788). Le volume xxiv (1789) comporte un début d'inventaire pour janvier 1786 (folio i), une notice sur Grimm (en russe) tirée de *Entsiklopedicheskii Leksikon* (St-Pétersbourg 1835-1839), t.xv. (1838), une notice sur le même Grimm (en allemand) extraite de *Brockhaus et Efron* (7ᵉ éd., 1830, vol.iv), (folios iiir-ivv) et sa traduction en russe (folios v-vii). Les folios ix-xxi constituent un inventaire pour l'année 1789, mais les indications de cet inventaire ne coïncident pas toujours avec le contenu de la 'boîte'. Similairement les folios i-xxv du volume xxv (1790) contiennent l'inventaire pour cette année établi par Shchuchenko: 'Deloproizvoditel zabedvivshchii bibliotekoi Arkhiva, Kollezhskii Sovetnik'. Le volume xxvi (1791) du manuscrit de Moscou présente un grand intérêt puisque, comme l'avait noté Tourneux (CLT.xvi.139, n.1), 'l'année 1791 manque totalement dans les manuscrits de Gotha et Arsenal'. Il contient, outre toute l'année 1791, avec des lacunes, des extraits de la livraison de juin 1784. La page de garde comporte l'inscription suivante: 'Les Feuilles litte-raires / Gazette / Scientifique, Philosophique et critique / Redigée / par le Baron Frederic-Melchior de Grimm / et paraissant / une fois par mois / 1791'. A la suite de la livraison de décembre, se trouvent (ff.182r-187v) la livraison xx de 1796 et la livraison ii de 1797 (ff.188r-193v). En tête de

---

²¹ Mw, F.181N.1433.ii, f.177v.

ces pièces, on note une supplique de Meister à l'empereur Paul (f.181) dont le contenu en russe est rapporté f.2:

Sire,

Puis-je esperer que votre Majeste Imperiale me permettra de faire parvenir jusqu'au pied de son trône le faible tribut de mes respects et de mon hommage. Quelque obscures que fussent mes destinées, votre auguste Mère laissa tomber sur elles un rayon de ses généreuses bontes. J'ai eu l'honneur de lui adresser, durant le cours de plus de vingt années la suite des feuilles littéraires qu'avait faites ci-devant M. de Grimm. Les quinze cent livres de France que S.M.I. avait bien voulu m'accorder annuellement pour prix de ce travail, n'avaient été longtemps pour moi qu'un titre glorieux de sa bienveillance. Depuis la revolution française qui m'a enlevé ma fortune comme à tant d'autres, cette pension était devenue la ressource la plus considerable de ma vieillesse. Aux justes regrets que m'inspire l'immortelle memoire de mon auguste bien-faitrice, puisse-t-il m'être permis de mêler aujourd hui mes vœux les plus ardens pour la gloire et le bonheur du regne de votre majesté; puisse-t-il m'être encore permis d'espérer qu'elle n'abandonnera point entierement celui qui n'a cessé de porter ses regards vers son trône comme vers le dernier azile de ses infortunes personnelles comme vers le plus doux espoir des malheurs de l'Europe entiere.

Je suis avec le plus profond respect,
  Sire
de votre Majeste Impériale
  le très humble et très
  obeissant serviteur   presentement à Zurich
    De Meister   en Suisse
     de Paris.   ce 14 Janvier 1797

La missive de Meister laisse entendre clairement que les années 1792 à 1796 ont été envoyées à Catherine. Par ailleurs Grot supposait que l'abonnement avait duré, avec des interruptions dans les livraisons, jusqu'en 1798 (CLT.xvi.221). Les livraisons manquantes sont vrai-semblablement présentes dans les fonds d'archives d'URSS. Rappelons que cette copie fut transférée aux Archives d'état en 1878 par le baron Buehler. Il semble aussi, en fonction d'une lettre de Grimm à Catherine II du 1er mai 1779, que le fondateur de la *CL*, en cédant sa boutique à Meister en 1773, avait néanmoins conservé certains bénéfices:

Il y a un autre article que je comptais éclaircir par Messieurs Hay, et qui ne les regarde plus. Je crois que les 360 roubles pour l'année 1779 de la Corres-pondance litteraire sont dues mais je n'en suis pas sûr. Depuis l'année 1773, cet article m'a toujours été payé en Russie, et M. Meister, qui était mon homme d'affaires à Paris, pendant mon absence, se remboursait sur mes fonds d'ici. Je ne sais si j'ai reçu l'année 1779 ou non. Ordinairement, on payait au mois d'avril l'année précédente; cette année, il ne m'est rien venu pour l'année 1779. Il serait aisé de faire au cabinet un relevé de cet article depuis 1773, et de voir par ce relevé si l'année 1779 a peut-être été payée d'avance ou non; car pour tout au monde je ne voudrais tomber dans le péché du bon Gillet. Si elle est due, on me l'enverra par je ne sais qui, puisque Messieurs Hay ont l'esprit de n'être plus mêlés dans les affaires du cabinet.[22]

A partir de 1768, nous disposons d'une copie supplémentaire, celle adressée au margrave d'Anspach, conservée à la Bibliothèque historique de la Ville de Paris, découverte par J. Varloot et signalée par J. de Booy.[23] Sous la rubrique 'Histoire par époques', Fernand Bournon, dans son *Catalogue des manuscrits de la Bibliothèque de la ville de Paris*, décrit ainsi ce volumineux manuscrit:

Feuilles littéraires sous forme de journal adressé au margrave d'Anspach, rédigées par Grimm, Meister, Saurin, Marmontel, etc. de l'année 1768 à l'année 1777, et de 1781 à 1793, XVIIIe s., 26 vol. in-4, d'environ 200 pages chacun.[24]

Ces volumes,[25] montés 200×238 mm, sont aujourd'hui rangés sous la 'cote provisoire' 3850-3875.

Comme les princes de Gotha, ceux de Bayreuth étaient abonnés à des *Bulletins de Versailles*[26] qui ont été reliés avec les feuilles de la *CL*. Trois

---

[22] J. Grot, *Lettres de Grimm à l'impératrice Catherine II* (Saint-Pétersbourg 1886), p.120. L'original de cette lettre se trouve aux Archives d'actes anciens de Moscou, fonds 10, description no.3, no.510.

[23] J. de Booy, 'Inventaire provisoire des contributions de Diderot à la *CL*', *Dix-huitième siècle* (1969), i.355-56.

[24] on rapprochera cette description avec le texte suivant qui figure dans BHVP.3850, f.1r: 'This volume is one of a most valuable collection of manuscripts from the year [...] to the year [...] containing the quintessence of many things that occupied or amused the [...] societies of Paris in Politics, Literature, fine Arts, Anecdotes etc. etc. [...] was a regular periodical collection made for H.S.M. the Margrave of Anspach by Grimm. Saurin. Meister Marmontel and other eminent men ⟨with the addition of many original and unpublished letters from Frede 2 King of Prussia and the Empress Catherine of Russia to his Highness the Margrave.⟩ Le bibliothécaire du margrave Comte d'Alet.' – le passage entre crochets obliques est biffé. Ce recueil manuscrit provient de 'feu M. Augustus Craven, dernier descendant de la margrave d'Anspach' (Tourneux, *Diderot et Catherine II* (Paris 1899), p.494, n.2).

[25] nous référons à ce manuscrit sous le sigle BHVP.

[26] BHVP 3852 – *Bulletins de Versailles* de 1769. BHVP 3854 – *Bulletins de Versailles* de 1770. G.1138 G – *Bulletins de Versailles* de 1774 et 1775 (ff.461r-625v). G.1138 P – *Bulletins*

des volumes de la collection conservée à la Bibliothèque historique de la ville de Paris contiennent aussi des exemplaires de la *Correspondance* de Suard, pour les années 1773 et 1774, faite de 'nouvelles [. . .] qu'on ne confie en France qu'à des personnes sûres' et qui 'paraissent une fois par semaine [. . .] On s'y attache principalement à annoncer les pièces de vers, les anecdotes et les faits qui ne peuvent être rendus publics par la voye de l'impression et surtout qui servent à caractériser les Nations'.[27]

Le premier tome de BHVP ne permet pas de combler les lacunes de G. et S., soit les cahiers des *15 février, 1er mars, 1er avril*, 1er et *15 octobre, 15 novembre* et *1er décembre* 1768. A l'instar de Tourneux,[28] nous ignorons les raisons de ces lacunes.

A partir de 1768, la numérotation des ordinaires est en chiffres romains. D'autre part, le manuscrit de Stockholm présente d'importantes lacunes. Non reliés, les cahiers sont insérés dans des enveloppes qui portent en couverture les numéros des livraisons et le nombre de feuilles composant chaque cahier, indications du bibliothécaire Klemming qui sont souvent erronées. Par ailleurs, VU 29, 16 contient des fragments non classés.

Le 18 mai 1769, Grimm part pour l'Allemagne et ne reviendra à Paris que vers le 15 octobre. Ceci expliquerait peut-être pourquoi les mois de mai à septembre et la seconde quinzaine d'octobre 1769 sont manquants dans tous les manuscrits.

A la fin de juillet 1770, Grimm séjourne à Bourbonne en compagnie de Diderot. D'autre part, il se plaint à cette époque d'être 'affligé d'une petite convulsion imperceptible dans un des doigts de la main droite',[29] qui l'empêche d'écrire. Serait-ce là les raisons qui auraient entraîné la suppression des ordinaires du 1er août et 15 septembre 1770?

Quoique Grimm s'absente de nouveau du 21 avril au 24 novembre 1771 pour accompagner le prince Louis de Hesse-Darmstadt en Angleterre, seuls les numéros du 15 février et du 15 juin 1771 sont manquants.[30] Aux environs du 8 ou 9 décembre 1771, Grimm repart pour Pirmasens,

---

de Versailles d'avril 1785 (ff.390r-407v) et mai 1785 (ff.434r-457v). BHVP 3858/59 – *Correspondance* de Suard, 1773. BHVP 3861 – *Correspondance* de Suard, 1774. La présence de ces feuilles a déjà été signalée par J. Varloot, 'La *CL* de F. M. Grimm', p.428, n.6. Voir notre article 'Les *Bulletins de Versailles*', à paraître.

[27] BHVP 3861, f.11r.

[28] CLT.viii.3.n.1. Tourneux ne signale comme cahiers manquants que ceux que nous soulignons.

[29] lettre à Caroline de Hesse-Darmstadt du 23 juillet 1770. Grimm, *Correspondance inédite*, no.72, p.119.

[30] CLT.ix.203,n.1.

en Allemagne d'où il ne revient à Paris que le 23 janvier, après un arrêt à Mannheim. Ces nombreux voyages que Grimm est contraint d'effectuer depuis quelques années provoquent un certain désordre dans la *CL* dont le rédacteur en chef est parfaitement conscient:[31]

Le seul déplaisir que j'aie, c'est d'avoir eu tant d'affaires de toute espece depuis quelques années que je n'ai pu complèter ma *correspondance* comme j'aurais desiré. Je régorge de richesses et de materiaux de toute espece et malgré un travail non interrompu du matin au soir, je n'ai pu trouver encore le moment de les mettre en ordre et de boucher les trous qui subsistent encore dans les années précédentes. [. . .] Ce travail est [. . .] un objet considérable pour moi, et vu le désordre qui s'y est glissé depuis trois ans; je ne suis pas bien sûr de pouvoir réduire toutes mes augustes pratiques à la charité.[32]

Une attaque de 'colique de miséréré'[33] dans la nuit du 30 au 31 mai explique sans doute les lacunes du 15 mai et 1er juin 1772. Quant à la livraison manquante du 15 décembre 1772, il faut peut-être l'attribuer à la crise de confiance[34] qui affecte les relations de Grimm et de madame d'Epinay, crise qui aurait nui à la rédaction de ce numéro.

Au mois de mars 1773, Grimm rejoint Diderot à St-Pétersbourg, en laissant sa '*boutique* avec ses charges et ses bénéfices'[35] à son secrétaire et ami, le zurichois Henri Meister. Ce dernier, sans doute en accord avec Grimm, décidera à partir de janvier 1773, de mensualiser ses feuilles:

Cette correspondance sera dorénavant divisée par mois en douze parties. Cette division ne changera rien à son étendue, mais elle en rendra l'expédition

---

[31] à propos de l'édition des *Pélopides ou Atrée et Thieste, tragédie par M. de Voltaire* (Genève et Paris, Valade, 1772), Grimm écrit dans l'ordinaire du 1er janvier 1772 (CLT. ix.412): 'On a remarqué que la pièce imprimée à Paris a eu pour censeur Crébillon, fils du premier père d'*Atrée*, et que ce censeur atteste n'avoir rien trouvé dans la tragédie de M. de Voltaire qui ne lui ait paru devoir en favoriser l'impression.' 'Ce sont là', dit Bengesco (i.79), 'les propres termes de l'approbation de Crébillon. Or cette approbation est datée du 7 février 1772. Comment Grimm pouvait-il citer textuellement, le 1er janvier 1772, une approbation que Crébillon fils ne devait donner que le 7 février suivant?'

[32] lettre à Caroline du 20 juillet 1771 dans Grimm, *Correspondance inédite*, no.85, pp.137-38.

[33] *Correspondance inédite*, no.113, p.172 (lettre du 30 juin 1772).

[34] Diderot, se souciant du mariage de sa fille, écrit à Grimm le 19 décembre 1772: 'Où voulez-vous que j'aille porter ma peine et mon souci, si vous lui fermez la porte' (*Correspondance inédite*, p.178, no.82). De même Grimm écrit à Caroline le 14 janvier 1773: 'Mes amis m'ont rendu assez malheureux depuis deux ou trois mois. Ils m'ont donné mille soucis, mille inquiétudes, de toute espece' (no.116, p.178).

[35] lettre de Meister à Suard du 27 juillet 1812, J. de Booy, 'Henri Meister et la première édition de la *CL*', p.225.

plus prompte laquelle pourra se faire deux ou trois fois par mois suivant l'abondance des matières qui appartiendront à chaque mois. Chaque feuille se trouvant numérotée au bas de la première page, il sera toujours aisé de les ranger dans leur ordre.[36]

De cinq feuilles et une page en 1772, la moyenne de chaque livraison passe de 8 à 10 feuilles. Leur régularité sera remarquable, si l'on excepte avril et mai 1777, qui semblent manquants dans tous les manuscrits.[37] Meister ajoute de temps à autre, probablement en raison de l'actualité, quelques feuilles à sa livraison mensuelle. Ainsi la mort de Voltaire entraînera-t-elle un supplément au mois de mars 1778. Aux environs des années 1786, l'ordinaire pourra atteindre parfois 15 feuilles. Selon les années,[38] la numérotation sera alternativement en chiffres romains ou en chiffres arabes.

En 1792, Meister est retenu à Londres pendant quatre mois 'par un enchaînement de fatalités assez douloureuses'.[39] C'est, sans doute, là la raison des lacunes d'août à décembre 1792.

La *CL* cesse de paraître de mai à décembre 1793. Meister expliquera à ses abonnés, en janvier 1794, 'qu'il avait tâché de suivre encore son travail pendant les six premiers mois de [sa] retraite à Londres, mais bientôt après, l'interruption de tout commerce avec la France ne [lui] en a plus laissé aucun moyen'.[40]

C'est de Zurich que Meister, alors de retour en Suisse, adressera dorénavant la *CL* à un petit nombre d'abonnés dont les princes de Gotha.[41] Quoique l'année 1794 soit en 12 livraisons, les années suivantes

---

[36] *inédit*, BHVP 3858, f.1r.

[37] Tourneux reproduit le texte de Taschereau en affirmant 'que les anciens éditeurs avaient pu se procurer le mois de mai' (CLT.xi.456, n.1). 1777 (sauf les nos 1 et 2), 1778, 1779, 1780 manquent dans BHVP.

[38] les livraisons de juillet 1788 à mai 1792 sont manquantes dans G. Néanmoins elles existent dans BHVP à l'exception de septembre 1789, novembre 1790, de 7 livraisons de 1791 ainsi que des deux premiers numéros de 1792. On ne peut tenir compte, pour cette période de l'édition Tourneux. Il donne notamment, sous la date de mai 1793, le contenu de la livraison de mai 1792. Certains anachronismes sont par ailleurs inexplicables: 'Il est matériellement impossible qu'au mois de juillet 1792, Meister ait pu parler d'un ouvrage où il est question du 10 août et des massacres de septembre, ainsi que de pièces représentées le 30 septembre et le 8 octobre' (CLT.xvi.158, n.1).

[39] 'Il s'y était cassé le bras droit et il dut se faire suppléer par ses amis de Paris' (CLT. xvi.139, n.1).

[40] CLT.xvi.209.

[41] Yvonne de Athayde Grubenmann, *Un cosmopolite suisse: Jacques-Henri Meister (1744-1826)* (Paris, Genève 1954), p.68, note 54, affirme en fonction d'une lettre de monsieur de Staël adressée à Meister le 19 août 1794 que la cour de Suède aurait continué la souscription après 1793.

comporteront un nombre de cahiers variant entre 17 et 24. De nombreuses lacunes sont à signaler en 1804 et 1806. La dernière livraison de 1813 porte le numéro 20. Après avoir cité un article de mademoiselle Pauline de Meulan sur la troisième partie de la *CL* qui venait de paraître, Henri Meister termine ses feuilles par ses lignes d'adieu (CLT.xvi.218):

Quelque légère, quelque anonyme que soit, heureusement, la part accordée à l'auteur de ces feuilles dans les éloges d'un jugement aussi favorable, il n'en rougit pas moins intérieurement du mouvement d'amour propre qui l'a engagé à les transcrire. Hélas c'est probablement la dernière inconvenance que ses lecteurs auront à lui pardonner.

Il faut ajouter à ces différents manuscrits les fragments détachés de la *CL*, conservés à la Bibliothèque de l'Arsenal sous la cote 4978-4979 et dont le *Catalogue des manuscrits de la bibliothèque de l'Arsenal*[42] donne la description suivante:

Passages supprimés de la Correspondance de Grimm, Diderot etc . . . 2 volumes.

Tous ces passages ont été rétablis, d'après le présent manuscrit par M. Maurice Tourneux, dans son édition de la *Correspondance de Grimm, Diderot*, etc. (Paris – 1877-1882) 16 volumes.

Tome 1er. Années 1760-1786 – 437 feuillets.[43]
Tome 11. Années 1787-1790 – 483 feuillets.

Papier. 235 sur 190 millim. Ecriture de la fin du xviiie siècle.

Ces deux volumes ont été offerts à la Bibliothèque de l'Arsenal par M. Charles Nisard, qui les avait lui-même reçus du Marquis de la Rochefoucauld Liancourt.

Demi-reliure en parchemin vert.

La Bibliothèque nationale possède également des extraits de la *CL*, composés pour la plupart de plusieurs *Salons* de Diderot, extraits réunis à l'intention du 'Comte de Firmiani, ministre en Lombardie', à qui Grimm écrit le 1er mai 1779:

M. de Grimm profite du départ de M. le Marquis de Spinola, Ministre de la République de Gène en France, pour faire parvenir à Monsieur le Comte de Firmiani les papiers ci-joints [. . .] Il n'a pas oublié le désir que son Excellence

---

[42] par Henry Martin, t.iv (Paris 1888), p.519.
[43] ces indications sont trompeuses. En particulier, il n'y a rien de 1760.

lui a témoigné de voir des feuilles fugitives que M. Diderot par complaisance pour lui a écrites en différens temps sur les arts et les ouvrages des artistes de France. [. . .] Il est obligé pour satisfaire son impatience, d'envoyer à son excellence de vieux cahiers où plusieurs pauvretés littéraires sont confondues avec les observations de M. Diderot. Je supplie son excellence de vouloir bien dégager ces dernières de ce fatras. Une supplique non moins essentielle c'est de vouloir bien préserver ces cahiers de toute espèce de publicité qui serait directement contraire au vœu et aux desseins de l'auteur.[44]

Ces fragments, rangés sous la cote n.a.f.12961, de '239 feuillets, montés 245 × 205 mm. – Relié. Veau fauve',[45] sont les seuls qui nous soient parvenus de la copie personnelle de Grimm. Celle de son successeur, Henri Meister, se trouve à la Bibliothèque centrale de Zurich. Curieusement, elle s'arrête en 1793. On sait pourtant que Meister ne renonça à ses feuilles qu'en 1813. La parution, au début du mois de juillet 1812, chez le libraire F. Buisson, de cinq volumes in-8° sous le titre de *Correspondance littéraire, philosophique et critique, adressée à un souverain d'Allemagne, depuis 1770 jusqu'en 1782, par le baron de Grimm et par Diderot*, avait provoqué chez Meister un concert de lamentations[46] où, aux craintes de se voir spolié du bénéfice de cette publication, se mêle celle d'être accusé d'articles peu flatteurs à l'égard d'hommes de lettres encore vivants.[47] Ces cinq volumes comprennent la *CL* des années 1770, 1771, 1772, 1773, 1774 et 1777 à 1781 inclus.[48] Un 'Avis de l'éditeur', placé en tête du tome premier, précisait qu'un grand nombre de pièces des onze volumes manuscrits in-4° avait été retranché. Cette série contient, d'autre part, de très nombreuses pièces de Voltaire, non reprises dans CLT. Le véritable éditeur en était, selon Barbier, Jacques Barthélémy Salgues. Le succès de cette publication fut inestimable. Tourneux signale qu'une réimpression en parut immédiatement en Angleterre

---

[44] n.a.f. 12961, f.1.

[45] *Bibliothèque nationale – nouvelles acquisitions latines et françaises du Département des manuscrits pendant les années 1941-45 – Inventaire sommaire par Jean Porcher* (Paris 1947), p.32.

[46] voir sa correspondance avec Suard et Berthet (J. de Booy, 'Henri Meister et la première édition de la *CL*', pp.222 sqq.).

[47] les *Mémoires inédits de l'abbé Morellet*, 2ème éd., (Paris 1882) pp.289-311, contiennent à cet égard un texte peu connu du rancunier abbé, non signalé dans la *Table des matières* placée en tête du t.i. Dans cet article intitulé 'Observations sur la correspondance littéraire de Grimm', Morellet y accuse Grimm d'y 'montrer sans retenue une critique injurieuse et personnelle et une manie de dénigrement bien plus facile et plus commune que le talent de juger' (pp.305-306).

[48] l'année 1775 ainsi que les six premiers mois de 1776 sont manquants.

(Londres 1812, 7 vol.), suivie d'un abrégé en français,[49] puis en anglais.[50] Trois mois après le premier tirage, il y eut en France une 'seconde édition, revue et corrigée'.[51] En avril 1813 paraît chez Buisson également 'la troisième et dernière partie', en 5 volumes, éditée par Suard, de la *Correspondance littéraire, philosophique et critique, adressée à un souverain d'Allemagne, pendant une partie des années 1775-1776,*[52] *et pendant les années 1782 à 1790 inclusivement, par le baron de Grimm et par Diderot.*

L'ultime série,[53] *Correspondance littéraire, philosophique et critique, adressée à un souverain d'Allemagne, depuis 1753 jusqu'en 1769, par le baron de Grimm et par Diderot,* en 6 volumes, fut publiée vers la fin avril 1813 par Joseph François Michaud et François Chéron.

Outre plusieurs rogatons de Voltaire non repris dans CLT, cette collection contient également une centaine de lettres à Damilaville à propos desquelles les éditeurs précisent dans leur avertissement (CL. 1813. i. VI):

La correspondance manuscrite renfermait un grand nombre de lettres de Voltaire; les unes avaient déjà été imprimées, d'autres restaient inédites, ou renfermaient des variantes remarquables; toutes celles que le public ne connaissait pas, ou dont il ne connaissait qu'une partie, ont été fidèlement conservées.

Rappelons brièvement les grandes lignes de l'histoire ultérieure de la publication de la *CL.* Antoine-Alexandre Barbier publiera en 1814 son *Supplément à la Correspondance littéraire de MM. Grimm et Diderot* [etc.].[54] En 1829, Chéron et L. F. Thory feront paraître leur *Correspondance inédite de Grimm et de Diderot* [...],[55] qui devait s'ajouter à

---

[49] *Mémoires historiques, littéraires et anecdotiques, tirés de la Correspondance philosophique et critique adressée au duc de Saxe-Gotha par le baron de G. et par Diderot* (Londres 1813-1814), 4 tomes (British Library 10909. f.8).

[50] *Historical and literary memoires and anecdotes, selected from the correspondence of baron de Grimm and Diderot, between* [...] *1770 and 1790, translated from the French* (London 1814), 2 tomes (British Library 10705. gg.18).

[51] elle est plus courante que la première édition. C'est celle que possède la BN sous la cote Z 15485-15487 (t.i, iv, v). Les tomes iii et iv (cote Z 15494 et 15496) sont de la première édition.

[52] soit deux mois de 1775 et les six premiers mois de 1776.

[53] J. de Booy, 'Henri Meister et la première édition de la *CL*', p.217, fait remarquer à juste titre que cette partie était déjà sous presse lorsque la troisième partie paraissait.

[54] Paris, chez Potey, Buisson, Delaunay.

[55] le titre complet en est: *Correspondance inédite de Grimm et de Diderot, et recueil de lettres, poésies, morceaux et fragmens retranchés par la censure impériale en 1812 et en 1813* (Paris 1829).

l'édition de Jules Taschereau en 15 volumes, qui ne disposait d'aucun manuscrit, mais d'un exemplaire non cartonné de l'édition de 1813.[56]

Puis vint la grande édition de Maurice Tourneux, qui à l'aide des fonds manuscrits rassemblés par Assézat et des éditions précédentes donnera la collation la meilleure et la plus complète que nous ayons de la *CL*. On sait pourtant que si Tourneux a affirmé clairement avoir écarté des honneurs de la lettre moulée la majeure partie des dix-huit dernières années, il a par ailleurs et sans l'indiquer, opéré de très nombreuses coupures.[57] Seule, une édition critique et intégrale, comme celle que projette J. de Booy,[58] sera capable de montrer jusqu'à quel degré, les éditeurs ont respecté les textes manuscrits.

[56] on trouvera trace de cet aveu, notamment ii.41, n.1: 'Nous rétablissons le passage cartonné à l'aide d'un exemplaire que nous avons sous les yeux, et qui a échappé à cette mutilation.'

[57] voir J. de Booy, 'Henri Meister et la première édition de la *CL*', pp.260-61 et J. Varloot, 'La *CL* de F. M. Grimm à la lumière des manuscrits de Gotha', p.429, n.7. Tourneux a, en particulier, supprimé toutes les analyses des pièces de théâtre, ne gardant que l'introduction de l'article et la conclusion.

[58] voir J. Vercruysse, 'Sur le projet d'une édition critique', dans *La Correspondance littéraire de Grimm et de Meister*, pp.77-79.

2

Voltaire et Grimm: une relation douteuse

FILS d'un pasteur de l'église luthérienne, Frédéric Melchior Grimm, né à Ratisbonne le 26 septembre 1723, a eu une éducation soignée. Ses goûts littéraires, développés par des études classiques de latin et de rhétorique, le mettent en relation épistolaire, dès l'âge de dix-huit ans, avec le grand Gottsched, professeur de philosophie et de poésie à l'Université de Leipzig, pour qui il éprouve une très grande admiration. Ne le compare-t-il pas à 'un Boileau, un Rollin, un Fontenelle, un Voltaire, en un mot à toutes les grandes lumières' d'outre-Rhin.[1]

Sans avoir terminé ses études à l'université de Leipzig, il retourne en 1745 à Ratisbonne où il obtient un poste de précepteur chez Jean-Frédéric de Schomberg, conseiller privé, ministre du cabinet, ambassadeur de la cour de Saxe près de la diète à Ratisbonne. Ce poste, si modeste puisse-t-il paraître, lui permet d'entretenir des relations avec le baron de Studnitz,[2] représentant du duc de Saxe-Gotha en France, et a probablement décidé de son avenir.

C'est vers la France et plus particulièrement vers Voltaire dont il a eu l'intention de traduire, en 1747, le *Mémoire sur la satire*, avec une introduction en français,[3] que se porte l'intérêt du jeune allemand. En janvier 1749, accompagnant le plus jeune des fils Schomberg, Adolphe-Henri, Grimm arrive à Paris où il va rapidement s'insérer dans les milieux artistiques et littéraires. Secrétaire et confident du comte de Friesen, puis lecteur du prince héritier du Saxe-Gotha, il devient grâce à la musique, ami de Rousseau qui lui fait faire la connaissance de Diderot, madame d'Epinay, d'Holbach . . .[4] Intime de d'Alembert, son 'très bon

---

[1] cité par Edmond Schérer, *Melchior Grimm: l'homme de lettres, le factotum, le diplomate, avec un appendice sur la 'Correspondance secrète' de Métra* (Paris 1887), p.18.

[2] à l'égard de la lettre de Grimm à Studnitz du 19 mai 1748 (CLT.ii.229-30), Jeanne Monty, *La Critique littéraire de Melchior Grimm* (Genève 1961), p.25, n.18, a fait remarquer que c'était le baron de Thun qui, de Paris, faisait parvenir les *Nouvelles littéraires* de Raynal à la duchesse de Saxe-Gotha.

[3] lettre à Gottsched du 6 juillet 1747, dans Th. W. Danzel, *Gottsched und seine Zeit* (Leipzig 1885), p.346, cité par Schérer, *Melchior Grimm*, p.388.

[4] Jean-Jacques Rousseau, *Confessions* (Paris 1959), p.369.

ami', il connaît alors tous les philosophes de la 'secte de M. de Voltaire'.[5] Pourtant, il ne semble pas l'avoir rencontré. Voltaire quitta en effet Paris en juin pour se rendre à Cirey, près de Lunéville et ne revint à Paris qu'au mois d'octobre, pour repartir bientôt près du roi de Prusse.

Voltaire, selon Grimm, est loin d'avoir la renommée que mérite sa supériorité:

Je me rappellerai toute ma vie l'étonnement et la confusion d'un jeune nigaud débarquant d'Allemagne avec la plus haute admiration et le plus profond respect pour M. de Voltaire, et l'entendant traiter d'homme médiocre en tout par des gens qui parlaient en oracle, au milieu de Paris, où l'on devait apparemment mieux savoir ce qui en était qu'à Ratisbonne [. . .] M. de Voltaire quitta Paris peu de temps après l'arrivée du nigaud d'Allemagne, et ce fut l'époque de la justice que lui rendit sa patrie.[6]

Avec le *Petit prophète de Boehmischbroda*,[7] F. M. Grimm va atteindre la notoriété. Sa célébrité et sans doute sa liaison avec madame d'Epinay lui permettent de se procurer un manuscrit du *Poème sur la loi naturelle*.[8] Il s'en flattera dans une lettre[9] à un genevois, Jean-Louis Vincent Capperonnier de Gauffecourt,[10] qui la transmet à Voltaire. Celui-ci en renvoyant 'la lettre plaisante de m. Grimm',[11] entérine la renommée du petit prophète: 'de quoi s'avise ce bohémien là, d'avoir plus d'esprit qu'on en a à Paris?'[12] Quoique Voltaire prie son correspondant 'd'intéresser la dévotion de m. Grimm à brûler ce sermon, dont les mal intentionnés pourraient abuser',[13] nous croyons comprendre cependant que Voltaire ne fut pas fâché de découvrir un nouvel

---

[5] il faut très certainement traduire ainsi ce passage de sa lettre à Gottsched, cité par Danzel, *Gottsched*, p.349: 'und unter andern mit der Familie des Herrn von Voltaire'.

[6] CLT.x.63-64.

[7] CLT.xvi.313-36.

[8] un dénommé Liébaud récitait ce 'catéchisme' chez mme d'Epinay (Best.D6707). Il ressort d'une lettre de Louise-Alexandrine-Julie Dupin de Chenonceaux à Rousseau (R. A. Leigh, *Correspondance complète de Jean-Jacques Rousseau* (1965-   ), iii.264-65, no.371) que Grimm possédait effectivement une copie d'une version ancienne du *Poème sur la loi naturelle*.

[9] elle ne nous est pas parvenue.

[10] un des 'ours' (c'est ainsi que madame d'Epinay nommait les membres de sa petite cour dont faisaient partie également Rousseau, Margency, Grimm et Desmahis; cf. Leigh, iii.288, no.387, note *a*.

[11] Best.D6706.

[12] cette remarque flatteuse de Voltaire s'applique à la lettre de Grimm et non pas, comme l'a fait remarquer J. Monty, p.20, reprenant une erreur de E. Schérer, à l'occasion de la publication du *Petit prophète de Boemischbroda*.

[13] Best.D6706.

admirateur. Par ailleurs, Grimm qui eut connaissance[14] de la lettre de Voltaire, en fut certainement flatté.

Lorsque deux années plus tard, madame d'Epinay décidera de se rendre à Genève afin d'y consulter le célèbre Tronchin, elle ne manquera pas de rendre compte à son ami Grimm de ses allées et venues aux Délices. Voltaire, fort attentionné, s'est mis en quatre pour être aimable',[15] la harcelant de questions sur ses amis Grimm et Diderot. Grimm prit-il ombrage de toutes ces galanteries?[16] Ses mises en garde à l'adresse de madame d'Epinay pourraient le laisser penser: 'il faut tâcher d'être bien avec lui [Voltaire] et d'en tirer parti comme de l'homme le plus séduisant, le plus agréable, et le plus célèbre de l'Europe. Pourvu que vous n'en vouliez pas faire votre ami intime, tout ira bien.'[17] Madame d'Epinay saura trouver les mots pour rassurer 'Tyran le blanc'. Son attitude distante mais respectueuse plaira au patriarche et Grimm pourra lui écrire: 'Vous voilà donc très bien avec Voltaire, ma bonne amie? Tant mieux; il doit vous être d'une grande ressource; jouissez-en pour l'amour de moi.'[18]

Ce n'est qu'en 1759 que Grimm et Voltaire vont se rencontrer pour la première fois. Grimm quitte Paris le 7 février pour rejoindre à Genève la 'belle philosophe'. Vers la fin février, Grimm avoue n'avoir 'encore vu qu'une fois Voltaire'.[19] Diderot semble avoir été le sujet principal de leur entretien et Grimm, dans sa relation à Diderot, ne tarira pas d'éloges à l'égard de son hôte qui rend justice et veut du bien au chef des encyclopédistes. Grimm retournera souvent aux Délices où il y jouera aux échecs[20] avec Voltaire. Au mois d'avril 1759, les invités parisiens assisteront aux cérémonies marquant la prise de possession du comté de Ferney. Ils y verront le seigneur patriarche se rendre:

des Délices à la paroisse de Ferney dans un carosse de gala, accompagné de Mme Denis, qui avait mis la robe la plus riche, et qui portait tous les diamants

[14] elle fut publiée dès 1759 par madame d'Epinay, *Mes moments heureux* (Genève 1759), p.86.

[15] Best.D7480. Voir aussi Lucien Perey et Gaston Maugras, 'Madame d'Epinay à Genève (1757-1759)' *Bibliothèque universelle et revue suisse* (1884), xxi.327-45, 550-71; xxii.128-38.

[16] Besterman (Best.D9131, n.4) pense que madame d'Epinay fut la maîtresse de Voltaire.

[17] *Les Pseudo-mémoires de madame d'Epinay: histoire de madame de Montbrillant*, éd. G. Roth (Paris 1951), iii.301.

[18] *Les Pseudo-mémoires*, iii.315.

[19] Diderot, *Correspondance*, éd. G. Roth et J. Varloot (Paris 1955-1970), ii.115.

[20] Roth et Varloot, ii.150.

de la maison. Lui-même avait un habit de velours cramoisi, doublé et à parements d'hermine, et galonné de queues d'hermine sur toutes les tailles; et quoique cet habit parût un peu chaud pour la saison, tout le monde fut obligé d'en admirer le goût et la magnificence. C'est dans cet accoutrement que l'oncle et la nièce assistèrent à la grand'messe de la paroisse, chantée en faux-bourdon, pendant laquelle on tirait des boîtes[21] en guise de canon.[22]

Lorsqu'il ne la reçoit pas en robe de chambre, le galant Voltaire envoie entre Les Délices et Genève mille et un compliments à sa belle philosophe 'aux deux grands et beaux yeux'[23], au dos de cartes à jouer.[24] C'est pour elle que Voltaire fait transcrire *La Mule du pape*,[25] 'la suitte aux entretiens chinois',[26] ou des articles du *Dictionnaire philosophique*, pièces que Grimm s'empressait d'envoyer aux abonnés de la *CL*.

Madame d'Epinay et son 'bohémien' peuvent s'édifier avec le *Sermon des cinquante*, qu'ils firent imprimer[27] probablement sur les presses de Gauffecourt, à Montbrillant. Lors de ce séjour, Grimm a par ailleurs l'occasion de nouer d'utiles relations avec les imprimeurs de Voltaire, les frères Cramer, qui le tiendront ultérieurement au courant de tout ce qui se passe à Ferney.[28] Il aura ainsi la possibilité de voir chez Cramer, le premier volume de l'*Histoire de l'empire de Russie sous Pierre le Grand*, qui quoique imprimé en 1759, ne sera publié que l'année suivante.

Avant leur départ, Grimm et madame d'Epinay auront également la tâche de faire imprimer chez Cramer la *Relation de la maladie, de la confession, de la mort et de l'apparition du jésuite Berthier*.[29] Quelque peu inquiet des réactions de Paris à ce petit pamphlet, Voltaire recommandera sa tranquillité à la discrétion de ses amis.[30]

[21] petit mortier de fer qu'on tire dans les fêtes publiques (Littré).
[22] CLT.viii.66.
[23] Best.D8380.
[24] il semble d'après Best.D8482, n.1, que madame d'Epinay utilisait le même moyen pour correspondre. Aucun de ces cartons n'a malheureusement été retrouvé.
[25] Best.D8419. Ce conte a été inséré dans la *CL* du 15 juillet 1760: voir notre inventaire no.75.
[26] Best.D8482. Cette pièce a été insérée dans la *CL* du 15 septembre 1759: voir notre inventaire no.56.
[27] Best.D8309, et note textuelle *a*, Best.D8328.
[28] le manuscrit de la BN (n.a.f. 6594) contient diverses lettres à Grimm, du peintre Michel Huber, de sa femme, des frères Jean Robert et Théodore Tronchin, de Gabriel Cramer.
[29] la première édition a 30 pages in-8° (BN L.d. 39.334).
[30] Best.D8519, datée par Besterman du 1er octobre 1759. Le passage suivant: 'Depuis huit jours, on parle beaucoup de certaines choses' est à rapprocher du billet à G. Cramer (Best.D8565, daté octobre/novembre 1759): 'Il faut que frère Bertier soit un terrible

Grimm et madame d'Epinay quitteront Genève le 3 octobre pour Paris où ils arriveront le 8. Fort impressionné par le patriarche capable d'écrire 'en moins d'un mois de temps' sa tragédie de *Tancrède*, Grimm ajoutera à l'adresse de ses abonnés: 'Il est beau de travailler avec cette rapidité et ce succès à l'âge de soixante-six ans.'[31] C'est Grimm qui noue le premier contact épistolaire. Quoique sa lettre ne nous soit pas parvenue,[32] la réponse[33] de Voltaire permet de savoir qu'elle accompagnait un paquet pour Tronchin et une estampe 'bien dessinée et bien gravée'[34] pour Voltaire. A celui qu'il appelle tantôt le petit prophète ou son cher philosophe, Voltaire affirme: 'je vous aimerai toujours, car vous le méritez, car vous pensez bien, car vous êtes selon mon cœur.'[35] Aussi, lorsqu'il s'agit de réveiller l'ardeur des prosélytes parisiens dans la lutte contre l'infâme, Voltaire ne manquera jamais d'associer à la belle philosophe, madame d'Epinay, son 'profète de Bohème'.

Quoique les lettres de Grimm pour la période 1760-1773, période qui embrasse son activité de rédacteur en chef de la *CL*, soient peu nombreuses, on sait néanmoins que son amitié avec les philosophes, ses relations avec le Tout-Paris et les cours européennes, supposent un épistolier fort actif.[36]

Au début de février 1760, il est chargé par Cramer de mettre au point une association avec Michel Lambert, pour la diffusion à Paris de l'*Histoire de Russie*, de la 'chère infâme [. . .] toutte prête à paroître au grand jour',[37] 'des petits châpitres',[38] et d'écarter de cette mission le colporteur Robin, marchand de brochures au Palais Royal. Il semble que

personnage puisqu'il n'est bruit que de lui à Paris.' Il faudrait peut-être dater Best.D8565 aux environs du 1er octobre.
[31] CLT.iv.299.
[32] le nombre de lettres de Grimm à Voltaire qui nous sont parvenues est loin d'être complet. Grimm ne signant jamais ses lettres, les éditeurs de Beaumarchais-Kehl les ont peut-être détruites.
[33] Best.D8551.
[34] Best.D8551. 'L'estampe est bien dessinée, bien gravée; mais je vous avoue que je suis fâché de voir le petit fils de Henri le grand qui se vautre dans un fauteuil, avec l'attitude de Lucas, tenant une boule qui semble sortir de sa culotte, et son fils badinant derrière luy', écrira Voltaire.
[35] Best.D8551.
[36] 'Je reçois sans cesse de nouvelles marques de vos bontez', écrit notamment Cramer à Grimm le 4 février 1760 (Best.D8745).
[37] *La Pucelle*. Il ne s'agit pas comme le pense J. Vercruysse (*Œuvres complètes de Voltaire*, vii.61) d'une association en vue d'une contrefaçon à Paris, mais d'un simple rôle de correspondant que Cramer proposait à Lambert comme le montre notamment Best. D8911: 'Je compte qu'il sera chargé seul du débit de l'Infâme.'
[38] Best.D8745.

les démarches de Grimm n'aient pas été couronnées de succès, le libraire-imprimeur Lambert ayant montré peu d'enthousiasme à l'idée d'être le dépositaire d'un imprimeur concurrent. D'autre part, comment pourra-t-il débiter l'*Ecossaise,* où il semble que l'auteur de l'*Année littéraire,* journal de Fréron qu'édite Lambert, est malmené.

La comédie des *Philosophes* de Palissot, jouée le 2 mai 1760, déclenche une querelle fameuse où l'ardeur des opposants aux encyclopédistes n'a rien à envier à leurs défenseurs. Grimm, au côté des Diderot et autres d'Alembert, s'y trouvera inévitablement mêlé. Alors que le colporteur Robin est arrêté le 30 mai et conduit au Petit-Châtelet où il y restera jusqu'au 15 juin[39] pour avoir diffusé la *Préface de la comédie des Philosophes,* plus connue sous le titre de *Vision de Charles Palissot,* on soupçonne Grimm d'être le coupable[40] de ce pamphlet qui déplaira fort à la Cour. Voltaire, sceptique sur cette attribution au 'prophète', croit plutôt que cette satire est l'œuvre de plusieurs auteurs dont Grimm.[41] Cette querelle et surtout cette satire où on a eu l'imprudence d'offenser madame la princesse de Robecq, mourante, irritent le patriarche. Lefranc de Pompignan et son *Mémoire présenté au roi,*[42] Fréron ou Abraham Chaumeix sont, pour le seigneur des Délices, des cibles infiniment plus propices aux facéties qui vont se multiplier dans les six premiers mois de l'année 1760. Ces pièces de circonstances exigent une impression rapide, de préférence à Paris. Qui, mieux que Grimm, pourrait se charger de leur trouver un imprimeur? 'Instruisez-moi de la demeure du prophète de Bohëme, je ne m'en souviens plus',[43] supplie Voltaire. On peut conclure de la réponse enjouée de Voltaire du 27 juin 1760[44] que Grimm[45] lui demanda de lui écrire en qualité de secré-

[39] cf. Best.D8967, n.1.

[40] 'mais M. l'abbé Morellet arrêté et conduit à la Bastille a revendiqué son bien que je n'avais garde de lui disputer' (CLT.iv.254). Cf. aussi, C. S. Favart, *Mémoires et correspondance* (Paris 1808), i.50-53 (24 juin 1760): 'Les Visions de Palissot ne sont pas de M. Grimm'.

[41] Best.D8967. Grimm fit-il partie de cette 'petite société de Philosophes qui soupoient ensemble, et qui *conciliabuloient* deux fois la semaine' et dont 'l'abé de Morlaix receuilloit les résultats'? (lettre de Thieriot à Voltaire, Best.D8988). D. Delafarge (*L'Affaire de l'abbé Morellet en 1760* (Paris 1912), p.13) a rejeté sans convaincre cette affirmation de Thieriot.

[42] *Mémoire présenté au roi, par m. de Pompignan, le 11 mai 1760* (Paris 1760).

[43] Best.D8973.

[44] Best.D9011. Nous émettons l'hypothèse que cette date, reportée sur l'autographe par Grimm, est celle de la réception de la lettre. A partir d'indications identiques, Besterman a retardé Best.D9057 de trois jours. Il faudrait selon nous opérer la même correction sur Best.D9011.

[45] sa lettre ne nous est pas parvenue.

taire du duc d'Orléans au Palais Royal. Avec sa réponse, Voltaire joint un paquet contenant sans doute *Le Pauvre diable, Le Russe à Paris, La Lettre de Jérome Carré*,[46] lui promet un autre paquet 'dans un autre goust pour varier'[47] et le charge de trouver 'quelque honnête Libraire qui veuille imprimer le sermon du Cousin Vadé'.[48] Les abonnés de la *CL* seront cette année-là particulièrement comblés, Grimm insérant en 'bonnes feuilles' les textes que lui confiait Voltaire. Grimm accusera réception de ces rogatons le 4 juillet[49] après que Voltaire se fût inquiété à deux reprises,[50] près de madame d'Epinay, de l'arrivée de son paquet. On peut penser d'après la lettre de Thieriot à Voltaire du 30 juillet 1760,[51] que Grimm, comme le lui avait suggéré Voltaire,[52] s'adressa au colporteur Robin 'à qui la prison [avait] donne un courage et des ouvertures qu'il n'avoit pas'.[53]

Le 26 juillet 1760, l'*Ecossaise* est représentée pour la première fois au Théâtre-Français. Rappelons que cette pièce, dont Voltaire disait à d'Argental qu'elle avait 'été faite bonnement, et avec simplicité, uniquement pour faire donner Fréron au Diable',[54] mettait en scène le rédacteur de l'*Année littéraire* sous le nom transparent de Frelon. On sait que la riposte de Fréron ne se fit pas attendre et que dans sa relation de la représentation, il s'en prit aux philosophes et tout particulièrement aux encyclopédistes. Grimm n'y sera pas épargné: 'L'aile droite était commandée par un prophète de Boëhmischbroda, le Calchas de l'armée, qui avait prédit le succès du combat.'[55] Les difficultés de Fréron avec la censure, pour imprimer sa *Relation d'une grande bataille*, lui font écrire à Malesherbes des lettres indignées:

Dans quel siècle sommes-nous donc, Monsieur? Quoi, il sera permis à ce malheureux Voltaire de vomir la calomnie, il sera permis à cet infâme abbé de La Porte de me déchirer dans ses feuilles, il sera permis à ce Tartuffe de Diderot, à ce bas flatteur Grimm, d'aller au parterre de la Comédie le jour de la première représentation de l'Ecossoise, exciter leur cabale et lui donner le signal de l'applaudissement! Et je ne pourrai jeter sur mes vils ennemis un ridicule léger![56]

---

[46] Best.D9057. [47] Best.D9011. [48] Best.D9011.

[49] sa lettre ne nous est pas parvenue (cf. Best.D9057).

[50] Best.D9014: 'il faut savoir si le profète a reçu le paquet adressé au secrétaire de Mg le duc d'Orleans'; et Best.D9049: 'J'ay besoin de savoir si le profète a reçu mon paquet adressé au palais royal.'

[51] Best.D9100. [52] Best.D9057. [53] Best.D9100. [54] Best.D9010.

[55] *Année littéraire* (27 juillet 1760), v.209-16, repris dans Best.D.app.190.

[56] Best.D9102.

Quoique Voltaire continue pendant tout l'été 1760 à encourager les amis de Diderot dont 'l'aimable Abacuc'[57] à le presser de se présenter à l'Académie, une crise s'est fait jour entre le clan parisien[58] et l'église de Ferney. Voltaire ne s'est-il pas en effet montré trop tiède dans la défense de l'abbé Morellet? N'osant s'engager personnellement, déplorant la *Vision* comme une maladresse, ne désirant à aucun prix s'aliéner ses protecteurs à la cour, Voltaire, par ses tergiversations et ses lettres paternelles à l'ennemi Palissot, avait fortement déçu. 'Si la première lettre était pardonnable, les autres ne le sont plus',[59] écrira Grimm à ses abonnés. Et il ajoutera que le public 'a trouvé qu'il s'est manqué à lui-même en répondant à un homme qui n'a pas fait un pas dans la querelle qu'il a suscitée sans trahir une bassesse de sentiment qui l'a couvert d'opprobre'.[60]

C'est également dans le courant de 1760, avec sa lettre de rupture à Voltaire où résonne l'apostrophe célèbre 'Je ne vous aime point, Monsieur', que Jean-Jacques Rousseau attire l'attention du patriarche sur 'un Allemand nommé m. Grimm'[61] dont il feint de croire qu'il eût pu faire courir sa lettre. L'expression plaira à Voltaire. Il ne pourra se refuser d'en faire part à madame d'Epinay: 'Jean-Jacques aurait pû servir dans la guerre, mais la tête lui a tourné absolument [...] En me parlant de Mr Grimm, il l'appelle un *allemand nommé Grimm*.'[62]

Malgré ses récriminations et quoique 'jamais le profète Grim ne met au bas de ses lettres un petit signe qui les fasse reconnaître',[63] Grimm écrira deux lettres à Voltaire en septembre-octobre 1760.[64] On peut conclure de la réponse[65] de Voltaire, qu'il y avait exprimé un certain nombre de critiques à l'égard de *Tancrède*. Voltaire, sans s'en offusquer, le priera de revoir cette pièce quand on la rejouera. D'ailleurs pourquoi n'aiguiserait-il pas son esprit critique sur l'*Histoire de l'empire de Russie*? N'est-il pas 'plus au fait des affaires du nord que nos parisiens'? Que pense-t-il des 'tétons d'ébène des samoiedes et des raisonements qu'on fait en Sibérie sur l'origine des Français'?

Le début[66] de la liaison épistolaire en 1760 entre Damilaville et Voltaire va raréfier les échanges entre Grimm et Voltaire. Ce dernier, connaissant les liens qui unissaient Diderot et Grimm à Damilaville,

[57] Best.D9092.
[58] voir Arthur M. Wilson, *Diderot* (New York 1972), chapitre 30.
[59] CLT.iv.259.   [60] CLT.iv.274.   [61] Best.D8986.
[62] Best.D9064.   [63] Best.D9360.
[64] ces deux lettres ne nous sont pas parvenues.   [65] Best.D9365.
[66] la première lettre de Voltaire à Damilaville est du 11 juillet 1760 (Best.D9055).

considéra que frère Vingtième avait la possibilité de communiquer à ses amis le contenu de ses lettres. On sait, en raison de la place de la 'correspondance du patriarche' insérée dans la *CL*, que Damilaville fut à cet égard plus qu'indiscret. D'autre part, Voltaire connaissait les relations qui existaient entre Gabriel Cramer et Grimm. En écrivant à madame d'Epinay, Voltaire n'ignorait pas également que ses lettres étaient communiquées à 'Tyran le blanc'.[67] Par ailleurs, il faut se demander si Voltaire ne sut pas, par d'Argental, le dernier mot sur l'affaire des dédicaces aux traductions anonymes[68] des deux comédies de Goldoni, *Il Vero amico*[69] et *Il Padre di famiglia*.[70] Rappelons que ces deux ouvrages étaient précédés d'une épître dédicatoire et d'un errata[71] dont les plaisanteries, les allusions et les persiflages avaient fortement déplu à madame de Robecq, naguère maîtresse du duc de Choiseul, et à madame de La Marck, à qui étaient dédiées ces deux traductions. Les coupables n'ayant pas été découverts, l'affaire avait rebondi en 1760. Diderot, quoique s'étant chargé d'un délit dont il était innocent, avait été de nouveau mis en cause par Palissot. Voltaire, se disant bien informé par d'Argental et 'une personne non moins digne de foi',[72] récusa les accusations de Palissot. Connut-il à cette occasion la vérité ou pour le moins les présomptions qui pesaient sur Grimm? Ceci expliquerait peut-être le peu d'échanges entre Voltaire et Grimm durant la période qui va de l'automne 1760 à 1764.

Par l'intermédiaire de Damilaville, Grimm fera part à Voltaire en mars 1763 de son enthousiasme à l'égard de *Brutus*.[73] A 'l'illustre frère qui daigne tant aimer Brutus', Voltaire répondra qu'il 'parait avoir suppléé par sa brillante imagination à ce qui manque à cette pièce'.[74]

Le 5 septembre 1764, Grimm renoue le dialogue avec une lettre, pleine d'onction à l'égard du 'saint des Délices'[75] dont des exemplaires de l'*Evangile de Jean Meslier* lui sont parvenus par 'l'archange Gabriel' Cramer. Mais ce sont des 'divin(s) Dictionnaire(s)' qu'il réclame au

---

[67] 'Ma chère philosophe communiquez cela au profète', demande-t-il à madame d'Epinay (Best.D9498).

[68] cf. Best.D9253, n.1 et Arthur Wilson, *Diderot*, pp.317-21.

[69] *Le Véritable ami* (Avignon, 1758: BN Yth.18879).

[70] *Le Père de famille* (Avignon, 1758: (BN Yth.13770).

[71] CLT.xvi.347-51. Lewinter, (Diderot, *Œuvres complètes* iii.661) affirme que l'errata suit *Le Véritable ami*. En fait, cet 'Errata Que le lecteur est prié de corriger dans *Le Père de famille* de M. l'Abbé Goldoni' se trouve en tête du *Père de famille* (voir également Quérard, *Supercheries littéraires*, iii.1129-30). Voltaire réclamera à Thieriot ces ouvrages le 23 septembre 1760 (Best.D9253).

[72] Best.D9005.   [73] cf. CLT.v.257.   [74] Best.D11121.   [75] Best.D12072.

patriarche afin d'en envoyer à Catherine II, à Caroline de Hesse-Darmstadt, à Sophie Erdmuthe de Nassau-Saarbruck, toutes abonnées de la
CL. A la fin de cette lettre non signée,[76] Grimm ajoutera énigmatique-
ment: 'Que le diable emporte le Belzébuth caché qui a voulu semer la
zizanie; ce n'est pas être l'ami des frères Cramer. J'ai dit dans le temps à
frère Vingtième ce que j'en pensais.' A quelle discorde Grimm réfère-
t-il? Peut-être est-ce là une allusion au mécontentement de Voltaire,
du début de 1764, à l'égard de Cramer qui avait copié le conte *L'Education d'une fille* et l'avait envoyé à Paris, sans doute à Grimm. S'il eût eu
connaissance des révélations de Cramer, Voltaire aurait eu d'autres
raisons de se plaindre. Ce sont ces indiscrétions[77] qui permettront à
Grimm de se flatter auprès de ses abonnés d'être si parfaitement au
courant des affaires financières du patriarche.[78]

Pourtant, la diffusion à Paris, en avril 1765, de quelques exemplaires
des *Observations sur une dénonciation de la Gazette littéraire faite à m.
l'archevêque de Paris* (Genève 1765) de l'abbé Morellet, diffusion qui
provoque son interdiction presque simultanée,[79] va mettre Cramer dans
l'embarras. Cependant, Voltaire n'avait-il pas assuré son cher Caro
que le duc de Praslin s'intéressait à la publication de cet ouvrage?[80] Ne
l'avait-il pas prié de lui en adresser deux exemplaires ainsi qu'un ballot
à Merlin?[81] La société du baron d'Holbach, notamment monsieur et
madame de Montigny, madame de Fourqueux, exprima très vivement
son mécontentement à l'égard de Cramer. Grimm sera le porte-parole
de l'indignation du clan parisien. Sa lettre peu amène on l'imagine,[82]
ulcéra Gabriel Cramer, qui aura beau jeu de se défendre de n'avoir obéi
qu'aux sollicitations de Voltaire.[83] Grimm et Diderot n'eurent aucun
mal à le croire et s'accordèrent sans doute avec Cramer pour penser que
'ce cher enfant' de Ferney 'mérite d'etre caressé & fouetté jusqu'au sang
toutte la journée' et ceci malgré 'des grâces dont il est malaisé de se
défendre'. Et Cramer d'ajouter: 'Souvenons-nous bien vite, comme,
vous dites mon cher Philosophe, que c'est le défenseur de l'innocence
opprimée qui mérite nos respects & nos adorations.'[84] On conçoit alors
qu'il ne saurait être question de ne pas l'associer, avec un petit nombre
de philosophes dont Diderot, Grimm, madame d'Epinay, 'une autre

---

[76] 'Un de nos frères, Madame, que je soupçonne être le prophète Bohémien m'a écrit
une belle Lettre par laquelle il veut quelques exemplaires d'un livre diabolique' écrira
Voltaire à madame d'Epinay (Best.D12102).

[77] cf. Best.D12526. [78] cf. CLT.vi.233. [79] cf. Best.D12520, n.1.
[80] Best.D12520. [81] Best.D12806.
[82] elle ne nous est pas parvenue. [83] Best.D12806. [84] Best.D12822.

femme charmante',[85] Damilaville et peut-être d'Alembert, au projet de souscription à l'estampe de la famille Calas. Voltaire suppliera Damilaville de le mettre au 'rang des souscripteurs de quelque manière que ce puisse être'.[86]

Le *Projet de souscription pour une estampe tragique et morale*,[87] tiré à cinq mille exemplaires et distribué dans toute l'Europe, fut rédigé par Grimm et, moins que tout autre, il ne resta inactif pour en assurer le succès. Quoique ce projet eût obtenu l'autorisation de la police et que l'on comptait parmi les premiers souscripteurs les noms illustres du duc de Choiseul ou de madame la duchesse d'Anville, des menaces pesaient sur l'entreprise. Humblot, l'imprimeur, avait fait part à Grimm de ses craintes: 'M. l'abbé de Grave, censeur royal, et qui avait souscrit pour cinq, moyennant trente livres, prétend que le Parlement ne souffrira pas que l'estampe paraisse.'[88] Ces appréhensions n'étaient que trop fondées. Certains conseillers du Parlement de Paris, agacés par la publicité faite autour du cas Calas, firent pression sur la police et obtinrent la suspension de la souscription. Les raisons avancées étaient significatives. D'une part, il semblait que Voltaire fut l'instigateur de cette souscription, d'autre part, cette estampe était une injure au Parlement de Toulouse et les bénéfices en étaient destinés à des protestants. Des efforts furent immédiatement entrepris pour faire lever cette interdiction, mais m. de St-Florentin, alors ministre de l'intérieur, appuyait les conseillers et ce n'est qu'au début septembre 1765 que cette 'chose si injuste, si ridicule'[89] fut enfin rapportée. Voltaire se flatte d'avoir fait une cinquantaine de souscriptions et promet à Grimm de lui faire parvenir par Damilaville ses vers à mademoiselle Clairon, son hôte du moment dont il n'a cessé de louer les mérites depuis son arrivée.

Grimm se dépense sans compter. Il interroge[90] Voltaire pour savoir s'il a écrit à l'impératrice de Russie afin de l'intéresser au projet de souscription. Dans ses réponses,[91] Voltaire assurera Grimm qu'il a

---

[85] Best.D12575.   [86] Best.D12586.

[87] CLT.xvi.352-59. Cette estampe représentait la famille Calas et fut dessinée par Carmontelle; on en trouvera un exemplaire effectué par Delafosse en 1765 et signalé par A. Wilson, *Diderot*, p.798, n.65, au Cabinet des estampes de la Bibliothèque nationale à Paris (N.3). (Voir le fac-similé dans Th.Besterman, *Voltaire* (Oxford 1976), face p.472).

[88] CLT.xvi.360.   [89] Best.D12870 (à Grimm).

[90] sa lettre ne nous est pas parvenue. La réponse de Voltaire (Best.D12829) datée par Besterman du 14 août 1765, doit être selon nous datée du 16 août (voir notre inventaire no.332).

[91] Best.D12916a et Best.D12981a.

écrit à Catherine II et à l'Electeur palatin,[92] mais qu'il n'a par ailleurs aucune relation avec d'autres cours d'Allemagne, en dehors de celle de Saxe-Gotha. Quant à son *Adélaïde*, que les comédiens ont repris et dont Grimm l'a entretenu, Voltaire s'en désintéresse. A l'égard de Jean-Jacques lapidé, il conseille au prophète de ne pas s'apitoyer sur son sort et de se consacrer plutôt à rassembler les frères dans la lutte contre l'infâme. A cet effet, il promet de lui envoyer quelques 'pâtés d'anguilles'.[93] Mais c'est l'affaire des Sirven qui préoccupe le patriarche. Le *Mémoire*[94] d'Elie de Beaumont tarde à paraître et Grimm est prié, s'il en voit l'auteur, de ranimer son ardeur. Ce *Mémoire* n'ayant toujours pas vu le jour au printemps 1766, Voltaire publie son *Avis au public sur les parricides imputés aux Calas et aux Sirven* et, à cette occasion, reprend contact avec Grimm afin qu'il lui fournisse 'les noms et les adresses des personnes raisonnables et respectables d'Allemagne qui ont exercé leur générosité envers les Calas et qui pourraient répandre sur les Sirven quelques gouttes du baume qu'ils ont versé sur les blessures des innocents infortunés'.[95] Le 26 juin, Grimm n'ayant toujours pas répondu à sa demande pressante, Voltaire s'en plaint à Damilaville.[96] Ce n'est qu'à la suite d'un billet[97] à 'Frère Grimm' du 4 juillet, qu'une réponse[98] que l'on peut deviner satisfaisante, parviendra à Voltaire. Il écrira quelque temps plus tard à madame d'Epinay: 'Le prophète me l'avait bien dit, que les étoiles du nord deviennent tous les jours plus brillantes. Tous les secours pour les Sirven sont venus du nord. On pourait tirer une ligne droite de Darmstadt à Petersbourg, et trouver partout des sages.'[99] Il s'adresse en effet notamment à Caroline Henriette Christiana de Zweibrücken, landgrave de Hesse-Darmstadt, en se recommandant de 'm. Grimm'.[100] La récompense pour le 'cher prophète' est d'obtenir de Cramer, avec l'accord de l'auteur, autant d'exemplaires qu'il désire du *Philosophe ignorant* ou de l'*Avis sur les Sirven*, cette 'petite drogue'[101] dont seuls Damilaville et Grimm peuvent disposer. C'est de nouveau les

---

[92] ou plutôt son secrétaire Collini, car il avoue: 'je n'ose prendre la Liberté d'écrire à Monseigneur. Je ne me sens pas dans l'état où je suis, assez d'esprit pour l'amuser, et je suis trop respectueusement attaché à sa personne pour l'ennuier' (Best.D12915).

[93] Best.D12981a.

[94] *Mémoire à consulter et consultations pour Pierre Paul Sirven* (Paris 1767).

[95] Best.D13348.

[96] Best.D13375. Le texte de cette lettre inséré dans la *CL* (voir notre inventaire no.450) a été censuré afin qu'il ne comporte aucune allusion à la lettre de Voltaire à Grimm.

[97] ce billet envoyé à Damilaville avec Best.D13391 ne nous est pas parvenu.

[98] cette lettre ne nous est pas parvenue.

[99] Best.D13524.   [100] Best.D13435.   [101] Best.D13381.

circonstances qui vont mettre en relation Grimm et Voltaire. Le 13 décembre 1768, frère Vingtième, Etienne Noël Damilaville, va disparaître après une douloureuse maladie. Pendant de longs mois, ses amis parisiens, non désintéressés,[102] se sont relayés à son chevet. Voltaire a prié madame Denis de faire retirer ses lettres, celles-là mêmes que Grimm insérait dans ses suppléments de la 'correspondance du patriarche' et qui sont 'écrites presque toutes de la main de l'ami Wagnières'.[103] C'est Diderot qui finalement réussit à les obtenir et se montre peu empressé à s'en défaire, ce qui provoque l'indignation du patriarche: 'Si Diderot a toutes mes Lettres ne serait il pas honnête qu'il vous les remit entre les mains?'[104] Grimm fera part à Voltaire de son affliction,[105] mais aussi sans doute de son soulagement: Damilaville en les quittant avait mis fin à d'intolérables souffrances.

Quoique nous ne disposions d'aucune lettre entre Voltaire et Grimm pour l'année 1769, nous savons[106] cependant qu'eurent lieu de nombreux échanges épistolaires. Lors de son voyage en Allemagne, Grimm adresse à Ferney des comptes rendus détaillés de ses contacts avec les cours de Vienne ou de Berlin. Le 'bohémien qui a beaucoup d'esprit et de philosophie'[107] informera Voltaire du mécontentement de Frédéric II à l'égard du négligent patriarche. Est-ce à l'occasion du séjour de Grimm à Mayence que celui-ci suggéra à l'Electeur palatin d'envoyer à Ferney, son graveur, Georges Christophe Waechter, pour dessiner la tête de Voltaire? La médaille représentait, à la face, le profil de Voltaire sous lequel on pouvait lire ce vers de *La Henriade*: 'Il ôte aux nations le bandeau de l'erreur.'[108] Cette légende dont Voltaire dit qu'elle fut faite par 'un Allemand de beaucoup d'esprit nommé Mr Grimm',[109] provoqua la colère des magistrats genevois et Waechter n'eut que le temps de tirer quelques médailles. D'autres furent frappées en Hesse,

[102] m. Paul Vernière pense que Diderot, d'Alembert et Grimm ont tenté, tour à tour, de s'approprier le portefeuille de Damilaville pendant sa maladie.

[103] Best.D15340.

[104] lettre de Voltaire à madame Denis du 23 décembre 1768, Best.D15383.

[105] cette lettre ne nous est pas parvenue. C'est Best.D15392 qui y répond. L'éloge funèbre de Damilaville dans la *CL* (CLT.viii.222-24) n'est pourtant pas particulièrement louangeur.

[106] 'les Lettres au prophête de Bohême sont éxactement rendues à ma philosophe' (Best.D15677).

[107] Best.D15985.

[108] Voltaire, *La Henriade*, iv.254 (éd. O. R. Taylor (Genève 1970), 2e éd., p.452).

[109] Best.D15971. Desnoiresterres (*Voltaire et la société au XVIIIe siècle*, vii.331, n.3) affirme, on ne sait pourquoi, qu'il s'agit de 'Collini, alors à la cour de l'électeur'. (Voir le fac-similé de cette médaille dans Th. Besterman, *Voltaire*, face p.375.)

mais 'cette légende parut ambitieuse à Cassel; le clergé auquel elle ne pouvait plaire, en exagéra l'énormité [. . .] et la malencontreuse médaille fut condamnée'.[110]

Cette tentative infortunée pour s'associer à la gloire de Voltaire ne découragea pas Grimm. En janvier 1770, il envoie à Ferney l'ouvrage de Galiani, *Dialogues sur le commerce des bleds*,[111] sans lui indiquer le nom de l'auteur. Voltaire l'en remerciera le 12 janvier: 'J'ai cru lire, mon cher Philosophe, tantôt Platon, tantôt Molière. Je me trompe fort ou le nom de l'auteur commence par une L. Si j'ai tort le temps me l'apprendra. Quoiqu'il en soit; je vous remercie du fond de mon cœur de m'avoir fait lire un ouvrage qui m'a autant instruit qu'amusé.'[112]

Au début d'avril 1770, comme tous les vendredis, madame Necker avait réuni à sa table les chefs[113] de file de la secte encyclopédique, qui 'après avoir dûment invoqué le Saint-Esprit, copieusement dîné et parlé à tort et à travers sur bien des choses',[114] proposèrent d'élever une statue à Voltaire. Il fut décidé de lancer une souscription dont les seize convives de madame Necker seraient responsables. C'est le sculpteur Jean-Baptiste Pigalle qui avait déjà fait une ébauche en terre que l'on chargea de la réalisation en marbre de cette statue d'un Voltaire presque nu. Si le rédacteur de la *CL* s'était montré enthousiaste à l'égard de l'ébauche,[115] il le fut moins quant à la réalisation finale. On ne sait s'il faut croire Grimm qui accusera Pigalle de ne pas savoir draper et de s'être 'entêté à nous donner la carcasse d'un vieil ivrogne qui lui a servi de modèle pour le corps du chantre immortel de Henri IV'[116] ou plutôt Morellet qui, dans ses *Mémoires*, écrira:

C'est à Diderot[117] qu'il faut s'en prendre de cette bévue, car c'en est une. C'est

---

[110] Desnoiresterres, vii.331.

[111] Ferdinando Galiani, *Dialogues sur le commerce des bleds* (Londres 1770), *Ferney catalogue*, B.1246, BV.1426.

[112] Best.D16088.

[113] aux côtés de Grimm, on y trouve Diderot, Suard, le chevalier de Chastellux, le comte de Schomberg, Marmontel, d'Alembert, Thomas, Necker, Saint-Lambert, Saurin, Raynal, Helvétius, Bernard, Arnaud et Morellet. Sur la date de cette réunion, voir Best. D16284 (note textuelle).

[114] CLT.ix.14-15.   [115] CLT.ix.16.

[116] *inédit*, *CL* février 1773, voir notre inventaire no.739.

[117] il ne s'agirait pas en occurence 'des conséquences de l'esprit de Diderot [aux] conceptions paradoxales' comme tend à le faire croire Desnoiresterres, vii.346-47, mais d'une attitude constante de Diderot, (voir notamment ses réflexions dans le *Salon de 1765*, Lewinter, vi.217 et l'*Essai sur la peinture*, Lewinter, vi.301: 'la chair est plus belle que la plus belle draperie; [. . .] le corps de l'homme, sa poitrine, ses bras, ses épaules, [. . .] les

lui qui avait inspiré à Pigalle de faire une statue antique, comme le Sénèque se coupant les veines [. . .] Je me souviens d'avoir bien combattu et Diderot et Pigalle, mais nous ne pûmes détourner ni le philosophe ni l'artiste échauffé par le philosophe.[118]

Dans sa lettre à Grimm du 23 juillet 1770,[119] Voltaire, toujours préoccupé de laisser croire, malgré les dires de Pigalle, qu'il n'est qu'un squelette, cherche à détromper Grimm et ses amis parisiens. En fait, quoique l'auteur de cette lettre y mette en avant le 'vous' du destinataire, il passe insensiblement du 'je' à 'on' et ne s'adresse plus à Grimm, mais à un pluriel:[120] la secte parisienne dont il aimerait connaître la réaction à ses remarques sur le *Système de la nature*.[121] Ces réflexions où Voltaire fait de l'esprit qui est par nature une activité pour autrui et dans lesquelles il persifle le baron d'Holbach en même temps qu'il le vante, le citant abondamment tout en faisant mine de l'ignorer, n'ont d'autre objet que d'être rapportées aussi largement que possible. On pourrait noter les mêmes observations à l'égard des lettres du 10 octobre[122] et 1er novembre 1770.[123] Le début de cette dernière lettre paraissait pourtant s'inscrire selon un processus de valorisation du destinataire. Mais ce n'est pas le correspondant des rois de Prusse et de Pologne que veut flatter Voltaire, celui-là même qui leur parle avec tant d'éloges du patriarche. Ce qui préoccupe l'auteur de cette lettre, c'est que ses amis parisiens rient alors qu' 'il y a une distance immense entre les talents et l'esprit philosophique'.[124] La meilleure preuve n'en est-elle pas celle de l'auteur du *Système de la nature* qui a monté la cour contre le clan philosophique?

Mais 'depuis l'affaire Palissot, le clan encyclopédiste tient Voltaire en suspicion [. . .] La "synagogue" holbachique ne veut pas recevoir l'évangile voltairien. Le jour est proche où la rue Royale-Saint-Roch entreprendra d'*écraser l'infâme* par ses moyens propres, sans autrement s'occuper des travaux apostoliques de Ferney.'[125]

pieds, les mains, la gorge d'une femme sont plus beaux que toute la richesse des étoffes dont on les couvrirait.').

[118] Morellet, *Mémoires*, i.194.   [119] Best.D16540.

[120] un apostillage des caractérisations des rapports de personnes dans cette lettre montre qu'à côté de 18 signes du 'moi', figurent 16 attributions d'autrui contre seulement 7 'vous'.

[121] Paul-Henri Thiry d'Holbach, *Système de la nature ou des lois du monde physique et du monde moral* (Londres 1770).

[122] Best.D16693. Une réponse de Grimm, attestée par Best.D16735, ne nous est pas parvenue.

[123] Best.D16735.   [124] Best.D16735.

[125] René Pomeau, *La Religion de Voltaire*, nouvelle édition revue et mise à jour (Paris 1969), p.338.

Grimm répondra pourtant à Voltaire le 8 décembre 1770[126] et lui enverra à cette occasion la lettre de Frédéric II à d'Alembert du 28 juillet.[127] La saturation des signes du 'vous' à l'intérieur de la lettre de Grimm, où le 'vous' est considéré indépendamment de la circonstance comme un type de valeur, un 'Christ de ce temps ci'[128] qui a guéri d'Alembert, entraîne une représentation du destinataire si flatteuse qu'elle le dessert. Le 'vous' n'est plus conçu comme une personne selon un processus de communication et de sympathie personnelle, mais comme une suite d'images qui ont rapport à 'lui' sans être 'lui'. C'est une 'main bienfaisante' qui a envoyé l'*Epître à l'Empereur de Chine*, celle-là même qui pèse dans sa 'balance' les grands hommes du 'siècle' de Voltaire. A la limite, le 'je' de l'auteur s'estompe derrière le plus modeste des 'nous'. Quant à l'être véritable qui compose le 'vous', il se trouve comme remis en question: 'Si vous avez dans vos domaines un poëte qui fasse des pièces comme *Alzire,* vous pouvez nous l'envoyer hardiment.'[129] En raison même de la part trop importante de la flatterie qui minimise la relation épistolaire, cette lettre semble se nier elle même. La formule de politesse finale, inhabituelle parce que trop grandiloquente, ajoute au caractère clos de cette missive.

Au début de mai 1772, Grimm profite du voyage de son ami, le baron Carl-Heinrich Gleichen, ancien ambassadeur du Danemark à Paris, pour réclamer[130] au patriarche son conte de *La Bégueule.* Dans sa réponse,[131] Voltaire avertit Grimm d'avoir à copier ce rogaton sur l'exemplaire de son ami Schomberg. En revanche, ni madame d'Epinay ni Grimm[132] n'auront l'*Epître à Horace*, tout au moins telle que l'a reçue d'Argental. La confiance a fait place à la suspicion...

Grimm ne manquera pas cependant de parler de Voltaire avec Catherine II[133] lors de son séjour à St-Pétersbourg ou de réclamer à Huber des découpures représentant Voltaire jouant la tragédie.[134]

En 1774, Voltaire fera transmettre par madame d'Epinay[135] une invitation pour Grimm à lui rendre visite. Accompagné des comtes

---

[126] Best.D16813.   [127] Best.D16667.

[128] Best.D16813; on sait que cette 'guerre civile philosophique' aura pour conséquence la séparation de d'Alembert du clan holbachique. (Voir John Pappas, 'Voltaire et la guerre civile philosophique' *Rhl* (1961), lxi.525-49.)

[129] Best.D16813.

[130] sa lettre ne nous est pas parvenue, mais son existence semble attestée dans la lettre à Schomberg du 15 mai 1772 (Best.D17741).

[131] la réponse de Voltaire est attestée par Best.D17741.

[132] Best.D17975.   [133] Best.D18559.

[134] Best.D19463, D19894.   [135] Best.D19017.

Nicolas et Serguei Roumantsof, fils du maréchal Pierre Roumantsof, le vainqueur des Turcs, Grimm séjournera à Genève du 29 novembre au 10 décembre 1775,[136] mais Voltaire, malade, ne pourra recevoir ces voyageurs que très brièvement et sans amabilité. Catherine s'en étonnera. Comment, Voltaire 'mourait d'envie de vous voir et d'où vient donc qu'il vous a reçu fraîchement?'[137] De même, Galitzin écrira de La Haye à François Tronchin le 22 décembre 1775: 'Vous devez avoir vu les deux comtes de Romanzow avec M. Grimm [...] Ils ont été très fâchés de n'avoir pu voir qu'un instant M. de Voltaire.'[138]

Grimm, le factotum des cours du nord, continue néanmoins à faire savoir à Voltaire qu'il est 'le seul homme qui n'ait jamais eu réellement le privilège de ne pas vieillir'.[139] Il sera le courtier entre Catherine II et madame Denis dans les négociations relatives au transfert de la bibliothèque de Voltaire des Délices à St-Pétersbourg. C'est à cette occasion qu'il se chargea des intérêts du secrétaire du patriarche, Jean-Louis Wagnière, pour lequel il s'employa à lui faire obtenir un emploi temporaire de bibliothécaire et une pension de la tsarine.[140] Lorsque en mai 1779, madame Denis fera jouer *Agathocle*, m. le baron de Grimm sera présent dans une loge aux côtés de d'Alembert, de m. et madame de Villette et du marquis de Condorcet...[141]

Cependant, une signification globale d'échec semble caractériser les relations de Voltaire et de Grimm. Ce phénomène n'est pas lié tant à la dispersion des lettres dans le temps qui n'entraîne pas nécessairement l'échec d'un rapport de personnes, mais plutôt au fait que chaque 'rencontre' ne recueille pas les précédentes dans un 'dynamisme' qui comblerait les vides et totaliserait les instants passés. Les échanges étant occasionnels, de circonstances, forment une suite d'additions qui ne sont pas intégrées dans une durée consciente. On ne peut retenir chez Voltaire les quelques allusions et regrets au sujet de sa rencontre avec son 'cher prophète' en 1759. Il faut aussi lire 'en filigrane' cette lettre touchante de *Belle et bonne*, la marquise de Villette, à Grimm, du 12 décembre 1779:

[136] voir note textuelle de Best.D19727.

[137] Catherine II, *Lettres à Grimm* (St-Pétersbourg 1878), p.43, cité par A. Cazes, *Grimm et les encyclopédistes* (Paris 1933), p.216.

[138] commentaire de Best.D19807.

[139] lettre de Grimm à F. Tronchin du 25 mars 1777, citée dans le commentaire de Best. D20614.

[140] Paul Bonnefon, 'Correspondance inédite de Grimm avec Wagnière', *Rhl* (1896), iii.481-535.

[141] CLT.xii.261.

N'allez pas croire, monsieur, que je me donne les airs de juger; mais ce grand homme, dont le souvenir m'est si cher, daignait consulter quelquefois mon cœur sur les chefs d'œuvre de son esprit. Mon enfant, me disait-il, c'est dans vos yeux mouillés de larmes que je viens savoir si j'ai raison. Je n'ai pas oublié cette phrase; elle m'aurait donné de l'orgueil, si l'on pouvait s'enorgueillir d'être née sensible. Je l'ai été veritablement à ce que vous dites de M. de Voltaire; il croyait à votre amitié pour lui; j'en ai les preuves.[142]

Pour Grimm, il s'agit dans le meilleur des cas de flatter le patriarche afin d'en obtenir, avant l'impression, quelques pièces que le rédacteur en chef de la *CL* pouvait donner en primeur à ses abonnés. Pour Voltaire, Grimm n'est qu'un alibi, un porte-parole qu'il utilisera dans la guerre philosophique déclenchée par la 'bombe' du *Système de la nature*.

Tant dans la *CL* que dans ses lettres privées, Grimm jugeait sévèrement les gamineries du patriarche. A la duchesse de Saxe-Gotha, sa confidente, il ne cache pas ses sarcasmes et son ironie:

Mais Votre Altesse ne s'amuse-t-elle pas de la bonne foi avec laquelle ce vieil enfant de Ferney croit que rien n'est plus aisé que de persuader aux gens que tout cela ne vient pas de lui? et le sérieux qu'il met à se cacher, et toutes les lettres qu'il écrit pour donner le change là-dessus, et ce zèle infatigable de l'apostolat, et ce courage, et puis des peurs! Tout cela est bien plaisant.[143]

Sous l'influence de Diderot qui écrit à Ferney des lettres dithyrambiques, Grimm, dans la *CL*, s'oppose presque systématiquement à Voltaire dont 'la philosophie est petite, étroite et fausse'.[144] A l'égard de ses œuvres dramatiques, il est rare que le critique de la *CL* ne blâme pas ou le plan ou l'invraisemblance des faits et des caractères des personnages et même parfois la négligence du style. Voltaire historien n'échappe pas aux remontrances. Grimm condamne sans appel 'sa négligence, [...] sa légèreté, sa hardiesse, le peu de soin qu'il prend, ou l'impossibilité où il est de finir et de perfectionner ses ouvrages, [...] ce don de plaisanter qu'il possède au suprême degré et qui fait le principal mérite de la *Pucelle* mais qui n'est pas supportable dans un historien'.[145] Son jugement hâtif à l'égard de *Candide* qui n'a 'ni ordonnance, ni plan, ni sagesse, ni de ces coups de pinceaux heureux qu'on rencontre dans quelques romans anglais du même genre'[146] est significatif.

[142] archives d'actes anciens, Moscou, fonds no.10, description no.3, 504, f.43r.
[143] lettre du 30 juin 1765, CLT.xvi.435, citée par R. Pomeau, *Le Taureau blanc* (Paris 1967), p.xii.
[144] CLT.iii.245.   [145] CLT.iii.21.   [146] CLT.iv.85-86.

Superficialité, rabâchage, légèreté caractérisent en général les pamphlets philosophiques de Voltaire, ce 'capucin' dont le dieu 'rémunérateur et punisseur'[147] n'avait aucune place dans l'entourage du baron d'Holbach.

Quoique nous n'ayons 'pas en France un seul poète qui approche de cette pureté, de cette force, de cette élégance, de ce coloris plein de charme et de séduction',[148] c'est le protecteur des Calas et des Sirven qui trouve le plus facilement grâce aux yeux du sévère critique. Ce qui lui paraît 'le plus touchant', c'est le 'zèle avec lequel [il] a protégé [. . .] cette nouvelle famille d'innocens opprimés [. . .] [qui] entre dans le système du généreux Philosophe de Ferney de prôner les avocats qui osent se servir de leur plume pour abattre le fanatisme, et de les payer en la monnaie dont il est dépositaire, celle de la renommée et de l'immortalité, afin de pénétrer toutes les âmes honnêtes de l'horreur de cette hydre qui a fait tant de profondes blessures à l'humanité'.[149]

Voltaire et Grimm, deux hommes à l'instinct très sûr de la réussite sociale et littéraire, quoique à des niveaux différents, ne pouvaient que trop bien se juger. De plus, la duplicité de Grimm, qui distinguait deux justices, 'l'une à l'usage des particuliers, l'autre à l'usage des souverains'[150] avait probablement rendu méfiant le patriarche de Ferney, si épris d'équité . . .

[147] CLT.vii.345.
[148] *inédit*, voir notre inventaire no.201.
[149] il s'agit des Sirven. *Inédit*, voir notre inventaire no.446.
[150] Diderot, *Correspondance*, iii.267 (Diderot à Sophie Volland du 25 novembre 1760) cité par J. Schlobach dans Grimm, *Correspondance inédite*, p.10.

3

Voltaire, 'collaborateur' de la
Correspondance littéraire

CONTRAIREMENT à certains périodiques publics comme la *Gazette littéraire de l'Europe* ou le *Journal encyclopédique* de Bouillon, ou même comme les feuilles littéraires manuscrites que Thieriot fournissait à Frédéric, la *CL* de F. M. Grimm et Meister n'a jamais compté Voltaire parmi ses collaborateurs. D'ailleurs, Voltaire ne feignait-il pas d'ignorer tout des activités de correspondant littéraire du baron allemand? Ce ne fut pourtant pas faute d'en avoir été informé notamment par la trompette Thieriot (Best.D13309):

Le Roi de Prusse, auprès de qui mes petites fonctions ont cessé, il y a un peu plus de 15 ans, me fit demander par M. de Catt [. . .] si je voulois reprendre ces mêmes petits services [. . .]
C'est une *feuille Litteraire &c. pour Sa Majesté* [. . .] Il y a environ 6 semaines que j'ai commencé, avec ordre de n'en rien dire à qui que ce soit. La raison étoit que Grim qui exerçoit la correspondance fut payé, avant que le bruit se répandit que je lui succédois.

A la mort de Thieriot, Voltaire proposera 'frère la Harpe' pour lui succéder si le prophète Grimm n'est 'déjà en fonction.'[1]

Et pourtant! Plus de sept cents écrits de Voltaire sous forme de copies ont été insérés dans les feuilles manuscrites de la *CL* par Grimm et ses copistes. On sait que les trois éditeurs de la *CL* ont, au dix-neuvième siècle, écarté délibérément la plupart des textes de Voltaire. Ecoutons plutôt Tourneux s'en expliquer:

Raynal, et plus tard Grimm prenaient à tâche d'adresser à leur clientèle princière les nouveautés qui circulaient sous le manteau et dont les exemplaires étaient presque toujours si rares qu'il fallait bien en faire des copies. Voltaire défraya pendant plus de vingt ans la curiosité légitime excitée par le fruit défendu [. . .] Personne assurément ne nous reprochera la suppression de

---

[1] lettre à d'Alembert du 8 décembre 1772 (Best.D18070).

l'*Epître au président Hénault*, de *Babouc*, du *Pauvre Diable*, de l'*Homme aux quarante écus*, etc. mais nous aurions inutilement grossi un recueil déjà fort volumineux.[2]

On relève, parmi cette abondante production, quelque quatre cent cinquante lettres, soixante rogatons en prose dont les plus longs semblent être les *Questions sur les miracles* ou le conte *Le Taureau blanc*, et environ deux cents contes en vers, quatrains, épigrammes, satires de toutes sortes.

Au-delà de l'aspect purement quantitatif, l'intérêt d'un tel inventaire est multiple. Il faut savoir d'abord (et les spécialistes de Voltaire, notamment R. Pomeau avec son édition critique du *Taureau blanc*[3] et J. Vercruysse avec celle de *La Pucelle*, le savent) que les textes copiés par Grimm sont pour la plupart ceux des manuscrits de Voltaire qui couraient à Paris avant l'impression. L'importance du relevé des variantes à partir de ces textes que l'on peut considérer fort proches du texte original écrit par Voltaire n'est plus à faire. Extrayons à cet effet le passage suivant de l'article 'Apis' du *Dictionnaire philosophique*:

Je consens que dans les temps presque inconnus, ils [les Egyptiens] aient conquis la terre, mais dans les temps de l'histoire ils ont été conquis par tous ceux qui s'en sont voulu donner la peine, par les Assyriens, par les Perses, par les Grecs, par les Romains, par les Arabes, par les Mamelucks, par les Turcs, enfin par tout le monde, excepté par nos croisés, attendu que ceux-ci étaient plus malavisés que les Egyptiens n'étaient lâches. Ce fut la milice des Mamelucks qui battit les Français.[4]

On aurait pu s'interroger longuement et gloser (on ne l'a pas fait) sur ces fameuses milices de Mamelucks. Ne lit-on pas en effet dans le texte inséré uniquement dans S.[5]: 'Je consens que dans les temps [. . .] que ceux-ci étaient plus malavisés que les Egyptiens n'étaient lâches. Ce fut la *malice* des Mamelucks qui battit les Français.'[6] Ce qui nous semble évident d'après le contexte.

---

[2] CLT, *Avertissement*, i.v-vi. Des quatre pièces citées, deux (*Babouc* et l'*Homme aux quarante écus*) ne se trouvent dans aucun des manuscrits que nous avons consultés.

[3] Voltaire, *Le Taureau blanc*, édition critique par René Pomeau, p.xii: 'le texte [du *Taureau blanc*] de la *CL* était celui que Voltaire avait remis lui-même, en août 1773, au chevalier de Lisle'.

[4] Voltaire, *Dictionnaire philosophique*, éd. R. Naves et J. Benda (Paris 1967), p.30.

[5] S VU 29 5, *CL* du 15 septembre 1764. Les articles 'Fanatisme', 'Gloire', 'Tyrannie', 'Convulsions' seront également insérés dans S. et non dans G.

[6] c'est nous qui soulignons.

Comme l'a déjà fait remarquer J. Varloot,[7] la contribution de Voltaire ne commence vraiment qu'après le séjour de Grimm à Ferney et Genève en 1759. Le 15 octobre 1755, Grimm affirmait pourtant:

Tout ce qui sort de la plume de M. de Voltaire est toujours précieux par quelque côté. Aussi ramassons-nous ici tous ses billets. Voici une lettre qu'il vient d'écrire à Mme la comtesse d'Egmont qui s'est fait carmélite l'an passé.[8]

Jusqu'en 1759, les seuls textes importants seront *Le Sauvage et le bachelier – second dialogue* ainsi qu'une *Epître à m. de St-Lambert à Cirey*, que Grimm annonce ainsi:

Voila une épitre de M. de Voltaire qui n'est connue que de très peu de personnes quoiqu'elle ne soit pas nouvelle. Elle mérite d'etre mise à côté de ce que cet illustre poëte a fait de plus agréable en ce genre. Elle est du tems de sa retraite à Cirey en Lorraine avec Me la marquise du Chatelet.[9]

L'année 1759 se révèle également assez pauvre si ce n'est deux articles: 'Des allégories', 'De l'antiquité du dogme de l'immortalité de l'âme', un conte: *Le Bramin et la vieille* ainsi que les trois conférences qui composent le dialogue *Le mandarin et le jésuite*. L'insertion de ce dialogue philosophique à cette date corrige la note de Beuchot[10] assignant aux *Entretiens chinois* une date postérieure à la *Relation du bannissement des jésuites de la Chine* (1768). A la suite d'un *Fragment d'une lettre de m. Voltaire au Roi de Prusse*, Grimm ajoutera de sa main: 'Je dois supplier S.A.S. de ne point donner copie des morceaux de M. de Voltaire que j'ai l'honneur de lui envoyer et que je pourrai envoyer par la suite.'[11]

A partir de 1760, et peut-être en raison du voyage que Grimm effectua à Genève de février à octobre 1759, en compagnie de madame d'Epinay, les contributions non épistolaires de Voltaire vont s'accroître. La querelle des *Philosophes* et le discours de Lefranc de Pompignan amènent l'irascible Voltaire à lancer ces petits 'brûlots' qui ont pour nom *Les Pour* 'dédié par Christophe Oudran', *Les Qui* 'offert par Isaac Le

[7] Jean Varloot, 'La *CL* de F. M. Grimm . . .' p.439.
[8] G.1138 B, f.227*v*, CLT.ii.88. C'est dans la livraison du 1er septembre 1755 que sont repris ce passage et la lettre annoncée dans l'édition Tourneux. D'autre part, suivant l'exemple des premiers éditeurs, Tourneux écrit: 'Voici une lettre qu'il vient d'écrire à Mme de Monrevel.' La destinataire est-elle mme la comtesse de La Neuville comme le veulent certaines copies de cette lettre, mme d'Egmont comme l'écrit Grimm ou mme de Montrevel comme l'affirme Besterman (Best.D6432) qui date cette lettre du 23 août 1755 en s'appuyant sur Tourneux?
[9] voir notre inventaire no.27.   [10] M.xxvii.19, n.1.
[11] *inédit*, voir notre inventaire, no.51.

Dru', *Les Quoi* 'de la part de Jérome Boudy'. Il faudrait sans doute s'interroger sur les pseudonymes sous lesquelles 'ces particules' sont annoncées et qui sont inconnues aux éditeurs de Voltaire. Puis suivront *Le Pauvre diable*, *La Vanité*, le *Plaidoyer de Ramponeau*, *Le Russe à Paris*, etc. Il est curieux de constater que ces quatre pièces sont, dans le manuscrit de Gotha, insérées dans les livraisons postérieures au 1er juin 1760, alors que dans cette livraison, à la suite des *Fréron*, Grimm écrit:

Le Pauvre diable, la Vanité, le Russe à Paris, les Qui, Les Quoi, Le Plaidoyer Ramponeau, la lettre de Jérôme Carré, les Frérons, tout cela nous est venu des Délices, et a été imprimé successivement apres avoir couru long-temps en manuscrit. Le public n'a pas approuvé les notes du Russe dont les vers sont charmans ainsi que tout le reste, excepté le plaidoyer de Ramponeau qui n'est pas trop bon et les Frérons qui j'espère ne seront pas imprimés.[12]

Tout s'explique si l'on se réfère au manuscrit de Stockholm. En effet, le passage cité précédemment y figure dans la livraison du 15 août 1760, après que Grimm y ait eu inséré *Les Fréron* et *La Vanité*. Il faut ajouter que *Le Pauvre diable* et le *Plaidoyer de Ramponeau* ne sont pas repris dans S., mais que les lettres à Palissot des 4 juin, 23 juin et 18 juillet 1760 y sont logiquement envoyées avec la livraison du 15 août de la même année.[13] Par ailleurs, Grimm envoie à Stockholm en 1760 *La Mule du pape*, 'Des allégories' et d'autres pièces qu'il avait adressées à Gotha en 1759. De même ce n'est qu'en avril 1761 que Grimm expédiera à Stockholm *Du politéisme* inséré dans l'ordinaire du 1er novembre 1760 de G. Pour terminer l'année 1760, Grimm fera parvenir à Gotha, et non à Louise-Ulrique de Suède, peut-être jugée trop prude, les chants huitième, neuvième et dix-huitième (devenu chant dix-neuvième) de la *Pucelle d'Orléans* dont les variantes ont été relevées par Jeroom Vercruysse.[14] Il faudrait ajouter d'ailleurs à l'inventaire de J. Vercruysse le chant dix-huitième dit chant de la capilotade inséré dans la livraison du 1er avril 1764.[15]

Indépendamment de morceaux en vers adressés à madame Du Châtelet, l'année 1761 constitue une date importante dans les contributions de Voltaire à la *CL*. A la suite de la livraison d'avril 1761, les éditeurs de la première édition de la *CL* ont donné le texte de 17 lettres

[12] voir notre inventaire no.70.

[13] un mauvais reliage explique sans doute la place de ces lettres dans la livraison du 1er juin 1760 de G. Voir notre inventaire nos 66, 67, 68.

[14] Voltaire, *La Pucelle d'Orléans*, éd. crit. par J. Vercruysse, p.90.

[15] voir notre inventaire no.214.

à Damilaville qui vont du 11 juillet 1760 au 11 avril 1761. Cette série de la 'correspondance du Patriarche' étant absente des manuscrits, on en est réduit aux hypothèses quant à la véritable place de ces lettres dans les feuilles de Grimm. Les différents problèmes que pose l'insertion de cette correspondance dans la *CL* ont déjà été abordés par J. Schlobach.[16] Ce dernier ne disposant à cette époque que du manuscrit du margrave d'Anspach, s'était interrogé sur un certain nombre de points auxquels nous pouvons aujourd'hui apporter une réponse partielle.

Des 530 lettres de Voltaire à Damilaville recueillies par Theodore Besterman, 355 avaient été insérées dans les manuscrits de la *CL*. Les indications des premiers éditeurs laissaient croire que les lettres de Voltaire avaient été copiées le mois même où elles furent écrites. Qu'en est-il véritablement? La première série s'arrêtait avec une lettre du 16 avril 1761. Il faudra attendre le 1er septembre 1763 pour que Grimm annonce: 'Vous ne serez pas fâché peut-être de lire la suite du commerce épistolaire du grand apôtre des Délices.'[17] Cette série englobant des lettres du 10 août 1763 au 15 septembre 1763 sera encartée dans les livraisons du 1er et 15 septembre de la même année, c'est-à-dire quasi simultanément à leur réception par Damilaville. Pourtant ce n'est qu'après un délai d'une année,[18] soit dans l'ordinaire du 1er septembre 1764, avec une épître du 17 octobre 1763 que Grimm donnera la 'suite de la correspondance du Patriarche'. Un délai variant entre un an et huit mois séparera l'insertion de ces lettres de Voltaire[19] dans les feuilles de Grimm et la date à laquelle elles étaient envoyées.

Si, comme l'a fait remarquer J. Schlobach, Grimm a, dans l'ensemble, respecté le texte de Voltaire, les éditeurs de la première édition n'ont pas été aussi scrupuleux. N'avaient-ils pas pourtant clairement exprimé leur position:

On n'a conservé des lettres recueillies par le baron de Grimm, que celles qui ne sont pas imprimées dans le recueil des Œuvres de Voltaire, ou qui ne se trouvent point dans les recueils telles qu'elles sont ici.[20]

[16] 'Lettres inédites de Voltaire', *Studi francesi* (1970), xlii.418-50.

[17] CL.1813.iii.471.

[18] nous écartons de notre propos deux lettres à Damilaville des 14 et 16 mars 1764 qui figurent dans l'ordinaire du 1er juin 1764 (Best.D11771 et D11783) qui ne font pas partie de la série de la 'correspondance du patriarche'.

[19] cette série se termine par une 'Epître du premier Clerc, Chef du Consistoire du Patriarche', du 19 avril 1768 (voir notre inventaire no.659).

[20] CL.1813.iii.157, n.1 (après les envois d'avril 1761).

Cependant, cette phrase de l'Epître aux Fidèles par le grand Apôtre des Délices':[21] 'la vérité ne doit point être vendue', y est-elle soigneusement tronquée. Il faut lire en effet: 'la vérité ne doit point être vendue, comme les prêtres vendent le batême et les enterrements'. Pour l'édition Taschereau se présente la même situation. Après avoir rappelé la note déjà citée de la première édition, Taschereau ajoute:

Depuis l'époque où parut pour la première fois la *Correspondance* de Grimm, on a imprimé un grand nombre d'éditions de *Voltaire*. On devait s'attendre à voir les éditeurs nouveaux enrichir sa *Correspondance* des lettres de lui que Grimm publiait. Ils n'en ont rien fait, ou du moins ne l'ont fait que de la manière la plus incomplète. Le plus grand nombre de ces lettres de Voltaire ne se trouve donc pas encore dans ses *Œuvres*, et pour leur intelligence nous avons cru devoir en laisser quelques autres, en petit nombre, que renferment les éditions les moins négligées de l'auteur de *la Henriade*. Nous indiquerons celles qui n'ont pas été recueillies.[22]

En fait, les éditeurs de 1829 ont repris exactement les mêmes lettres que Michaud et Chéron et n'ont pu évidemment s'apercevoir des coupures de leurs prédécesseurs, puisque comme on le sait, ils ne disposaient que d'un exemplaire non cartonné de l'édition de 1813.

En contrepartie, le texte de la première édition de la *CL* est parfois plus complet que celui des manuscrits. On pourrait penser, en conséquence, que les lettres du patriarche étaient remaniées en fonction des correspondants. A la limite, il faudrait même peut-être envisager que Grimm ait pu exclure totalement ces suppléments de certains exemplaires comme le montrent les craintes qu'il éprouve dans la perspective d'un nouvel abonnement avec un prince de Mecklenbourg, frère de la reine d'Angleterre: 'je serais obligé d'arranger cet exemplaire souvent différemment des autres, certaine liberté de penser ne sierait point du tout à cet exemplaire'.[23] D'autre part il craignait, à l'égard des lettres de Voltaire, quelque indiscrétion comme il l'écrit à Caroline le 5 septembre 1765:

Il y a [. . .] quelques morceaux de mes feuilles que je me sentirois beaucoup de repugnance à multiplier. De ce nombre est la correspondance du Patriarche;

---

[21] CL.1813.iii.460-61 (Best.D.app.233; voir notre inventaire no.178).

[22] *CL*, éd. Taschereau, iii.38, n.1, cité par J. Schlobach, 'Lettres inédites de Voltaire', p.423.

[23] F. M. Grimm, *Correspondance inédite*, p.158 (lettre à Caroline de Hesse-Darmstadt du 15 novembre 1771; no.102).

s'il m'arrivoit jamais quelque indiscrétion ou quelque infidélité à cet égard, j'en serois inconsolable.[24]

Pourtant, nous n'avons au terme d'une comparaison des années 1760-1765 entre G. et S. et 1768-1769 entre G. et BHVP, relevé qu'une seule variante.[25] On ne peut tirer aucune conclusion du fait que certaines séries de la 'correspondance du patriarche' soient absentes ou déplacées dans les différents manuscrits. Les suppléments manquants ont pu être égarés; ceux déplacés l'ont été sans doute par les relieurs.[26]

L'examen des manuscrits de Gotha et de Stockholm permet également de confirmer les observations de J. Schlobach sur BHVP, à savoir que 'les lettres tranmises à la postérité par l'édition Beaumarchais-Kehl sont des textes remaniés', alors que ceux de la *CL* 'présentent un texte sinon toujours complet, du moins correct de Voltaire'.[27]

Les doutes que Grimm avait exprimés à l'égard de l'édition Kehl[28] n'étaient que trop fondés. Afin d'éviter des répétitions lassantes pour le lecteur, les éditeurs de Beaumarchais-Kehl ont parfois modifié certaines lettres à Damilaville. En conséquence, il arrive que le texte de l'édition Besterman fait à partir de l'édition Kehl soit le résultat d'une refonte de deux ou plusieurs lettres de Voltaire à Damilaville. Dans une lettre datée du 18 mars 1765, Voltaire écrit à 'frère Vingtième':

Je crois que c'est un prêtre janséniste, mon cher frère, qui est l'auteur d'une des pièces d'éloquence que vous m'avez envoyées; et je soupçonne non sans raisons le petit abbé d'Estrées, qui ferait bien mieux de servir à boire du vin de champagne comme son père, que de succéder au ministère d'Abraham Chaumeix. Il n'y a pas, dieu merci, l'ombre de sens commun dans ce ridicule chiffon.[29]

Le texte de base utilisé par Besterman pour cette lettre est celui du manuscrit Darmstadt B, composé de copies de lettres à Damilaville, Grimm, madame d'Epinay, 'spolié[e]s dans les papiers de Mr Grimm par

[24] F. M. Grimm, *Correspondance inédite*, p.49, no.13.
[25] voir notre inventaire no.263. Des difficultés pratiques ne nous ont pas permis une comparaison systématique.
[26] ceci explique l'accumulation de plusieurs séries à la fin de certaines livraisons.
[27] J. Schlobach, 'Lettres inédites de Voltaire', p.425.
[28] dans une description de quelques-unes de ses lettres à Wagnière que nous donne un catalogue de vente de la maison Charavay: 'Grimm parle [. . .] de l'édition des œuvres de Voltaire, entreprise par Beaumarchais. Il craint qu'elle soit faite sans jugement et sans soin' (cité par J. Schlobach, 'Lettres inédites de Voltaire', p.425).
[29] Best.D12474.

les commissaires aux scellés du Département de la Seine en 1793',[30] qui est identique au texte de la *CL*. En republiant le passage cité précédemment, Besterman n'a pas remarqué qu'il figurait déjà dans la lettre à Damilaville datée du 1er février,[31] et qui a été donnée à partir d'une copie faite par Wagnière, sans doute pour l'édition Beaumarchais-Kehl. Ajoutons que la note textuelle de Best.D12367 est erronée. En particulier le passage cité ne figure pas dans le texte de la première édition de la *CL* (1813).[32]

A quelle lettre appartient le passage litigieux? 'Ce ridicule chiffon' est, selon une note de Grimm,[33] le *Réquisitoire contre le Portatif* intitulé *Arrest du Parlement qui condamne le Dictionnaire philosophique portatif et les Lettres écrites de la Montagne*,[34] signé par Omer Joly de Fleury et daté du 19 mars 1765. Il est plausible de penser que l'ébauche du texte de cet arrêt, écrit par l'abbé d'Estrées, fut envoyé à Ferney par Damilaville, quelques jours avant la date de la condamnation, soit vers le 10 mars. Le passage cité précédemment ne peut à notre avis qu'appartenir à la lettre du 18 mars. La copie faite par Wagnière et datée du 1er février est le résultat d'une fusion de deux lettres à Damilaville du 1er février et 18 mars 1765.

Les recoupements en fonction de critères internes sont malheureusement trop souvent impossibles pour dater tous les passages de lettres apparemment inédits, mais qui se retrouvent dans d'autres lettres, déjà publiées, avec une date différente. Nous croyons pouvoir affirmer également, qu'à l'instar des éditeurs de Kehl, Grimm et ses copistes ont parfois refondu deux ou trois lettres à Damilaville en une seule. Ainsi l'épître du 3 février 1764[35] telle qu'elle apparaît dans les manuscrits de la *CL* semble être une fusion de deux lettres du 3 et du 8 février.[36]

Les notes de Grimm, fort précieuses, puisqu'elles permettent de décoder le texte de Voltaire, éclairent un certain nombre de détails obscurs. Mentionnons, en particulier, que la 'note ci-jointe' envoyée à mademoiselle Clairon avec la lettre du 21 septembre 1761,[37] n'est pas un

[30] Best.D.app.162 (cf. J. Schlobach, 'Lettres inédites de Voltaire', p.428).

[31] Best.D12367.   [32] CL.1813.iv.452-54.

[33] voir notre inventaire no.357.

[34] le texte en a été repris dans les différentes éditions du *Dictionnaire anti-philosophique* de Louis-Mayeul de Chaudon. Grimm écrira à cette occasion :'Le feuillant ou capucin qui a l'honneur de fournir à M. Omer Joly de Fleury ses réquisitoires s'est surpassé dans celui que ce grand magistrat a prononcé à cette occasion contre les progrès condamnables de la raison.' (CLT.vi.252).

[35] voir notre inventaire no.250.   [36] Best.D11681, D11688.

[37] Best.D10034.

passage des *Notebooks*[38] comme l'indique hypothétiquement Besterman dans sa note, mais qu'il s'agit de la *Note sur la préface de la Tragédie de Théodore de Pierre Corneille*[39] que Grimm insère dans la *CL* du 15 mai 1762 avec la copie de la lettre de Voltaire à l'avocat Huerne de La Mothe du 20 septembre 1761, qui était jusqu'à présent inconnue.[40] Identiquement, malgré la note 2 de Best.D12516, les 'chiffons' que Voltaire envoie à Damilaville avec sa lettre du 1er avril 1765, sont bien une nouvelle édition du *Caloyer ou catéchisme de l'honnête homme.*

En revanche, le texte publié par Besterman est dans de très nombreuses occasions plus complet que celui des éditions et des manuscrits de la *CL*. En particulier, le cri de bataille 'Ecrasez l'infâme!' est très souvent manquant dans la *CL* sans qu'on puisse en tirer de conclusions définitives puisque dans d'autres copies de lettres, il n'a pas été censuré. Une réserve s'impose également à l'égard du texte de la *CL*: Grimm a dans certains cas, altéré le contenu de la lettre de Voltaire afin de protéger l'incognito de Damilaville. Cette censure est cependant d'une grande inconstance. Ainsi dans l'épître du 1er mai 1765 à Damilaville,[41] Grimm modifie le texte original: 'Je tremble pour le paquet à Mr Gaudet'[42] par: 'Je tremble pour le paquet que je vous ai adressé.' Pourtant la lettre du 4 mai 1765 n'a pas été censurée et contient la remarque suivante: 'J'ai bien peur, mon cher frère, que vous n'aiez point reçu le Bazin de Hollande, et que la voie de Mr Gaudet n'ait pas été meilleure que celle de Mr de Raimond.'[43]

Deux ultimes remarques à propos de cette contribution épistolaire de Voltaire: d'une part, Grimm, en commençant un nouvel abonnement, par exemple celui d'Anspach, annonce ces suppléments comme une nouveauté:

La correspondance que le plus illustre d'entre les Philosophes de nos jours entretient avec un des fidèles de l'église invisible, demeurant à Paris, est une récapitulation aussi instructive qu'agréable de notre littérature. Vous lirez sans doute avec grand plaisir des fragmens de cette correspondance.[44]

[38] Voltaire, *Notebooks*, ed. Th. Besterman, *Œuvres complètes de Voltaire* (Genève, Toronto 1968), 81-82.
[39] voir notre inventaire no.155.   [40] Best.D10032a.
[41] Best.D12578; voir notre inventaire no.369.
[42] rappelons que Gaudet était directeur des Vingtièmes et donc supérieur hiérarchique de Damilaville.
[43] Best.D12580; voir notre inventaire no.370.
[44] *CL* du 1er janvier 1768, BHVP 3850, f.10r.

Cependant, il ne modifie en rien l'ordre d'insertion des lettres de Voltaire par rapport aux manuscrits d'abonnés de plus longue date. D'autre part, jusqu'à la livraison du 1er décembre 1765, ces suppléments de la correspondance du patriarche sont, quoique placés en fin de livraison, intégrés à l'ordinaire. Toujours placés en fin de livraison, ils seront dorénavant ajoutés à la suite des envois réguliers, ce qui permettait sans doute de les détacher.

Outre cette correspondance avec Damilaville, un très grand nombre de copies de lettres de Voltaire dont certaines jusqu'alors inconnues figure dans les feuilles de Grimm.

Une question d'un plus grand intérêt s'impose. Comment Grimm à Paris obtenait-il tous ces textes de Voltaire? Nous touchons là au problème complexe de la diffusion des écrits philosophiques au dix-huitième siècle.[45] En fonction des données de la *CL* et de la correspondance de Voltaire, nous avons rassemblé un faisceau de présomptions susceptibles d'y apporter quelques éléments de réponse.

Dans certains cas, la lettre ou la pièce de Voltaire courait à Paris en manuscrit. Des preuves, apportées par Voltaire lui-même ou par l'édition subséquente dans un des journaux du temps, ne laissent aucun doute quant aux sources de Grimm. Familier des salons, secrétaire du duc d'Orléans, il lui était facile d'"attraper" des copies. Ainsi en est-il pour la 'Lettre de m. de Voltaire à m. le marquis d'Adhémar'[46] au sujet de laquelle Voltaire écrira à Thieriot le 22 mars 1758: 'Je vois avec douleur que le marquis Dadémar fait courir les lettres qu'on luy écrit [...] Envoyez-moy je vous prie copie de cette lettre qui court.'[47] Ces morceaux qui circulent sont la plus grande source de Grimm jusqu'en 1760. Il faut y ajouter des lettres que ces collaborateurs lui confient. Ainsi Desmahis sera-t-il à l'origine de l'insertion de la 'Réponse de m. de Voltaire à m. Desmahis, des Délices du 15 Xbre 1757',[48] de l'"Epître de mrs Desmahis et de Margency à m. de Voltaire, de Paris du 6 janvier 1759' et de la 'Réponse de m. de Voltaire à mrs Desmahis et de Margency'.[49]

Par ailleurs, de multiples morceaux ont été envoyés par Voltaire à madame d'Epinay qui, n'en doutons pas, les transmettait à son ami

[45] voir J. P. Belin, *Le Commerce des livres prohibés à Paris de 1750 à 1789* (Paris 1913).

[46] Best.D7636. Cette lettre sera publiée dans le *Journal encyclopédique* (Liège 1er juillet 1758), v.i.117-19.

[47] Best.D7691.   [48] Best.D7516a.

[49] respectivement Best.D6662 (cf. notre inventaire, no.43) et Best.D6663 (no.44). Ces deux lettres sont datées 1755-1756 par Besterman.

Grimm. Le 5 août 1759, Voltaire prie sa 'belle philosophe' de vouloir bien lui 'envoyer les allégories'.[50] Clogenson pense qu'il s'agit de l'article des *Mélanges de littérature, d'histoire, de philosophie, etc.* [Paris 1761]. Beuchot affirme le contraire. Besterman se refuse à prendre position. Il ne fait aucun doute, à la lumière de la *CL*, qu'il s'agit bien de l'article des *Mélanges*, ce dernier se trouvant en effet inséré dans la livraison du 15 mai 1759.[51]

Le 'frère' Gabriel Cramer sert parfois d'intermédiaire. Ainsi, précisera-t-il à Grimm, au mois de mai 1760:

J'étois il y a quelques jours dans une Terre en Suisse à sept ou huit lieües d'ici, je reçeus des *Pour*, des *qui*, des *que*, des *quoi*, la poste alloit partir, je n'eus que le temps de les copier et de les mettre à la hâte dans un chiffon à l'addresse de Madame d'Epinay.[52]

Grimm, comme on le sait, fut également chargé des démarches auprès du colporteur Robin, pour la publication à Paris de certains rogatons.[53] Aussi, ne faut-il pas s'étonner que le rédacteur en chef de la *CL* envoyait en 'bonnes feuilles' à ses abonnés princiers les textes que lui confiait Voltaire.

Cette source se trouvera fortement renouvelée par Etienne Noël Damilaville dont on peut dater le début de sa longue liaison épistolaire avec Voltaire du 11 juillet 1760.[54]

Familier du salon d'Holbach, ami de Diderot et de Grimm, 'frère Vingtième' se révélera être le grand pourvoyeur des écrits de Voltaire insérés dans la *CL*. En envoyant à Damilaville et Thieriot la 'conversation de l'abbé Grisel et de l'intendant des menus', Voltaire prie les destinataires de ne la montrer 'qu'au petit nombre des élus dont la conversation vaut mieux que celle de M^e Le Dain'.[55] Grimm sera bien entendu parmi ces privilégiés.[56] Il en sera de même pour d'innombrables textes de Voltaire insérés dans la *CL* de 1760 à 1768.

[50] Best.D8420 (voir le commentaire de Besterman).
[51] voir notre inventaire no.48.   [52] Best.D8911.
[53] Voltaire y réfère dans sa lettre à madame d'Epinay du 30 juin 1760 (Best.D9014): 'Je crois que Mademoiselle Vadé vous a envoyé le pauvre diable de son cousin sous l'enveloppe de Mr d'Epinay. Je tiens la vanité d'un frère de la doctrine crétienne. Ayez la charité d'accuser la réception de l'une et de l'autre. On m'a parlé du Russe à Paris, [. . .] Mais il faut savoir si le profète a reçu le paquet adressé au secrétaire de Mg le duc d'Orléans au palais Roial. Comment faut-il faire d'ailleurs pour adresser ses paquets? esce à m^r d'Epinay à l'hôtel des postes?'
[54] Best.D9055.   [55] Best.D9800.
[56] cet écrit de Voltaire sera en effet inséré dans la *CL* du 15 mai 1761 (voir notre inventaire no.115).

Quoique la mort de Damilaville en décembre 1768 mette fin aux
suppléments de la 'Correspondance du Patriarche', la contribution de
Voltaire à la *CL* ne va pas cesser pour autant. Grimm devra, on l'imagine,
compter plus sur lui-même. Aussi Voltaire enverra-t-il avec sa lettre du
1er novembre 1770, à son 'cher prophète des rogatons dépareillés qui
[lui] sont tombés sous la main'.[57]

On conçoit aisément qu'effrayés par une telle masse de textes, les
éditeurs de la *CL* aient choisi d'en écarter la majeure partie de leur
publication. Il semble logique qu'ils aient éliminé également les courtes
introductions aux morceaux écartés ainsi que les longs précis de certaines pièces de théâtre de Voltaire qui permettaient aux abonnés de la
CL d'être à St-Pétersbourg ou à Stockholm comme dans un fauteuil
de la Comédie-Française. Par ailleurs, il ne faut pas s'étonner qu'une
sorte d'auto-censure, à l'égard de certains commentaires, ait pu, en
1813, diriger le choix des premiers éditeurs. Les temps étaient alors peu
propices pour entendre le 'petit prophète' dénoncer 'les croisades
absurdes et funestes à l'Europe', affirmer que 'nous sommes incapables
de rien entreprendre pour la véritable gloire, pour l'avantage réel du
genre humain', que 'nous sommes en Europe une foule de grandes
nations très respectables à en juger par notre morgue et notre vanité qui
ne sont pas petites[. . .] cependant que nos cabinets les plus estimés ne
savent que se conduire d'après leurs petites jalousies secrètes, que
calculer leurs petits intérêts mercantiles'.[58]

Selon une optique analogue, certains articles et notamment ceux
glorifiant Diderot dont 'le succès [des ouvrages] ne consiste pas toujours
dans les acclamations de la multitude mais dans l'effet qu'il fait sur les
bons esprits',[59] ont été censurés. Les exhortations de Grimm, irrévéren-
cieuses à l'égard de la religion, où le rédacteur de la *CL* demande que
l'on prie 'le Dieu de Pompignan qu'il nous conserve son favori le franc
qui dans ce siècle corrompu est le plus respectable appui de notre sainte
religion, comme il est (s'il est permis d'associer en sa faveur deux métaphores disparates) le pivot et la source de toute bonne plaisanterie',[60]
ont été des motifs suffisants pour exclure la totalité du passage
litigieux.

---

[57] Best.D16735.
[58] commentaire relatif à la *Traduction du poème de Jean Plokof* (voir notre inventaire
no.677).
[59] *inédit*, voir notre inventaire no.71.
[60] *inédit*, voir notre inventaire no.173.

Signalons aussi aux bibliographes de Voltaire quelques éditions inconnues à Bengesco et Besterman[61] que Grimm et Suard[62] ajoutèrent à leurs feuilles pour les illustrer.

La *Correspondance littéraire* n'est pas seulement ce monument de la critique littéraire de la seconde moitié du siècle des Lumières que Gustave Lanson considérait comme 'le chef-d'œuvre du genre'.[63] Les diderotistes ont depuis longtemps reconnu l'importance des contributions avouées et rémunérées de Diderot aux feuilles de Grimm.[64] Afin d'agrémenter leur revue, Grimm puis Meister eurent également et amplement recours, à son insu, 'à la meilleure plume journalistique, celle du patriarche, toujours jeune et combatif, de Ferney', qui fait apparaître la *CL* comme 'une revue voltairienne, d'inspiration ou du moins de franche sympathie'.[65] Cette 'collaboration' dont on retrace difficilement les moyens après 1770 ne s'arrêtera pas totalement en 1778 avec la mort de Voltaire. Meister, quoique admirateur de Rousseau, continuera jusqu'à la Révolution à inclure dans ses feuilles quelques pièces fugitives retrouvées de l'immortel m. de Voltaire ...

[61] Th. Besterman, *Some eighteenth-century Voltaire editions unknown to Bengesco*, 4th edition revised and much enlarged, *Studies on Voltaire* (Banbury 1973), cxi, et le supplément dans *Studies on Voltaire* (1975), cxliii.105-12 (voir notre inventaire nos 231-680 et notre article 'Voltaire, collaborateur de la CL', *La Correspondance littéraire de Grimm et de Meister*, pp.59-61).

[62] la présence de ces imprimés à l'intérieur des feuilles manuscrites de Grimm et de la *Correspondance* de Suard a été expliquée par J. Varloot, 'La *CL* de F. M. Grimm', p.428, n.6 et p.430, n.9.

[63] *Histoire de la littérature française* (Paris 1912), p.822, cité par J. Schlobach dans Grimm, *Correspondance inédite*, p.12.

[64] voir J. Th. de Booy, *Inventaire provisoire des contributions de Diderot à la CL*.

[65] J. Varloot, 'La *CL* de F. M. Grimm', p.440.

Inventaire des 'contributions' de Voltaire
de Voltaire
et des morceaux relatifs à Voltaire
non repris dans l'édition Tourneux

Avertissement

Cet inventaire comprend:

1. les pièces de Voltaire insérées dans la *CL;*
2. les écrits relatifs à Voltaire;
3. les commentaires critiques de Grimm ou de Meister, non repris dans l'édition Tourneux de la *CL*.

Chacun de ces morceaux est localisé:

1. par rapport à M., Best.D, CLT, CL.1812, CL.1813, s'il s'agit d'une pièce de Voltaire; à CLT, CL.1812, CL.1813, ou à l'imprimé où il figure s'il s'agit d'une pièce relative à Voltaire; à CLT si nous avons affaire à un passage inédit de Grimm ou de Meister;
2. dans chaque manuscrit.

Pour les pièces fugitives, nous donnons en principe, le titre de M., avec l'incipit s'il y a risque de confusion.

Nous avons respecté strictement l'orthographe (même erronée) des copistes de la *CL*, car nous sommes convaincu que toute modernisation de la langue ne peut être qu'arbitraire; par exemple, nous respectons les hésitations sur l'imparfait (-oit ou -ait), l'accentuation ainsi que l'orthographe des noms propres.

En général, l'écriture de Grimm ou de ses copistes est très lisible et l'établissement du texte ne présente pas de difficultés majeures. Les seuls cas litigieux résident dans la distinction souvent impossible entre les majuscules et les minuscules (pour les M, S, A et L en particulier). Dans ces cas équivoques, nous tranchons en comparant avec d'autres exemples.

Inventaire

1er février 1754
1. Best.D5604. Merseburg Rep.57.I.F10, f.73.

15 avril 1754
2. Best.D5680. Merseburg Rep.57.I.F10, f.120.

3. Best.D5770. Merseburg Rep.57.I.F10, f.120*v*.

1er janvier 1755
4. *Le Temple du goût:* extrait avec variantes, de 'O vous, messieurs, les plus beaux esprits' jusqu'à 'Faites tous vos vers à Paris' (M.viii.565). CLT.ii.465; G.1138.B, f.169*r*.

1er mars 1755
5. *Epître à l'auteur, arrivant dans sa terre, près du lac de Genève*: texte complet, avec variantes (M.x.362-66). G.1138.B, ff.184*r*-85*v*. A la suite de cette pièce, Grimm ajoute le commentaire suivant (G.1138.B, f.185*v*):

Je ne sai si cet exemplaire est bien correct, il n'en a pas l'air, et les premières copies qui courent de ces sortes d'ouvrages sont toujours fort sujettes à caution . . . on feroit, ce me semble, un assés beau parallèle entre cette épître, et le poëme allemand des Alpes, par M. Haller. on nous a traduit les poësies de cet homme célèbre, il y a deux ans, en prose française, et quoique cette traduction soit fort mauvaise, et d'ailleurs impossible à faire, M. Haller n'a pas laissé de réünir tous les suffrages des français. Le parallèle que je propose ne seroit pas à l'avantage de M. de Voltaire. Le poëme des Alpes est un morceau unique, rempli de philosophie, de tableaux les plus neufs, les plus touchans, les plus heureux et d'un coloris inimitable. Vous ne trouverez peut-être chez aucune nation, un morceau de ce genre à comparer à celui-là. L'épitre sur le lac de Geneve est mince, decousue et ne parait pas avoir de plan. L'épisode (car on peut l'appeler ainsi) du Duc d'Amédée est jolie, mais déplacé. pour parler de la Liberté, le poëte français se promene par toute l'Europe, et fait de son épitre une espèce de Gazette. Le poëte allemand auroit chanté la liberté, sans sortir de la Suisse, et auroit oublié le reste de la terre. La philosophie de M. de Voltaire n'en est pas encor là; car tout en chantant la liberté, et son bonheur en Suisse, on voit qu'il n'est nullement détaché de ce monde, ni de ses vanités. Cette epitre ne reussit point du tout à Paris.

1er avril 1755

6. *Aux habitants de Lyon*, 'Il est vrai que Plutus est au rang de vos dieux' (M.x.555-56). CLT.iii.11; G.1138.B, f.188. Ces vers sont extraits d'une lettre à Charles Bordes du 18 janvier 1755 (Best.D6089).

7. *A M. le président de Fleurieu, qui reprochait à l'auteur de n'avoir pas répondu à l'une de ses lettres, et d'avoir écrit à son fils, M. de La Tourette*, 'Egalement à tous je m'intéresse' (M.x.589). CLT.iii.11; G.1138.B, f.188*v*. Moland, après Beuchot, a placé ces vers en 1771. Par ailleurs, Grimm précise qu'ils répondent aux griefs de 'Mme de Fleurieu' qui 'se plaignit de la préférence qu'il [Voltaire] donnait à son mari sur elle'.

1er juillet 1755

8. *Réponse à l'épître de M. de V*** en arrivant dans sa terre près du lac de Genève, en mars 1755* [attribuée, selon Grimm, à Voisenon], 'O maison de Voltaire, et non pas d'Epicure'. CLT.iii.50; G.1138.B, f.206*r* (cf. aussi *La Bibliothèque impartiale* (juillet-août 1755), xii.i.155-58). Grimm commente:'Les huit premiers vers sont assez plaisants. Le reste est pitoyable. Il passe au reste pour constant que la pucelle paraîtra imprimée incessamment.'

15 août 1755

9. *Vers de M. de Voltaire, sur la mort de M. de Montesquieu adressés à M. de Secondat*, 'Digne fils d'un illustre père' (*Mercure de France* (novembre 1755), pp.69-71). G.1138.B, f.216. Cf. Bengesco, iv.305.

1er septembre 1755

10. *L'Orphelin de la Chine*: addition au compte rendu de la première représentation. CLT.iii.82, G.1138.B, f.218:

[. . . si les Italiens ne défiguraient toujours leurs plus belles pièces par quelque amour postiche, ou par quelque épisode déplacé et incommode.] La Conquête de la Chine par les Tartares fait l'ouverture du théâtre dans la piece de M. de Voltaire. Gengis Kan conquérant si fameux dans l'histoire de ces climats, est supposé par le poëte avoir passé sa première jeunesse dans la Chine. Epris alors d'une violente passion pour Idamé chinoise d'un sang illustre il chercha vainement à l'obtenir de ses parens en mariage. Sa qualité d'étranger et de Tartare s'opposa à son bonheur. Rebuté par ces obstacles insurmontables, il sortit du pays pour chercher la gloire sur les traces de la victoire, et tandis que tout cédoit à la fortune des armes du redoutable Gengis Kan, Idamé avoit épousé suivant les voeux de ses parens, un chef des lettrés, Mandarin éclairé, vertueux et respectable. Les choses étoient sur ce pied-là, lorqu'après cinq ans d'absence Gengis Kan rentra victorieux dans la Capitale de la Chine. Idamé ouvre la scène avec la frayeur et le trouble où le sac de la ville et l'arrivée de son ancien amant doivent la jetter. Elle nous apprend la passion du Tartare pour elle, et elle nous fait entrevoir que si son devoir eût pû s'accorder avec son goût, Gengis Kan n'auroit pas été à plaindre; mais sincerement attachée à son mari par les plus doux et les plus tendres liens, elle craint de nouveaux malheurs de la part d'un amant victorieux qui de simple soldat s'étoit mis sur le trône des ancêtres d'Idamé. Son mari et un confident arrivent successivement pour nous mettre au fait de ce qui s'est passé dans ces momens d'horreur et de carnage. Toute la famille royale a succombé sous le glaive du vainqueur; le Roi mourant n'a eû qu'un instant pour confier à la garde du chef des lettrés le plus jeune de ses fils, unique rejetton de sa maison. A peine le Mandarin a-t-il le tems d'aprendre tous ces malheurs à sa femme, qu'un chef des Tartares s'avance pour lui ordonner de la part du vainqueur de livrer l'enfant royal confié à sa foy. C'est à cette condition que le carnage doit cesser, et que la Chine doit se garantir de sa perte entière. Le Mandarin à qui l'on ne donne qu'un instant pour obéir, se débarrasse d'Idamé qu'il envoye vers l'orphelin royal caché dans le tombeau de ses pères, et après nous avoir montré tout le trouble et tous les combats d'un père dévoré par sa tendresse et par sa fidélité il prend de son confident un serment d'obéissance sans restriction, et lui ordonne après cet acte, d'aller livrer au vainqueur son fils, le seul gage de l'amour d'Idamé à la place de l'orphelin royal. Idamé est bientôt instruite de ce dessein funeste. Elle cherche inutilement à en détourner son vertueux époux et dans le trouble qui la presse, elle n'a d'autre ressource que de se jetter aux pieds de Gengis Kan, et de lui apprendre le funeste échange qui doit le tromper, et mettre une mère au desespoir. Le Tartare voit avec surprise l'objet de sa passion à ses pieds, l'implorer pour les jours de son fils et de son mari. Il apprend tous les change-mens arrivés dans le sort d'Idamé, et bientôt livré à tous les accès de sa passion inutilement contrebalancés par le germe des grandes vertus qui se dévelope en même tems dans son ame, il ordonne à Idamé de renoncer à son mari d'accepter sa main et le trône de la Chine. C'est à ce prix qu'il consent de sauver les enfans, et de rendre la paix et la prospérité à l'Empire. Le Mandarin lui-même ne voyant d'autre moyen de salut presse sa tendre épouse à prendre ce parti. Mais Idamé remplie de la plus tendre vénération pour son époux, après avoir tenté sans succès tous les moyens de se soustraire aux malheurs dont ils sont menacés, se résout à la fin de la pièce de se donner une mort volontaire. Elle invite son mari à prendre ce parti, le seul qui leur reste. Déjà ils sont prêts à se fraper et mourir ensemble. Le vertueux Mandarin tient le glaive levé sur une épouse chérie, lorsque Gengis Kan fléchi et confondu par tant de vertu arrive, arrache le poignard, et annonce à ce couple digne d'admiration son changement et leur bonheur. Il fait le Mandarin le principal chef de son conseil. Il renonce à la guerre et au funeste titre de conquérant, il adopte l'orphelin Royal, et la piece finit.

11. Best.D6541: texte complet. G.1138.B, f.220.

12. Best.D6469: texte complet. G.1138.B, ff.220 v-21r.

15 septembre 1755
13. *Vers à un ministre d'état attribués à M. de Voltaire*, 'Par votre humeur le monde est gouverné'. G.1138.B, f.224. Cf. Best.D6996, n.2 et Best.D7008.

15 octobre 1755
14. Best.D6432: texte complet. CLT.iii.88; G.1138.B, f.227v. Selon ce manuscrit, le destinataire de cette lettre serait 'la Comtesse d'Egmont'.

15 novembre 1755
15. Best.D6536: texte complet, avec 'N.B.' de Grimm (G.1138.B f.233r): 'M. Dumarsais avait été à la tragédie de l'orphelin et en avait fait des compliments à M. de Voltaire. Le magasin d'Adrienne a rapport à Adrienne Lecouvreur, fameuse actrice.' La date du '12 7bre' telle qu'indiquée dans ce manuscrit et dans ms2 de Best.5874, est plus plausible que celle du '12 8bre 1755' retenue par Best.D6536. Dumarsais a probablement assisté à la première représentation de *L'Orphelin de la Chine* (20 août 1755) et en a complimenté Voltaire dans les jours suivants. La bienséance obligeait Voltaire à répondre sans délai, soit le 12 septembre 1755.

16. Best.D6454: texte complet. G.1138.B, f.233r.

1er décembre 1755
17. *Couplet à Mlle Duclos*, 'Belle Duclos' (M.x.471). CL.1813.i.449; G.1138.B, f.236v.

15 décembre 1755

18. *Quatrain de M. de Voltaire fait anciennement pour Mme la duchesse de Luxembourg, pour Mme la duchesse de Boufflers et pour Mlle la duchesse de La Vallière,* 'Si vous eussiez été les trois déesses'. CLT. iii.156 (1er janvier 1756); G.1138.B, f.240r. Cf. Bengesco, iv.306.

15 janvier 1756

19. *Vers sur les ruines de Lisbonne, attribués à M. de Voltaire,* 'Quel est ce dieu de nos calamités'. CLT.iii.159-60; G.1138.B, f.246r. Ces vers sont de Ximenès (cf. CLT.iii.159, n.1 et CLT.iii.169).

20. *Poème sur le désastre de Lisbonne,* addition à CLT.iii.200, G.1138.B, f.262v: '[. . . par rapport à la seconde, vous y trouverez fréquemment des vers admirables]. A l'impression de ce morceau, M. de Voltaire, sans doute pour contenter les dévots a supprimé les deux derniers vers du poëme. Il le finit par les vers suivants:' [M.ix.478; Best.D6806; extrait, de 'Je sais que dans nos jours' jusqu'à 'Sans accuser le Dieu que je dois implorer'].

15 avril 1756

21. *Vers de Piron contre Voltaire,* 'Quand on s'inscrit en faux sans craindre l'anathème'. CLT.iii.208; G.1138.B, f.265v.

22. *Epître à M. Abraham Hirshel, juif de Berlin* [par Bouët de Martange], 'Tous mes torts sont devant mes yeux'. CLT.iii.208-10; G.1138.B, f.266.

15 mai 1756

23. *Chanson pour Mlle Gaussin, le jour de sa fête, 25 août 1731,* 'Le plus puissant de tous les dieux' (M.x.489). CLT.iii.234 (1er juin 1756); G.1138.B, f.275r.

1er décembre 1756

24. *Couplets sur la conquête de Minorque en style grenadier sur l'air Reçois dans son galetas.* G.1138.B, f.315:

> Rien ne resiste, mordieu
> A la valeur Grenadiere
> Combattant sous Richelieu

Je mettrions l'enfer en poussières
Fermes sous les étendarts
Je ne cederions pas a Mars. *bis*

C'est le Démon du Combat
Faut le voir dans la bataille
Aucun péril ne l'abbat
Ah! pour Loüis quelle trouvaille
C'est le moule des vertus
Même admiré par les vaincus. *bis*

D'egmont, ce brave guerrier
Le digne époux de sa fille
Ah! quel rafleur de Laurier
Salpedié quel terrible drille!
C'est un gars de bon aloy
Tel qu'il en faut à notre Roi. *bis*

Ces gros messieurs d'Albion
Braves gens à toute outrance
Du haut de leur bastion
juroient d'exterminer la france
Nos vaillans escaladeurs
Ont sû rabattre leurs fureurs. *bis*

L'intrépide Maillebois
Ce fier Luron d'Estocade
Mettrait le Diable aux abois
Bravant Mousquet et Canonade
Quel gaillard pour être lest
L'obstacle pour lui n'est qu'un test. *bis*

Mahon ses remparts affreux.
Et son roc inaccessible
N'ont pû d'un héros fameux
Arrêter le bras invincible
Que Richelieu désormais
Soit la horreur du nom anglais. *bis*

Ce bel enfant de l'amour
Prouve bien son caractère
Je l'avons vu tour à tour

Braver la mort tel que son père
L'ennemi disait tout-haut
Non Fronsac ne craint pas le chaud. *bis*

Louis modele des Rois
Je connaissons ton courage
Ta clémence et tes exploits
Te feront vivre d'âge en âge
Ton front toujours glorieux
Terrassera les envieux.

Grimm annonce ainsi cette pièce: 'on ose attribuer cette chanson à M. de Voltaire. Elle me parait bien plate.' Serait-ce la pièce no.19 de la liste de Vauger (Best.Dapp.161)?

15 décembre 1756
25. Best.D6973: texte complet. G.1138.B, ff.318r-23r.

1er janvier 1757
26. 'Mauvaise épigramme sur la nouvelle édition de La Pucelle de M. de Voltaire', G.1138.B, f.331r:

Telle est pourtant la soif de l'or
Malgre la très humbre prière
Qu'ainsi qu'au cher Docteur Taylor
Limiers* en commun lui fit faire
Certain auteur écrit encore
Du neuf? Non mais édition nouvelle
De cet oeuvre tant attendu
Et puis après si peu couru
De la merveilleuse pucelle
Oh! je connais la maquerelle
Ce pucelage là sera bien revendu.

*L'auteur de la Gazette d'Utrecht qui a prié instamment et publiquement Ms de Voltaire et Taylor de cesser toute correspondance avec lui.

15 janvier 1757
27. *Epître à monsieur de Saint-Lambert*: texte complet, avec variantes (M.x.355-56). G.1138.B, f.361. Cette pièce est précédée de l'annonce suivante: 'Voila une épitre de M. de Voltaire qui n'est connue que de très peu de personnes quoiqu'elle ne soit pas nouvelle. Elle mérite d'être mise à côté de ce que cet illustre poëte a fait de plus agréable en

ce genre. Elle est du tems de sa retraite à Cirey en Lorraine avec Me la marquise du Chatelet.'

1er février 1757
28. Best.D6839: texte complet. G.1138.B, f.367.

1er mars 1757
29. Best.D6854: texte complet. G.1138.B, f.375. Cette lettre est précédée de l'annonce suivante: 'Voici de mauvais vers adressés à M. le Maréchal de Richelieu; On dit qu'ils sont de M. de Voltaire. Ce poëte aurait mieux fait pour sa gloire de les supprimer et pour celle de son héros de ne les montrer qu'après la conquête de Minorque.' Au vers 'Il sert sa patrie et son roi', Grimm ajoute la note suivante: 'Car suivant la doctrine de M. de Voltaire; c'est toujours M. de Richelieu qui a gagné la bataille de Fontenoy que le Maréchal de Saxe regardait comme perdue. C'est dommage que cela ne soit pas plus vrai en vers qu'en prose.'

30. Best.D7175: texte complet. G.1138.B, f.376.

1er avril 1757
31. 'On mande de Genève que M. de Voltaire a fait joué dans sa maison de Monrion près de Lausanne une nouvelle tragédie de sa composition intitulée *Zulime*. Il faut espérer qu'il ne tardera pas de la donner au théâtre de Paris.' W.I, E.xiii.a.n.16, f.261.

15 août 1757
32. *Entretiens d'un sauvage et d'un bachelier* (second entretien): texte complet, avec variantes (M.xxiv.268-71). G.1138.B, ff.390r-91v; S.VU.29.1, pp.295-98 (15 octobre 1760).

1er septembre 1757
33. *Invitation à monsieur Bernard*, 'Au nom du Pinde et de Cythère' (M.x.515). CLT.iii.406; G.1138.B, f.392 r; G.1138.I, f.50v; BHVP. 3855, f.57v.

15 décembre 1757
34. *A m. Bernard, auteur de l'*Art d'aimer. *Les trois Bernards*, 'En ce

pays trois Bernards sont connus' (M.x.515). CLT.iii.457; G.1138.B, f.413*v*.

15 janvier 1758

35. *Les torts à M. de Voltaire* sur son démêlé avec M. le Professeur Vernet qui lui reprochait d'avoir dit à l'occasion du jugement de Servet que Calvin avait l'âme atroce, par M. Rival, horloger à Genève. G.1138.B, f.420. Cf. Bengesco, i.154-55.

15 février 1758

36. Best.D7414: texte complet. G.1138.B, f.427.

15 mars 1758

37. Best.D7636: texte complet. CLT.iii.489; G.1138.B, f.435. Le texte de CLT: 'Vous devez revoir . . . le Suisse Voltaire' est un extrait.

15 avril 1758

38. Best.D7685: texte complet. G.1138.B, f.444*r*, avec l'annonce suivante: 'Lettre de M. de Voltaire à M. l'Abbé Voisenon à qui il avait envoyé son motet français et qui avait signé: l'évêque de Montrouge, parce qu'il passe sa vie à Montrouge chez M. le Duc de La Vallière.'

1er juin 1758

39. Best.D7728: extrait, de 'Votre énigme n'est pas un mot' jusqu'à 'Mais le mot n'est pas difficile'. CLT.iv.7; G.1138.B, f.455 *v*.

1er novembre 1758

40. *Voltaire Pénitent*, 'Précieux effets de la grâce'. CLT.iv.44-46; G.1138.B, ff.490*v*-92*r*. Cf. Bengesco, i.148 et iv.279-80.

15 novembre 1758

41. *Epître à M. de Voltaire par M. Desmahis du 10 Xbre 1757*, 'Je naquis au pied du Parnasse' (Desmahis, *Œuvres divers* (Genève 1762), pp.91-96). G.1138.B, ff.501*r*-502*r*.

42. Best.D7516*a*. G.1138.B, f.502*v*.

15 février 1759

43. Best.D6662: texte complet, daté du 6 janvier 1759. G.1138.C, ff.15*r*-16*r*.

44. Best.D6663: texte complet. G.1138.C, f.17.

45. Best.D8125: texte complet. G.1138.C, ff.35r-38r.

46. *Histoire d'un bon bramin*: texte complet, avec variantes (M.xxi.219-21). G.1138.C, ff.42r-43r; S.VU.29. 1, pp.205-208 (1er août 1760).

47. 'Des nœuds par la prudence et l'intérêt tissus'. CLT.iv.112; G.1138.C, f.46v. Ces vers attribués à Voltaire par Grimm ont été imprimés dans l'*Almanach des Muses* de 1793, p.115, sous le nom de Turgot. Cf. CLT.iv.112, n.1.

48. *Des allégories*: texte complet avec variantes (M.xvii.117-20). G.1138.C, ff.47r-48v; S.VU.29.1, pp.209-12 (1er août 1760).

49. *Ode sur la mort de Mme la margrave de Bareith*. Au commentaire de Grimm (CLT.iv.116-17), il faut ajouter les lignes suivantes (G.1138.C, f.52v):

Ceux qui connaissent M. Diderot, n'ont pu s'empêcher de le reconnaître trait pour trait dans le portrait que M. de Voltaire trace du Philosophe et rien n'est plus vraisemblable . . . En général j'aurai mauvaise opinion de quelqu'un qui pourrait lire cette prose de M. de Voltaire sans emotion et sans gémir sur le sort de l'humanité. Car les sages ont du écrire pour conserver les droits sacrés de la raison et de la vérité. Le Public les admire et applaudit à leurs Ecrits, mais leurs virulents ennemis ne perdent pas un grain de leur crédit et de leur puissance.

50. *Vers sur Candide*, 'Candide est un petit vaurien'. CLT.iv.117; G.1138.C, f.52v. Il faudrait ajouter à la note de Taschereau (CLT.iv.117, n.1) que cette pièce figure également dans la *Bibliothèque des sciences et des beaux-arts* (avril-juin 1759), xi.484.

51. Best.D8283: extrait, de 'Héros du Nord, je savais bien' jusqu'à 'Vous vous amusez en tout tems'. G.1138.C, f.56v. A la suite de cette lettre, Grimm ajoute 'Je dois supplier S.A.S. de ne point donner copie

des morceaux de M. de Voltaire que j'ai l'honneur de lui envoyer et que je pourrai envoyer par la suite.'

15 juillet 1759

52. *De l'antiquité du Dogme de l'immortalité de l'Ame*: texte complet, avec variantes (M.xvii.161-68). G.1138.C, ff.68*r*-69*v*; S.VU.29.1, pp.177-80.

1er août 1759

53. *A madame Lullin, en lui envoyant un bouquet, le 6 janvier 1759, jour auquel elle avait cent ans accomplis*, 'Nos grands-pères vous virent belle' (M.x.559). G.1138.C, f.73*r*; G.1138.N, f.461*r*; S.VU.29.12; BHVP.3865, f.201*v*; Mw.xvi, f.207*r*; G.(ii)1275, f.213*r*; Z.vi, f.183*r*.

1er septembre 1759

54. Best.D8109: extrait, de 'Voici' jusqu'à la fin. G.1138.C, f.76*r*.

55. Best.D8127: texte complet. G.1138.C, f.76.

15 septembre 1759

56. *Entretiens chinois*: texte complet, avec variantes (M.xxvii.19-34). G.1138.C, ff.80-87. L'insertion de ces dialogues, ici, corrige la date traditionnelle de 1768-1770 (cf. M.xxvii.19 n.1). Ils ont été envoyés à Stockholm en 1760 (?), cf. S. VU.29.1, pp.347-62.

15 octobre 1759

57. Best.D8354: extrait, de 'Quoiqu'il' jusqu'à 'Colbert'. CLT.iv.148; G.1138.C, f.93*v*.

58. Best.D8316: extrait, de 'Il n'est point' jusqu'à 'de méchants vers'. CLT.iv.148-49; G.1138.C, f.93*v*.

15 novembre 1759

59. *Vers à mesdames D. L. C. et G., présentés par un enfant de dix ans, en 1765: A Madame G*, 'Avec tant de beauté, de grâce naturelle' (M.x. 577-78). CLT.iv.155; G.1138.C, f.103*v*.

60. *A madame la marquise de Chauvelin, dont l'époux avait chanté les sept péchés mortels*, 'Les sept péchés que mortels on appelle' (M.x.558). G.1138.C, f.104*r*.

61. *Vers de m. de Voltaire pour madame la marquise de Montferrat en 1757*, 'Les malins qu'Ignace engendra' (M.x.589). G.1138.C, f.104r.

15 mai 1760

62. *Les Pour*: texte complet, avec variantes (M.x.560). G.1138.C, f.168r.

63. *Les Que*: texte complet, avec variantes (M.x.561-62). G.1138.C, f.168v.

64. *Les Qui*: texte complet, avec variantes (M.x.562). G.1138.C, f.169r.

65. *Les Quoi*: texte complet, avec variantes (M.x.563). G.1138C, f.169v. 'Les Pour, les Que, les Qui et les Quoi' figurent également dans S. VU.29.1, pp.121-24. Grimm précise que 'tout ce recueil de particules nous vient de Genève' (G.1138.C, f.169v.).

1er juin 1760

66. Best.D8958: texte complet. CLT.iv.254-59; G.1138.C, ff.183r-85v; S.VU.29.1, pp.230-35 (15 août 1760).

67. Best.D9005: texte complet. G.1138.C, ff.186r-87v; S.VU.29.1, pp.236-40 (15 août 1760).

68. Best.D9058: texte complet, daté 18 juillet 1760. G.1138.C, f.188; S.VU.29.1, pp.240-42 (15 août 1760).

69. *Requête de Jérome Carré aux Parisiens*: texte complet (M.v.413-16). G.1138.C, f.189; S.VU.29.1, pp.225-26 (15 août 1760).

70. *Les Fréron*: texte complet, avec variantes (M.x.564-66). G.1138.C, f.190r; S.VU.29.1, pp.228-29 (15 août 1760). A la suite de ce morceau, Grimm ajoute: 'Le pauvre diable, la Vanité, le Russe à Paris, les Qui, Les Quoi, Le Plaidoyer Ramponeau, la lettre de Jérome Carré, les Frérons, tout cela nous est venu des Délices, et a été imprimé successivement apres avoir couru longtemps en manuscrit. Le public n'a pas approuvé les notes du Russe dont les vers sont charmans ainsi que tout

le reste, excepté le plaidoyer de Ramponeau qui n'est pas trop bon et les Frérons qui j'espère ne seront pas imprimés.'

15 juin 1760

71. *L'Ecossaise*: addition au compte rendu de Grimm. CLT.iv.247; G.1138.C, ff.196v-97v; S.VU.29.1, pp.162-65:

[mais la comédie veut d'autres propos; elle exige surtout une vérité sans laquelle il n'est pas possible de plaire aux gens de goût.] . . . on soupçonne dès le premier acte que Monrose est le père de Lindane; mais l'intérêt n'eut-il pas été beaucoup plus fort si l'on en eût été sûr? Dans quelle attente et quel trouble ne m'aurait-on pas tenu si j'avais vû tout en commençant, un père inconnu à sa fille, et voisin d'elle; une fille inconnüe à son père et voisine de lui; une fille éprise d'un homme qu'un père justement rempli de fureur vient chercher dans le dessein de l'assassiner . . . il semble qu'on ait outré le caractère de Friport et de Lady Alton pour suppléer de tems en tems par la singularité des personnages au repos de l'action qui s'arrête. Mais ce n'est pas là corriger un défaut; c'est en ajouter un second . . . La reconnaissance de Monrose et de Lindane se présentait naturellement à la fin de 2ond acte. pourquoi l'a-t-on différer? On s'attend encore à cette reconnaissance de Monrose et de Lindane à la fin du 3è acte et elle ne se fait point. Si elle eut été annoncée des le commencement et qu'on en eût fait un moment de grande attente, peut-être eut-on bien fait de la différer, mais cela n'est pas . . . à la fin du 4e acte Polly veut apprendre à sa maîtresse qu'elle est toujours aimée de Murray. est-il bien naturel que celle-ci se refuse à l'écouter? . . . à la 3e scène du 5e acte, Lindane ne sait pas encore que Murray la connait pour la fille de Monrose, quoique ce fait soit scû de Polly des la fin du 4e acte. Cela est contre le bon sens . . . En général Murray et Monrose paraissent trop peu pour l'importance de leurs rôles; ce qui réduit la pièce à des scènes épisodiques presque jusqu'au 5e acte. Et qui vois-je à leur place? Un frelon, une Lady Alton, une Polly, un Friport, tous personnages subalternes . . . Voilà quelques observations particulières. Une partie de ces défauts serait aisée à corriger. Et, est rachetée par des beautés. Le dénouement par exemple est très beau: Murray offrant à Monrose d'une main l'acte qui l'absout, et de l'autre son épée, s'il persiste dans le dessein de lui ôter la vie; cela ne peut manquer de faire beaucoup d'effets sur le théâtre. on observe dans la conduite de cette pièce des choses d'art et d'adresse dont je fais d'autant plus de cas, qu'elles sont d'un naturel et d'une vérité extrêmes. Exemples: au premier acte Polly passe au moment où l'on va se mettre à table. Elle est arrêtée par Frelon. Lindane sort d'impatience et gronde Polly de ce qu'elle s'amuse à causer avec ce méchant Frelon. Fabrice prend le tems où tout le monde est à table pour venir offrir du secours à Lindane. Cela est bien enchaîné . . . Friport lit la Gazette et annonce à Monrose que son ami Falbrige est mort et qu'il est lui-même cherché. Cela est très naturellement fait . . . Polly est renvoyée par Lindane, tandis qu'elle s'entretient avec Monrose et trouve Murray sur le scène. Cela est encore très bien . . . Au reste on voit aisément que c'est le père de famille de M. Diderot qui a produit le Caffé. M. de Voltaire a été frappé de la simplicité du genre et de la solidité de beaucoup de préceptes répandus dans son traité de la poësie Dramatique que nos petits critiques ont regardé comme des paradoxes. Aussi le succès d'un ouvrage, ne consiste pas toujours dans les acclamations de la multitude, mais dans l'effet qu'il fait sur les bons esprits. Le plus célèbre écrivain de l'Europe s'est assujetti ici à la poëtique du philosophe; il a écrit la pantomime; il a cherché du spectacle, de l'action, du mouvement, des discours simples et vrais. Il a travaillé dans son genre, et d'après ses idées. En effet, la plupart des situations intéressantes de l'Ecossaise, sont traitées dans le goût de celles du père de famille. M. de Voltaire a imité M. Diderot jusques dans ces scènes que celui-ci appelle simultanées, où l'on introduit plusieurs personnes s'entretenant à la fois de choses tout-à-fait diverses. Telle est la première scène du second acte du père de famille où il donne son audience domestique. La troisième scène du premier acte de l'Ecossaise qui est dans ce goût-là ne gagnera pas à lui être comparée. C'est que M. de Voltaire n'a pas observé que ces sortes de scènes sont décousuës, et sujettes à la confusion, à moins qu'on n'y mêle la pantomime, et que cette pantomime ne soit naturelle, et par conséquent nécessaire en sorte que les uns parlent tandis que la vérité de la situation exige l'action et le silence des autres. En revanche il [a très bien choisi le lieu de la scène; un café offre une multitude . . .]

72. *Epître à m. Le Président Hénault,* sur son ballet du *Temple des Chimères,* mis en musique par m. le duc de Nivernais, et représenté chez m. le maréchal de Belle-Isle, en 1760: texte complet avec variantes (M.x.371-72). G.1138.C, ff.197*v*-98*r*; S.VU.29.1, p.166.

1er juillet 1760

73. *Le Pauvre Diable*: texte complet, avec variantes (M.x.97-113). G.1138.C, ff.203*r*-12*v*.

15 juillet 1760

74. *La Vanité*: texte complet, avec variantes (M.x.114-18). G.1138.C, ff.216*v*-17*v*; S.VU.29.1, pp.181-84 (1er juillet 1760).

75. *La Mule du pape:* texte complet, avec variantes (M.ix.573-74). S.VU.29.1, pp.193-94; W.I, E.xiii.a.n.16, f.295.

1er août 1760

76. *Plaidoyer de Ramponeau*: texte complet (M.xxiv.115-20). G.1138.C, ff.222r-23v.

77. *Le Russe à Paris*: texte complet, avec variantes (M.x.119-31). G.1138.C, ff.224r-29v.

1er septembre 1760

78. S.VU.29.1, pp.247-48:

On vend ici deux Dialogues chrétiens ou Préservatif contre l'Encyclopédie. Le premier dialogue est entre un Prêtre catholique et un Encyclopédiste; le second entre le prêtre catholique et un ministre protestant. Ces deux saints personnages se réunissent pour persécuter et ruiner le parti des philosophes. Le prêtre catholique est peint comme un fanatique et de première classe; le ministre comme un fourbe et un fripon. Ces dialogues ont fait beaucoup de bruit à Genève parce qu'une grande partie des faits qu'on expose dans le second dialogue passent pour être de M. Vernet, Ministre connu dans cette République qui après avoir cherché inutilement d'être l'éditeur des oeuvres de M. de Voltaire, s'est déclaré son ennemi le plus décidé. Le conseil de Genève a fait brûler ces Dialogues par la main du bourreau. M. de Voltaire a déclaré qu'il n'y avoit aucune part, mais ici où il est indifférent qu'il en soit l'auteur ou non, nous ne doutons point que cette petite gayeté ne soit encore de lui quelque effort qu'il ait fait pour dérober son style et sa manière. Ces dialogues ont fait peu de sensation ici parce que tout le second porte sur des faits qu'on ne connait pas à Paris. C'est cependant un coup cruel qu'on porte aux ennemis de la raison et qui ne servira pas à leur inspirer des sentiments de modération. Il serait plus sage que les philosophes se tiennent tranquilles dans les temps de persécution à l'exemple des premiers chrétiens.

79. *A monsieur Bernard*, 'Ma muse épique, historique et tragique' (M.x.494). S.VU.29.1, p.248.

80. *Galimatias dramatique*: texte complet, avec variantes (M.xxiv.75-77). S.VU.29.1, pp.253-55.

15 septembre 1760

81. *Réflexions pour les sots:* texte complet (M.xxiv.121-24). G.1138.C f.242r-43v.

82. *Extrait des nouvelles à la main de la ville de Montauban en Quercy* (1er juillet 1760): texte complet (M.xxiv.125-26). G.1138.C, ff.243*v*-44*r*.

83. *Fragment d'une lettre sur 'Didon'*: texte complet (M.xxii.231-32). G.1138.C, ff.244*v*-45*r*.

84. Best.D9148: texte complet. G.1138.C, ff.246*r*-47*r*; S.VU.29.1, pp.249-51 (1er septembre 1760).

1er octobre 1760

85. *La Pucelle*, chants 8, 9 et 19: texte complet, avec variantes (*La Pucelle d'Orléans*, éd. J. Vercruysse (Genève 1970), pp.391-404, 405-15, 547-57.) G.1138.B, ff.252*r*-63*r*, 264*r*-69*v*. Grimm annonce les chants 8 et 9 ainsi: 'Je joins ici deux chants de la Pucelle que M. de Voltaire a faits depuis peu et qui se trouveront dans l'édition qu'il compte donner de ce poëme.'

15 octobre 1760

86. *Entretiens d'un sauvage et d'un bachelier* (premier entretien): texte complet, avec variantes (M.xxiv.265-68). S.VU.29.1, pp.291-94.

1er novembre 1760

87. *Du polythéisme*: texte complet (M.xx.242-45). G.1138.C, ff.277*r*-78*v*; S.VU.29.2 (1er avril 1761).

1er janvier 1761

88. *Stances à m. Deodati de Tovazzi*: texte complet avec variantes (M.viii.531-32). G.1138.D, f.7*r*; S.VU.29.2 (15 mars 1761).

15 janvier 1761

89. 'Le voyage et l'établissement de Mademoiselle Corneille aux Délices a occasionné une brochure intitulée: *La petite nièce d'Eschyle* histoire athénienne traduite d'un manuscrit grec. Tout le génie de l'auteur consiste à raconter comme un fait arrivé à Athènes ce que M. de Voltaire vient de faire pour Mademoiselle Corneille. Cette jeune personne s'apelle dans la brochure Cléonyme. M. de Voltaire s'appelle Sophocle. M. le Brun, Brunellos. M. Titon du Tillet, Titonos et l'auteur s'appelle sans doute *absurdos*.' S.VU.29.2. Il s'agit du livre du chevalier

Jean-Florent-Joseph de Neufville de Brunaubois-Montador, *La Petite nièce d'Eschyle*: *histoire athénienne traduite du manuscrit grec* ([s.l.] 1761). B.N. Z.Beuchot 1591 et 1592.

90. Best.D9430: texte complet. S.VU.29.2.

91. Best.D9454: texte complet. S.VU.29.2.

1er février 1761

92. *Couplets de m. de Voltaire à madame la marquise du Chastelet, lors de son exil*, 'Tyran dont la main sépare'. G.1138.D, f.18; S.VU.29.2. Voir E. Meyer, 'Variantes aux poésies mêlées de Voltaire d'après le manuscrit envoyé par l'auteur à m. de Cideville en 1735', *Rhl* (1932), xxxix.418-19, où ce texte est repris avec quelques variantes. Nous l'avions publié à tort comme inédit dans 'Voltaire, collaborateur de la *CL*', pp.62-63 et nous remercions Ulla Kölving de nous l'avoir signalé. Cette pièce est le no.70 dans la liste de Vauger (Best.D.app.161): 'Ode sur son exil: *Tiran, dont la main répare*'. On sait que cette liste accompagne deux lettres de Jean Vauger 'entrepreneur des armées en Espagne' à Jean Nicolas Douville, où l'auteur mentionne posséder, outre des lettres et des pièces de Voltaire à Frédéric II, 'toutes celles que Voltaire a faites pour madame du Chatelet qui sont au nombre de plus de trente, sans compter celles qui ont été imprimées' et qu'il se serait procurées par un des valets de chambre de madame Du Châtelet. Selon une note de Suard, une partie de ce petit trésor serait passé, à la mort de Vauger, '*entre les mains* de M. le duc de Choiseul' (cf.Best.D6429 et D7808).

1er mars 1761

93. *Epître à Daphné*: texte complet, avec variantes (M.x.372-77). G.1138.D, ff.27r-29v; S.VU.29.2.

15 mars 1761

94. *Epître à madame Denis, sur l'agriculture*: texte complet, avec variantes (M.x.378-82). G.1138.D, ff.38r-39v; S.VU.29.2 (1er mai 1761).

15 avril 1761

95. *La Bastille*: texte complet avec variantes, et l'annonce suivante de Grimm: 'Voici des vers qui ne sont pas nouveaux, mais qui n'ont

jamais été imprimés.' (M.ix.353-55). G.1138.D, ff.47v-48v; S.VU.29.1, pp.344-46.

96. *Epître à Daphné*: extrait, de 'Fou sérieux que le bon sens irrite' jusqu'à 'Faut-il nommer Cerbère et les Furies?', avec variantes (M.x.376-77). G.1138.D, ff.49r-50r.

Les lettres suivantes adressées à Etienne Noël Damilaville, sont absentes des manuscrits. Elles ont été placées à la suite de la livraison d'avril 1761 dans la première édition de la *CL* (1813). Il faut noter que la livraison suivante était celle de juin 1762:

97. Best.D9055: texte complet. CL1813. iii.157.

98. Best.D9120: texte complet. CL1813. iii.157-58.

99. Best.D9189: texte complet. CL1813. iii.158-59.

100. Best.D9208: texte complet. CL1813. iii.159-60.

101. Best.D9292: texte complet. CL1813. iii.160.

102. Best.D9486: texte complet. CL 1813. iii.160-61.

103. Best.D9440: texte complet. CL1813. iii.161.

104. Best.D9491: texte complet, daté du 6 janvier 1761. CL1813. iii.161-62.

105. Best.D9532: texte complet. CL1813. iii.162.

106. CL1813. iii.162-64 (cf. Best.D9539. n.2).

107. Best.D9553: texte complet. CL1813. iii.164-65.

108. Best.D9598: texte complet. CL1813. iii.165.

109. Best.D9610: texte incomplet. CL1813. iii.165-66.

110. Best.D9654: texte complet. CL1813. iii.167.

111. Best.D9699: texte complet. CL1813. iii.167-68.

112. Best.D9726: texte complet. CL1813. iii.168.

113. Best.D9737: texte complet. CL1813. iii.168-69.

1er mai 1761

114. *Seconde partie de Candide*: CLT.iv.400; G.1138.D. f.52*v*: '[Un ancien garde-du-corps. M. de Campigneulles, bel esprit fort obscur, vient de donner une *Suite de Candide*, roman de M. de Voltaire.] Le continuateur a eu la gloire de tenir le public en suspens pendant quelques jours. Plusieurs personnes étaient tentées de croire cette suite de M. de Voltaire; [mais cette erreur n'a pu durer longtemps.]'

15 mai 1761

115. *Conversation de m. l'intendant des menus*: texte complet avec variantes (M.xxiv.239-53). G.1138.D, ff.61*v*-66*v*; S.VU.29.2 (15 juin 1761).

15 juin 1761

116. *Lettre de m. Formey qui peut servir de modèle aux lettres à insérer dans les journaux*: texte complet (M.xxiv.433-36). G.1138.D, ff.79*r*-80*v*; S.VU.29.2. Grimm annonce ainsi cette pièce: 'Le morceau suivant est de M. de Voltaire.'

117. *Vers de madame de Beaumont à Voltaire*. G.1138.D, f.81; S.VU.29.2:

à M. de Voltaire

Quel encens assés pur pourroit encor te plaire?
Je ne t'en offre point; mais je puis aspirer
A l'honneur de tracer le sentiment sincère
Dont ta grande ame a scu me pénétrer.
Ce n'est point le rival de Sophocle et d'Homere
Que j'entreprends de célébrer.
Ta gloire, ton grand nom me forçoient au silence,
J'admirois en secret tant de talens divers
Dont le ciel te combla pour l'honneur de la france
Et pour éclairer l'univers.
Mais à ces traits divins joindre la bienfaisance,
C'est frayer une route à mes foibles accens,

Tu ne m'imposes plus, vers toi mon coeur s'élance,
Je te plairai puisque je sens.
La vertu malheureuse au ciel doit être chere,
Des Dieux justes et bons elle attend la faveur;
Tu préviens leurs bienfaits, tu jouis du bonheur
De remplir ici bas leur sacré Ministere
Cette jeune beauté dont tu deviens le pere.
N'avoit pas même un protecteur.
Son nom, son infortune en vain frappent l'oreille:
Dans le centre des arts, au milieu de Paris,
D'un tendre rejetton du sang du grand Corneille,
Nos coeurs sans s'émouvoir ont entendu les cris.
L'ayeul est admiré; notre ingrate patrie
ose encor s'honorer de ce rare génie;
Nous nous glorifions de ses divins Ecrits,
Et nous abandonnons sa fille.
En vain pour ranimer sa mourante famille
Le théâtre françois donne un noble signal:
Est ce en applaudissant que l'on croit y répondre?
O Souvenir honteux, trop fait pour nous confondre!
Ne faire qu'applaudir fut y répondre mal.
Pour cette infortunée on fait des voeux stériles
Eh, qu'attendre de coeurs que le luxe a flétris?
Des regret superflus, des conseils inutiles,
Ou la fausse pitié pire que le mépris,
Sur son destin cruel un jour heureux t'éclaire:
Tu la prends, tu deviens son ange tutelaire.
Quel exemple, voltaire, à tous ces Demidieux
Dont le poids accable la terre,
Dont l'éclat passager n'éblouit que nos yeux!
Séduire l'indigente et timide innocence,
Contenter à grands frais de frivoles désirs,
D'un vil adulateur payer la complaisance
Voilà de leurs bienfaits. Plus grand dans tes plaisirs
Ta main seche des pleurs, étouffe des soupirs
Scait réparer des maux qu'enfanta la misere,
Et veut en effacer jusques aux souvenirs:
Tu fais ce qu'ils auroient dû faire.
Chés les foibles humains aux malheurs exposés
Les rangs par la bonté devroient être fixés.
Laisse à leurs possesseurs leur vaine ombre de gloire.
Si nos fastes jamais en surchargent l'histoire,

86

On ne lira leurs noms que pour les oublier:
Tandis que le front ceint d'un celeste laurier,
Placé par les neuf soeurs au temple de Mémoire,
Du feu de ton génie échauffant les esprits,
Regnant par tes bienfaits sur les coeurs attendris,
De nos derniers Neveux tu recevras l'hommage.
Des talens, des vertus le sublime assemblage,
En te donnant le sceau de l'immortalité,
Met à tes pieds l'envie, et te rend d'âge en âge
L'idole et le flambeau de la postérité.

Grimm annonce ainsi cette pièce: 'Les vers suivants ne méritent ici de place qu'à cause de la Réponse que M. de Voltaire y a faite. Ils sont de Madame de Beaumont, femme de l'avocat de ce nom, connu pour un homme d'esprit et de mérite. C'est lui qui a fait le Plaidoyer du Sieur Gaudon, entrepreneur de spectacles sur le Boulevard contre l'illustre Ramponeau.'

118. *Epître à madame Elie de Beaumont*, 'S'il est au monde une beauté': texte complet avec variantes (M.x.382-83). G.1138.D, f.81*v*.

1er juillet 1761
119. *Epître à monsieur le Maréchal de Saxe*, 'Je goûtais dans ma nuit profonde': texte complet avec variantes (M.x.343-44). G.1138.D, f.85; S.VU.29.2.

120. *Lettre de m. Clocpicre à m. Eratou*: texte complet avec variantes (M.xxiv.235-38). G.1138.D, ff.86*r*-88*v*; S.VU.29.2.

15 juillet 1761
121. Best.D9833: extrait, de 'quoiqu'il eût cette mine, il fit pourtant des vers' jusqu'à 'que n'ai je été de cette étoffe!'. CLT.iv.443; G.1138.D, f.93*v*; S.VU.29.2.

1er août 1761
122. *Entretien d'Ariste et d'Acrotal*: texte complet (M.xxiv.273-76). G.1138.D, ff.103*r*-104*v*; S.VU.29.2 (15 avril 1761).

1er septembre 1761
123. *Epître à madame du Chatelet*, 'Je voulais, de mon cœur éternisant

l'hommage': texte complet avec variantes (M.x.294-96). G.1138.D, f.136; S.VU.29.2.

1er octobre 1761

124. Best.D9920: texte complet. G.1138.D, f.149; S.VU.29.2; n.a.f. 12961, f.13.

125. *Lettre de Charles Gouju*: texte incomplet, avec variantes (M.xxiv. 255-59). G.1138.D, ff.150r-51r; S.VU.29.2; n.a.f. 12961, ff.13v-14v. Le texte des manuscrits s'arrête avec la phrase 'Je vis avec plaisir que mon sermon fit une grande impression sur mon jacobin'. D'autre part Grimm ajoute: 'On n'a pas besoin de dire que cela vient des Délices près de Genève' (G.1138.D, f.151r). Dans S.VU.29.2, ce commentaire est remplacé par 'Ce morceau est de M. de Voltaire'.

15 octobre 1761

126. *A madame du Chatelet en recevant son portrait*, 'Traits charmants, image vivante' (M.x.519). G.1138.D, f.157v; S.VU.29.2; n.a.f.12961, f.20v.

127. *A la même.* G.1138.D, f.157v; S.VU.29.2; n.a.f.12961, f.20v:

> Aimable dans l'amour et fort naïve en affaire
> Le grand art est de négocier
> Un jour sera votre métier
> A présent, c'est celui de plaire.

Cette pièce semble être le no. 55 de la liste de Vauger (Best.D.app.161).

128. *A madame du Chatelet*, 'Mon cœur est pénétré de tout ce qui vous touche': texte complet avec variantes (M.x.520). G.1138.D, f.157v; S.VU.29.2; n.a.f. 12961, f.20v.

129. *A la même.* G.1138.D, f.157v; S.VU.29.2; n.a.f. 12961, f.20v:

> Vous suivés les plaisirs, les jeux et les amours
> Les blonds poudrés de france et les bords du Parnasse
> Adieu, mélange heureux de grandeur, de foiblesse
> Que je plains, que j'admire, et que j'aime toujours.

Cette pièce semble être le no.54 de la liste de Vauger (Best.D.app.161).

130. *Impromptu fait dans les jardins de Cirey, en se promenant au clair de la lune,* 'Astre brillant, favorable aux amants' (M.x.519). G.1138.D, f.157*v*; S.VU.29.2; n.a.f. 12961, f.20*v*.

Les pièces 126-130 sont annoncées ainsi: 'Je vais transcrire ici d'anciens vers de M. de Voltaire qui n'ont pas été imprimés et qui pourraient grossir le recueil. La plupart de ces vers s'adressent à la célèbre Madame du Chatelet et l'on y voit les traces du caprice de l'amour.' G.1138.D, f.157*v*; S.VU.29.2; n.a.f. 12961, f.20*v*.

1er novembre 1761

131. *A madame du Chatelet en lui envoyant l'histoire de Charles XII,* 'Le voici ce héros si fameux tour à tour' (M.x.509). G.1138.D, f.164; S.VU.29.2; n.a.f. 12961, f.26*v*.

132. *A madame du Chatelet De Cirey où il était pendant son exil, et où elle lui avait écrit de Paris,* 'On dit qu'autrefois Apollon': texte complet avec variantes (M.x.511-12). G.1138.D, f.164*r*; S.VU.29.2; n.a.f. 12961, f.26*v*.

133. *A la même dans un accès de fièvre.* G.1138.D, f.164; S.VU.29.2; n.a.f. 12961, f.26*v*:

> Ne craignés rien de cette ardeur brûlante
> Qu'on nomme fièvre, et qui me fait souffrir.
> Le juste ciel prêt à me secourir,
> Met dans mon coeur une ardeur bienfaisante
> Qu'on nomme amour, exprès pour me guérir.

Cette pièce semble être le no. 62 de la liste de Vauger (Best.D.app.161).

15 novembre 1761

134. *A madame La Marquise du Chatelet.* G.1138D, f.167*r*; S.VU.29.2:

> Ainsi que ta beauté
> Ma tendresse est extreme
> Et mon sort enchanté:
> Je te plais et je t'aime.
> Livrons-nous à l'amour,
> Le vrai bonheur le suit;
> Parlons-en tout le jour,
> Et baisons-nous la nuit.

Cette pièce semble être la pièce no. 60 de la liste de Vauger (Best.D. app.161).

135. *Sur des conseils que Madame du Chatelet lui avait donnés sur sa santé en se comparant au medecin Toinette.* G.1138.D, f.167*v*; S.VU.29.2:

Je suivrai toute ma vie les ordonnances de mon Médecin, car il les écrit à sa
 toilette.
Ses conseils sont dictés par son coeur amoureux.
Aimé par Emilie, et conduit par Toinette,
Je dois vivre longtems, et je dois vivre heureux.

Cette pièce semble être la pièce no. 52 de la liste de Vauger (Best.D. app.161).

136. *A la Même: Sur deux arbres du jardin de Cirey qui formoient un Canapé par l'entrelassement de leurs branches.* G.1138.D, f.167*v*; S.VU. 29.2:

> Dans ces jardins charmans par vos yeux embellis
> Qu'un bonheur éternel puisse être mon partage,
> Et que ces arbres réunis
> Soyent de nos feux purs et l'azile et l'image.

Cette pièce semble être la pièce no. 57 de la liste de Vauger (Best.D. app.161).

137. *A la même: En revenant avec elle à cheval au clair de la lune, de la-neuf-ville à Cirey.* G.1138.D, f.167*v*; S.VU.29.2:

> Cette aimable nuit qui s'approche,
> M'annonce ma félicité:
> Ma maitresse est à mon côté
> Et son portrait est dans ma poche.

Cette pièce semble être la pièce no. 59 de la liste de Vauger (Best.D. app.161).

138. *A la même: En lui rendant compte d'un voyage qu'il faisait avec Madame La Duchesse de Richelieu.* G.1138.D, f.167*v*, S.VU.29.2:

> Je voyage avec deux beaux yeux;
> Les graces, la plaisanterie,
> Le ton gai, le ton sérieux

> Et l'esprit sont de la partie.
> Mais je n'en suis pas plus heureux;
> Car je vous adore, Emilie,
> Et vous n'êtes pas avec nous.
> Tous ces charmes brillans et doux,
> Ces talens que La Cour ignore,
> Vous les réunissez en vous,
> Et votre coeur possede encore
> Le charme le plus grand de tous,
> Celui d'aimer qui vous adore.

Cette pièce semble être la pièce no. 58 de la liste de Vauger (Best.D. app.161).

Les pièces 134-138 sont annoncées ainsi: 'Suite du recueil des vers de M. de Voltaire, pour Madame La Marquise du Chatelet: La plupart des vers ne méritent une place dans les portefeuilles des curieux, que parce qu'ils sont adressés à une femme célèbre par l'homme le plus célèbre du siècle, un homme de goût les brûlerait sans regret et montrerait en cela plus d'estime pour M. de Voltaire, que ceux qui conservent tous les copaux de son attelier avec un soin peu délicat.'

1er janvier 1762

139. *Les Chevaux et les ânes ou Etrennes aux sots*: texte complet avec variantes (M.x.132-36). G.1138.D, ff.192r-94v; S.VU.29.3. Grimm ajoute: 'On n'a pas besoin d'observer que M. Le Cornette de Cavalerie se tient ordinairement aux Délices près de Genève, quoiqu'il date ses Etrennes de Paris, car cela se voit tout seul.' G.1138.D, f.194v.

15 janvier 1762

140. *Stances à m. Blin de Sainmore,* 'Mon amour propre est vivement flatté' (M.viii.532). CLT.v.19-20; G.1138.D, f.201v; S.VU.29.3.

141. *Sermon du rabbin Akib prononcé à Smyrne le 20 novembre 1761* (*traduit de l'hébreu*): texte complet avec variantes (M.xxiv.277-84). G.1138.D, f.204r-208v; S.VU.29.3. Grimm annonce cette pièce ainsi: 'Le morceau suivant vient des Délices'.

1er février 1762

142. Best.D10270: extrait, de 'La Coste est mort' jusqu'à 'Et tout Paris y nomme Jean Fréron'. CLT.v.35; G.1138.D, f.216r; S.VU.29.3.

15 février 1762

143. *Le droit du seigneur* (acte II, scène i): texte complet avec variantes (M.vi.23-27). G.1138.D, ff.223*v*-26*r*; S.VU.29.3.

1er mars 1762

144. *Balance égale*: texte complet (M.xxiv.337-40). G.1138.D, ff.236*v*-38*v*; S.VU.29.3. Grimm annonce cette pièce ainsi: 'Le morceau suivant vient des Délices.'

15 mars 1762

145. *Epigramme imitée de l'Anthologie*, 'L'autre jour au fond d'un vallon': texte complet avec variantes (M.x.568). S.VU.29.3. Grimm annonce ainsi cette pièce: 'Voici une épigramme qui court depuis quelques jours. Voilà qui n'est pas trop françois, ni trop agréable. On prétend que ces petites gentillesses nous viennent des Délices; mais j'ai de la peine à croire que M. de Voltaire s'occupe sans cesse de l'auteur de l'Année littéraire. C'est faire bien de l'honneur à un journaliste qui ne peut se garantir de l'oubli qu'en se faisant mépriser par sa mauvaise foi et par ses satyres.'

146. *A monsieur de Forcalquier qui avait eu ses cheveux coupés par un boulet de canon au siège de Kehl*, 'Des boulets allemands la pesante tempête': texte complet avec variantes (M.x.499-500). S.VU.29.3.

147. *Stances à M. de Forcalquier*, 'Vous philosophe! Ah, quel projet!' (M.viii.506-507). S.VU.29.3. Grimm annonce ainsi cette pièce: 'Ils sont aussi anciens mais n'ont jamais été imprimés.'

1er avril 1762

148. *Extrait de la gazette de Londres du 20 février 1762*: texte complet (M.xxiv.291-92). G.1138.D, f.253; S.VU.29.3. Grimm annonce ainsi cette pièce: 'La plaisanterie suivante arrive des Délices; j'aurais mieux aimé qu'on eût mis la Gazette sous l'article de Paris, et qu'on eût annoncé les dons des moines comme une chose faite, en conservant les formules que la gazette de France a employée pour annoncer au public les vaisseaux offerts au Roi. Cela aurait je crois donné un tour plus original à cette plaisanterie qui telle qu'elle est, est encore très bonne.'

15 avril 1762

149. *Stances à Mademoiselle de****, 'Vous objectez toujours votre âge' (M.xxxii.429-30). CLT.v.70; G.1138.D, ff.256*v*-57*r*; S.VU.29.3.

150. *A une jolie femme en lui envoyant une brioche*, 'Certain chat d'humeur libertine'. G.1138.D, f.257*v*; S.VU.29.3. Ces vers 'attribués à M. de Voltaire' sont de Desmahis: voir ses *Œuvres divers* (Genève 1762), p.41.

151. *Devise pour madame du Chatelet*, 'Du repos, des riens, de l'étude' (M.x.508-509). G.1138.D, f.257*v*; S.VU.29.3. Grimm ajoute que ces vers sont 'sur la bibliothèque de Mme du Chatelet' et que 'c'est elle qui parle'.

152. Best.D10394: texte complet. G.1138.D, ff.262*r*-63*r*; S.VU.29.3. Le texte des manuscrits comporte l'addition suivante: 'Nota, qu'on dit qu'un criminel qui vient d'être roué à Marseille a avoué d'avoir assassiné le fils du protestant de Toulouze que le parlement a fait rouer, ce fait s'il est vrai, finit convenablement toute cette abominable histoire.' Besterman (notes textuelles de Best.D10394) précise que cette lettre à d'Alembert fut publiée dans *The St James's chronicle* (London 15-7 July 1762) selon une traduction altérée. On peut y lire en particulier (voir Best.D.app.215): '*Nota*, I just hear from Marseilles, that a Criminal, condemned there for Murder, with Tears in his Eyes, Repentance in his Looks, and Contrition in his Heart, has confessed himself to be the Murder of the Soon of the Protestant of Thoulouse, whom the Parliament sentenced to the Wheel for that Crime.'

15 mai 1762

153. Best.D10034: texte complet avec additions. G.1138.D, ff.276*v*-77*v*; S.VU.29.3.

154. Best.D10032a. G.1138.D, f.277*r*; S.VU.29.3. Les pièces 153-154 sont précédées de l'article suivant de Grimm:

[CLT.v.89: Un de ces bavards, dont il y en a tant en tout genre, a adressé à Mlle Clairon une apologie du théâtre, où il se récrie sur l'injustice de l'excommunication qui subsiste en France contre les comédiens.] Vous aimerez sans doute mieux lire ce que M. de Voltaire écrivit l'année dernière sur le même sujet à Mademoiselle Clairon. Vous savez que l'avocat M. Huerne de la Mothe qui à l'instigation de cette célèbre actrice avait fait un très mauvais mémoire en faveur des comédiens, fut rayé du tableau après qu'on eût rayé son livre. Les lettres de M. de Voltaire que je vais transcrire n'ont jamais été publiques.

155. *Note sur la préface de la Tragédie de Théodore de Pierre Corneille*: texte incomplet avec variantes (M.xxxi.519-21). G.1138.D, ff.277*r*-78*v*; S.VU.29.3 (cf.Best.D10034, n.1).

156. Best.D10451. G.1138.D, ff.288r-89r; S.VU.29.3.

157. *Petit avis à un jésuite*: texte complet (M.xxiv.341-43). CL.1813. iii.124-27 (15 avril 1761); G.1138.D, ff.289r-90v. A la fin de la livraison du 1er juin 1762 de S, une main a ajouté: 'Ici suit le petit avis à un jésuite'. Cette pièce y est néanmoins manquante. Les pièces 156-157 sont annoncées ainsi: 'M. de Voltaire vient de relever d'une maladie dangereuse. Vous verrez par les deux morceaux suivants qu'il n'a rien perdu de sa gaieté.' G.1138.D, f.288r.

15 juillet 1762
158. *A madame du Chatelet*, 'Nymphe aimable, nymphe brillante' (M.x.504). CL.1813.iii.211; G.1138.D, f.333r; S.VU.29.3.

159. *A la même*, 'Vous m'ordonnez de vous écrire' (M.x.504). CL.1813. iii.211; G.1138.D, f.333v; S.VU.29.3.

160. *A la même lorsqu'elle apprenait l'algèbre*, 'Sans doute vous serez célèbre' (M.x.505). CL.1813.iii.212; G.1138.D, f.333v; S.VU.29.3.

161. *A madame La Marquise du Chatelet, faisant une collation sur une montagne appelée Saint-Blaise, près de Monjeu*, 'Saint-Blaise a plus d'attraits encor' (M.x.503-504). CL.1813.iii.212; G.1138.D, ff.333v-34r; S.VU.29.3.

1er août 1762
162. *A madame du Chatelet*, 'Allez, ma muse, allez vers Emilie' (M.x. 504). CL.1813.iii.217-18; G.1138.D, f.341r; S.VU.29.3 (15 septembre 1762).

163. *A mme la marquise du Chatelet sur 'Le Temple du goût'*, 'Je vous envoyai l'autre jour' (M.xxxii.413). CL.1812.iii.382; CL.1813.iii.217; G.1138.D, f.341v; G.1138.K, f.208v (février 1777); S.VU.29.3 (15 septembre 1762); BHVP.3864, f.34v (février 1777).

164. *A la même qui soupait avec beaucoup de prêtres*, 'Un certain dieu, dit-on, dans son enfance' (M.x.504-505). CL.1813.iii.217-18; G.1138.D, f.342r; S.VU.29.3 (15 septembre 1762).

15 août 1762

165. *Epître à madame la marquise du Chatelet sur sa liaison avec Mauper-tuis*, 'Ainsi donc cent beautés nouvelles' (M.x.280-81). CL.1813.iii.225; G.1138.D, f.348; S.VU.29.3.

166. *A madame du Chatelet qui dînait avec l'auteur dans un collège, et qui avait soupé la veille avec lui dans une hôtellerie*, 'M'est-il permis, sans être sacrilège' (M.x.537). CL.1813.iii.225; G.1138.D, f.358*v*; S.VU. 29.3.

15 septembre 1762

167. Best.D10635. CL.1813.iii.237-39; G.1138.D, ff.365*v*-66*v*; S.VU. 29.3.

15 octobre 1762

168. Best.D10728. G.1138.D, f.382*v*; S.VU.29.4 (1er février 1763). Le texte de cette lettre de Voltaire à Diderot est incomplet et est relié à la lettre précédente de Schouvallow à Diderot du 20 août 1762 (Roth, iv.174) par l'annonce suivante: 'Cette lettre ayant été adressée à M. de Voltaire était accompagnée de la lettre suivante.'

15 novembre 1762

169. *Saül*: texte complet (M.v.569-611). G.1138.D, ff.395*r*-411*r*. S.VU.29.3 (15 décembre 1762). Des extraits de cette pièce sont également présents dans la livraison du 1er février 1763 de G.1138.E, ff.17*r*-31*v*.

15 février 1763

170. *Hymne chanté au village de Pompignan*: texte complet (M.x.569-71). G.1138.E, ff.35*v*-36*r*; S.VU.29.4. Cette pièce est annoncée ainsi (G.1138.E, f.35*v*):

M. le Franc de Pompignan est depuis son fatal discours en constante possession d'amuser le public à ses dépens. La terre de Pompignan appartient à M. l'abbé de fleurigny. M. le franc y possède un petit fief qu'il a fait ériger en Marquisat. Ensuite il a fait abbattre la chapelle de son Marquisat, et l'a fait rebatir à ses fraix. La consécration de cette chapelle s'est faite avec beaucoup de pompe en présence du Seigneur. On a prononcé un discours dans lequel ce Seigneur est loué à tour de bras. Ce discours dont les Méchans disent que ce Seigneur est l'auteur lui même, parait imprimé, et exerce actuellement la critique et la malignité publique. Voici une chanson qui court depuis quelques jours, et qu'on dit être de M. de Voltaire.

171. Best.D10980. G.1138.E, ff.36, 38r (f.37 est mal relié); S.VU.29.4.

1er mars 1763

172. *Relation du voyage de m. le marquis de Pompignan*: texte complet (M.xxiv.461-63). G.1138.E, ff.43r-44r; S.VU.29.4.

173. *Lettre de m. de l'Ecluse*: texte complet (M.xxiv.456-60). G.1138.E, f.44; S.VU.29.4. Les pièces 172-173 sont annoncées ainsi (G.1138.E, f.43r):

Nos meilleurs plaisans ont beau s'egayer sur le compte de M. le Franc de Pompignan, ils ne feront jamais rien contre lui d'aussi cruel que ce qu'il fait lui-même, en voulant se faire une réputation. Les deux petits morceaux suivans nous viennent du chateau de Ferney: la conversation du Roi avec M. le franc est une des choses les plus gaies que M. de Voltaire ait encore écrite sur ce sujet inépuisable. Mais pour bien entendre ces morceaux, ainsi que la chanson de Simon le franc son favori, il faut avoir lu le discours prononcé dans l'Eglise de Pompignan, le jour de sa bénédiction, par M. de Reyrac, Prêtre, chanoine Régulier, avec l'Epitre dédicatoire à Madame la Marquise de Pompignan, et la Description des fêtes qui se sont données à cette occasion, le tout se vend chez Barbou, rue St Jaques, aux cigognes, dont M. de Voltaire, contre le droit des gens, a fait des Grues. Ce discours est une des plus ridicules choses qu'on puisse lire; il m'a encore plus diverti que toutes ces plaisanteries de ferney, et cependant je n'ai pas à me reprocher de n'avoir pas assez ri à la lecture des dernieres. C'est une chose bien ridicule que la vanité entée sur la sottise. Le discours du chanoine régulier était depuis quelques mois incognito dans la boutique des Grues; depuis l'arrivée des petites feuilles de ferney tout le monde se l'arrache. Le Libraire ne conçoit rien à ce changement; il prétend qu'il faut bien du tems pour que les bonnes choses percent dans Paris. Prions le Dieu de Pompignan qu'il nous conserve son favori le franc qui dans ce siecle corrompu est le plus respectable appui de notre sainte religion, comme il est (s'il est permis d'associer en sa faveur deux métaphores disparates) le pivot et la source de toute bonne plaisanterie.

15 mars 1763

174. Best.D11041. G.1138.E, ff.48v, 50r; S.VU.29.4; n.a.f.12961, ff.33v-34r. A la suite de cette pièce, Grimm ajoute (G.1138.E, f.50v):

La musique dont M. de Voltaire parle dans cette lettre était la chanson de simon le franc, son favori, et les autres petites feuilles touchant M. le Marquis de Pompignan. La félicité est un petit roman de M. l'Abbé de Voisenon imprimé depuis plus de dix ans et qu'il avait envoyé à Ferney avec son discours. M. de Voltaire l'appelle par plaisanterie depuis bien du temps l'Evêque de Montrouge parce qu'il a demeuré longtemps à Montrouge chez M. le Duc de La Vallière, où il passait sa vie à chasser et à faire des vers ou de petits romans fort gaillards.

1er avril 1763

175. Best.D11121. G.1138.E, f.54; S.VU.29.4.

15 juin 1763

176. Best.D11270: extrait, de 'Quelqu'un ayant dit' jusqu'à 'et nous rirons mes frères'. CLT.v.316-17; G.1138.E, ff.97v-98r; S.VU.29.4.

1er juillet 1763

177. *Omer Joly de Fleury étant entré*: texte complet (M.xxiv.467-68). G.1138.E, ff.108v-109v; S.VU.29.4. Cette pièce est annoncée ainsi: 'M. de Voltaire devait un hommage à la sagesse qui reconnue de tout le monde a dicté l'arrêt de la cour de Parlement sur le fait de l'inoculation, et il n'a pas tardé à s'acquitter de sa dette. Voici ce qui nous arrive des Délices en ce moment.'

1er août 1763

178. Best.D.app.233: texte complet avec variantes. CL.1813.iii.460-61; G.1138.E, f.125r; S.VU.29.4.

179. Best.D11306. CL.1813.iii.462-63; G.1138.E, f.125; S.VU.29.4.

180. Best.D11322. CL.1813.iii.463-64; G.1138.E, ff.125v-26r; S.VU. 29.4.

181. *Catéchisme de l'honnête homme*: texte incomplet avec variantes (M.xxiv.522-41). G.1138.E, ff.126v-31v.

15 août 1763

182. Best.D11316. CLT.v.357-359; G.1138.E, ff.135v-36v; S.VU.29.4. Le texte des manuscrits et de CLT est plus complet que Best.D11316, où il manque le passage 'Au bas du monument' jusqu'à 'la plus respectueuse reconnaissance'.

183. Best.D11350. CLT.v.359-60; G.1138.E, f.136*v*; S.VU.29.4.

1er septembre 1763

184. Best.D11351. CL.1813.iii.471; G.1138.E, f.143*v*; S.VU.29.4.

185. Best.D11359. CL.1813.iii.472; G.1138.E, ff.143*v*-44*r*; S.VU.29.4. Le texte des manuscrits est plus complet que celui de CL.1813, mais présente des variantes avec Best.D11359.

186. Best.D11365. CL.1813.iii.472-73; G.1138.E, f.144*r*; S.VU.29.4. Le texte des manuscrits est plus complet que celui de CL.1813, mais présente des variantes avec Best.D11365.

187. Best.D11360. CL.1813.iii.474; G.1138.E, f.144*v*; S.VU.29.4.

188. Best.D11370: texte complet avec variantes. CL.1813.iii.474-475; G.1138.E, f.144*v*; S.VU.29.4.

15 septembre 1763

189. Best.D11376: texte complet avec variantes. G.1138.E, ff.148*v*-49*r*; S.VU.29.4.

190. Best.D11379: texte incomplet. G.1138.E, f.149*r*; S.VU.29.4.

191. Best.D11384: texte incomplet. G.1138.E, f.149*r*; S.VU.29.4.

192. Best.D11393: texte incomplet. G.1138.E, f.149; S.VU.29.4.

193. Best.D11395: texte complet avec variantes. G.1138.E, f.149*v*; S.VU.29.4.

194. Best.D11403: texte incomplet. G.1138.E, ff.149*v*-50*r*; S.VU.29.4.

195. Best.D11417: texte incomplet. G.1138.E, f.150*r*; S.VU.29.4.

196. Best.D11426: texte incomplet avec variantes. G.1138.E, f.150; S.VU.29.4.

A la suite de cette pièce, Grimm ajoute:

J'avais chargé un frere de proposer à M. de Voltaire pour l'inscription de la Statue de Rheims, le vers
         En faisant des heureux, un roi l'est à son tour.

qui se trouve dans la tragédie de Mariamne; il a raison de ne vouloir pas se copier. Les vers qu'il a envoyés dans cette dernière Lettre, valent sans doute mieux que ce qu'il avait envoyé auparavant; mais je crois que le grand apôtre a tort de donner aux vers l'avantage sur la prose pour le Stile Lapidaire. La prose est bien plus Susceptible de Simplicité et de force qui sont de l'essence de ce stile, au lieu que le vers français a presque toujours de la tournure, et la tournure est mortelle aux inscriptions. Le Philosophe Diderot a essayé de faire une inscription en prose pour la Statue de Rheims à peu près en ces mots

1748

Il rendit les Provinces conquises par ses armées.

Ses Peuples l'aimèrent, et ses ennemis le respectèrent.

Du moins cela n'est pas fluet comme les vers français qui sont cependant du meilleur faiseur du Royaume. Je connais une place en Europe qui pourrait aussi être decorée d'une Statue, au bas de la quelle on pourrait mettre:

Toutes les Puissances de l'Europe se

réunirent et disparurent devant lui.

Et par ce mot on n'en aurait pas caractérisé les traits, on n'aurait marqué qu'un simple événement.

15 novembre 1763

197. *Epigramme*, 'Savez-vous pourquoi Jérémie' (M.x.560). G.1138.E, f.180*v*; S.VU.29.4; n.a.f.12961, f.62*v*; G.1138.M, f.78*r*.

198. S.VU.29.4: 'Voici un petit papier qui nous arrive des Délices, et qui sera sans doute suivi de quelques autres': nous ignorons quel est ce 'petit papier', aucun texte ne suivant cette annonce.

1er décembre 1763

199. *A l'Impératrice de Russie Catherine II, qui invitait l'auteur à faire un voyage dans ses états*, 'Dieux qui m'ôtez les yeux et les oreilles' (M.x.573). CLT.v.418-19 (15 décembre 1763); G.1138.E, f.195.

200. *Remarques pour servir de supplément à l'Essai sur les mœurs* G.1138.E, f.195*v*:

Cet illustre écrivain vient de nous envoyer une nouvelle brochure de 86 pages intitulée Remarques pour servir de supplément à l'essai sur l'histoire générale. Il y traite vingt deux articles la plupart tres intéressants comme de Mahomet, de la grandeur temporelle, des Califes et des Papes, du Sadder, des moines, des croisades, des querelles de Religion, du protestantisme, que des usages méprisables ne supportent pas toujours une nation méprisable. Il y en a quelques uns de légers comme celui des Egyptiens, celui de la population, qui est même de mauvais esprit. Mais dans la totalité vous trouverez ce ton philosophique instructif et séduisant qui caractérise la production de M. de Voltaire. cela est très agréable à lire, on nous annonce un autre de ses ouvrages sur la tolérance à l'occasion de la catastrophe du malheureux Calas de Toulouse. Au milieu de tout cela, il n'oublie pas l'instruction pastorale de son ami Jean Georges le Franc de Pompignan, Evêque du Puy en Vélay, comme vous verrez par la lettre d'un Quakre à la suite de ces feuilles.

La *Lettre d'un Quakre* ne figure pas dans le manuscrit.

15 décembre 1763

201. *Ce qui plaît aux dames*: texte complet avec variantes (M.x.9-19). G.1138.E, ff.201r.-206v; S.VU.29.4. Grimm ajoute (G.1138.E, f.207r):

Il n'est pas nécessaire de vous dire que ce morceau plein de charme et de poésie nous vient des Délices. Quel autre que M. de Voltaire pourrait avoir écrit ce conte? Nous n'avons pas en France un seul poète qui approche de cette pureté, de cette force, de cette élégance, de ce coloris plein de charme et de séduction. Ce morceau est d'une poésie si fraiche, s'il est permis de parler ainsi, que les critiques des siècles à venir auront de la peine à le compter parmi les productions de vieillesse de notre homme universel. au reste le fond du sujet est tiré d'un vieux roman, de Shaucer, si je ne me trompe. Il a été imité en anglais par Dryden, mais sans l'avoir vu je parie que le conte françois lui est très superieur par la manière de conter et par la grâce et l'agrément infini de ses détails. les lettres de Genève nous annoncent successivement une demie douzaine de pareilles contes pour nous aider à passer les soirées de cet hiver.

202. Best.D11502: texte complet. G.1138.E, f.207v; S.VU.29.4. Cette pièce est annoncée ainsi: 'Voici la Réponse que M. de Voltaire a faite à la lettre de M. de la Harpe qu'on lit à la suite de sa tragédie de Warwick'.

203. *A la requête de Messire comte de Créqui Canaple*: texte complet avec variantes (M.xx.277). CLT.v.423-24; G.1138.E, f.208r; S.VU.29.4.

204. Best.D11577: extrait, de 'Simon Lefranc qui toujours se rengorge' jusqu'à 'Simon le cède à son puiné Jean Georges'. G.1138.E, f.208v; S.VU.29.4. Cette pièce est annoncée ainsi: 'Voici un couplet Venu des Délices pour l'ami Jean-Georges sur l'air d'un inconnu'.

1er janvier 1764

205. *Gertrude*: texte complet (M.x.26-29). G.1138.E, ff.211r-12v;

S.VU.29.5; G.1138.E, ff.89r-90v (1er juin 1763). A la suite de cette pièce, Grimm ajoute: 'Voila donc le second conte qui nous arrive des Délices. M. de Voltaire ne nous laisse pas languir. Il [CLT.v.428: à écrit à un certain M. Dupont la lettre suivante au sujet de la *Richesse de l'Etat*:]

206. Best.D11369: texte incomplet. CLT.v.428-29. G.1138.E, ff.212v-13r; S.VU.29.5; G.1138.E, f.90v (1er juin 1763). La présence des pièces 205 et 206 dans la livraison du 1er juin 1763 de G. semble être le résultat d'une compilation des relieurs.

15 janvier 1764
207. Best.D11616. G.1138.E, ff.228v-29v; S.VU.29.5.

1er février 1764
208. Best.D11137. CLT.v.448; G.1138.E, f.235; S.VU.29.5.

209. *Ce qui plaît aux dames* (M.x.15). G.1138.E, f.238v; S.VU.29.5: 'Correction envoyée par M. de Voltaire. Il y a un vers d'oublié dans ce qui plait aux dames. Oublié –

> Et vous, Madame, en ce palais de gloire,
> Quand vous couchez côte à côte du Roi
> Dormez-vous mieux, aimez-vous mieux que moi?'

15 février 1764
210. *Macare et Thélème*: texte complet (M.x.41-44). G.1138.E, ff.242v-44r; S.VU.29.5. Cette pièce est précédée de l'annonce suivante: 'L'auteur en envoyant ce conte à M. Le Duc de la Vallière, grand fauconnier de France, l'accompagna du billet que voici'. Ce billet est la pièce 211.

211. Best.D11684. G.1138.E, f.242r; S.VU.29.5.

1er mars 1764
212. *Les Trois manières*: texte complet avec variantes (M.x.30-40). G.1138.E, ff.248r-53v; S.VU.29.5.

15 mars 1764
213. *L'Education d'un prince*: texte complet (M.x.20-25). G.1138.E, ff.259r-62r; S.VU.29.5.

1er avril 1764

214. *La Pucelle* (chant dix-huitième): avec variantes (*La Pucelle d'Orléans*, éd. J.Vercruysse, pp.532-46). G.1138.E, ff.267r-72v; S.VU. 29.5. A cette pièce qui comporte des additions aux variantes de l'édition Vercruysse, Grimm ajoute: 'Ce nouveau chant que l'auteur de la Pucelle vient d'ajouter à son poème, ne sera pas regardé comme le meilleur'.

15 avril 1764

215. *Azolan*: texte complet (M.x.45-47). G.1138.E, ff.277r-78r; S.VU. 29.5.

1er mai 1764

216. *L'Origine des métiers* (M.x.48-49). G.1138.E, f.283; S.VU.29.5.

15 mai 1764

217. Best.D11665. G.1138.E, f.289; S.VU.29.5.

218. Best.D11876. G.1138.E, f.290; S.VU.29.5.

219. Best.D11889. G.1138.E, ff.290v-91r; S.VU.29.5.

1er juin 1764

220. Best.D11771: texte complet avec variantes. G.1138.E, ff.295v-96r; S.VU.29.5.

221. Best.D11783: texte complet avec variantes. G.1138.E, ff.296r-97r; S.VU.29.5.

15 juillet 1764

222. *Le Triumvirat*: addition au compte rendu de Grimm. G.1138.E, ff.331r-33r; S.VU.29.5:

[CLT.vi.32: et je ne serais pas éloigné de croire cette pièce l'ouvrage d'un homme de collège.] Je vais donner ici un précis de cette tragédie, apres avoir remarqué qu'un de ses principaux défauts c'est une complication inutile de la fable, ou plutôt une fable mal expliquée dont l'obscurité refroidissant la curiosité du spectateur, a beaucoup nui au succès de la pièce. Il faudra donc tâcher de mettre dans ce précis une clarté qui ne se trouve pas dans l'Original.

Acte premier

Le lieu de la scène est dans une isle sur les bords du Rubicon. C'est là que l'armée des Triumvirs est campée. On voit dans l'éloignement les murs de Rome. Les Triumvirs se proposent de se rendre au Capitole le lendemain, et d'y fixer par un pacte solemnel la destinée de l'empire du monde. Un orage affreux a duré toute la nuit. Nous en voyons encore la fin, car la pièce commence avec le jour; les vents sifflent, les éclairs percent les nuages de toutes parts, le tonnerre gronde encore, et l'orchestre joue une tempête pour rendre le tableau plus effrayant; c'est le commencement d'un Opéra. A la fin les élémens s'appaisent. Fulvie paroit avec sa suivante. C'est la femme de Marc Antoine qu'il va répudier pour épouser la soeur d'Octave, union que la Politique rend nécessaire. Fulvie est extrêmement irritée de cet affront. Elle s'exhale en longues plaintes contre son mari et contre le Triumvirat. Elle fait un tableau des crimes, des proscriptions, de toutes les horreurs qui en ont été la suite. Elle forme des projets de vengeance. Elle atteste les manes des Scipions, des Catons, du grand Pompée, et surtout du grand Cicéron si lâchement sacrifié par Octave à la haine de Marc Antoine. Elle tire de sinistres présages pour les Triumvirs de l'effroyable orage de cette nuit, et cela est assez dans l'esprit de ces temps-là: les femmes et les esprits foibles consultoient les Augures et les signes, lorsque les grands hommes ne suivoient que leur ambition et leur génie. Cette scène est fort longue, obscure et inutile. On y apprend qu'Octave aime éperduement Julie de la famille de César qui de son côté est violemment éprise du jeune Pompée proscrit par les Triumvirs, et fugitif pour dérober sa tête à leurs poursuites.

Marc-Antoine paroit. Sa femme éclate en reproches. Il lui fait sentir la nécessité de ce divorce et de son mariage avec la soeur d'Octave. Il conservera d'ailleurs pour elle l'intérêt le plus vif. Fulvie sans perdre sa fierté paroit s'appaiser. Elle conjure Antoine de mettre fin aux horreurs des proscriptions, et lui demande nommément la vie du jeune Pompée; mais Antoine en insistant sur la nécessité absolue de ces actes de rigueur, reste inflexible. Il ne cache pas même à Fulvie qu'il se flate que son intercession est trop tardive, et que le jeune Pompée a déjà subi son arrêt; mais un Tribun qui paroit au même instant lui apprend que Pompée s'est dérobé à ses poursuites, et qu'il a pris le chemin des Gaules, sans doute pour aller en Espagne se joindre aux enfants de Caton d'Utique.

Quoiqu'on ne conçoive pas pourquoi Fulvie prend un intérêt si vif à Pompée, le refus de Marc-Antoine met le comble à sa fureur. Elle espère dans le génie de Rome, dans les présages de cette nuit; elle annonce la colère des Dieux sur le Triumvirat; mais son mari la quitte, aussi peu touché de ses prédictions que peu sensible aux courroux d'une femme.

Acte Second.

Cet acte commence par l'entrevue de Marc-Antoine et d'Octave. Il s'agit avant d'entrer dans Rome pour se rendre au Capitole, de régler entre eux leurs intérêts mutuels; il s'agit du partage du monde. Dans cet arrangement Lepide est sacrifié. Octave se réserve l'Italie, l'afrique et toute l'Europe; il abandonne à Marc-Antoine la Grece et toute l'Asie. Octave veut qu'après avoir trop multiplié les actes de sévérité, il y ait un terme aux proscriptions. Antoine demande encore quelques têtes; Octave en accorde quelques unes, en refuse d'autres, et efface lui-même plusieurs noms des tables de proscription. Ils conviennent tous deux de la nécessité de sacrifier à leur sûreté le jeune Pompée dont le nom trop cher à Rome seroit toujours le signal de la liberté.

Le projet de cette scène qui se passe sous une tente, est grand et beau. L'exécution n'y répond qu'imparfaitement; le ton cependant en est romain et vraiment dans la tournure de ce siècle de grandeur, de génie et de crimes. Je suis persuadé que cette scène auroit fait un très grand effet, si les acteurs avoient voulu seconder le poëte, et avoir l'air de délibérer en maitres du monde, au lieu de réciter comme des machines ce qu'on voyoit bien qu'ils avoient appris par coeur.

L'arrivée de Fulvie met fin à leur entretien dans lequel Octave avoit encore confié à Antoine son amour pour Julie qu'il soupçonnoit déjà d'aimer Pompée; ce qui achève de rendre la condamnation de celui-ci irrévocable. Fulvie paroit ici sans sujet, seulement pour faciliter aux Triumvirs le moyen de quitter le théâtre. Elle hait également son mari qui vient de la répudier, et le faux et perfide Octave qui avoit feint anciennement de l'amour pour elle. Elle est occupée de sa vengeance, lorsqu'elle apperçoit une femme se débattre entre les rochers de la rive du Rubicon. Cette femme est Julie. Elle avoit accompagnée Pompée dans sa fuite, après s'être unie à lui par un mariage secret. Ils avoient fait naufrage pendant l'épouvantable orage de cette nuit, et ils s'étoient sauvés tous les deux entre les rochers de ce rivage où Pompée étoit resté caché. Julie s'étant hazardée à reconnoitre les lieux qui environnent leur asyle, rencontre ici Fulvie. Elle reconnoit en elle la femme de Marc-Antoine, et cette rencontre n'est pas propre à diminuer ses craintes. Fulvie la rassure; en lui apprenant son divorce et la haine qu'elle ressent pour les Triumvirs. Sur cette confidence Julie se confie en elle par degrés jusqu'à lui apprendre enfin sa haine pour Octave, son mariage avec Pompée et le triste asyle où celui-ci respire. Lorsque toutes ces confidences sont faites, elles se retirent ensemble pour aviser au parti qu'il conviendra de prendre.

Acte Troisième

Au commencement de cet acte, le jeune Pompée suit l'exemple de Julie, et sort de son asyle. Il nous apprend que ni Marc-Antoine ni Octave le connoissent de figure, ce qui est fort étrange, quoique commode au poëte. Il a des projets de vengeance fort vagues. Fulvie et Julie lui envoient un esclave pour lui donner de leurs nouvelles, et le conjure de se tenir caché jusqu'à ce qu'il puisse tenter quelque chose avec l'apparence du succès. Tandis qu'il bavarde avec cet esclave fort inutilement, les Triumvirs arrivent. On craint d'abord que Pompée ne devienne la victime de son imprudence. On s'attend à quelque scène terrible. Point du tout. Les Triumvirs demandent quel est ce soldat? Dans son embarras Pompée répond très étourdiment qu'il est d'une naissance obscure, mais qu'il médite une illustre vengeance. En ce cas-là, disent les Triumvirs, mettez-vous aux trousses du jeune Pompée, apportez-nous sa tête, et recevez le Prix qui est promis à cet exploit. L'en voilà quitte à bon marché.

Il sort. Antoine se retire, et Octave fait appeller Julie dont il a appris le retour. Il lui parle de sa passion; il lui promet de grands avantages pour elle et pour tous les siens. Il renoncera à toute sévérité; le bonheur de Rome et du monde entier sera l'ouvrage de Julie. Julie répond à ces avances avec beaucoup de noblesse et de fermeté. Elle lui déclare qu'elle ne sera jamais sa femme; elle le conjure d'accorder la paix au monde par des motifs plus nobles que ceux d'une passion aveugle pour une femme qui n'y peut répondre; elle lui dit qu'en mettant fin à ses cruautés, il peut encore devenir un objet d'amour et d'estime pour Rome. Il y a dans cette scène beaucoup de choses qui sont bien. Octave est ému, mais ne peut se résoudre aux sacrifices que Julie lui demande.

Acte quatrième.

Le jour commence à baisser. La nuit approche. C'est le moment où Fulvie compte exécuter ses projets de vengeance. Les Triumvirs sont endormis dans leurs tentes; leurs gardes ne veillent pas plus qu'eux. Rien n'est plus aisé que de les aller poignarder, et les faire passer ainsi du sommeil à la mort. Le jeune Pompée a quelques scrupules à la Françoise sur cette manière de se venger; mais Fulvie les lève bien vite en lui montrant l'alternative ou de délivrer Rome de ses oppresseurs en vengeant sa propre querelle, ou de voir le lendemain Julie dans les bras d'Octave.

Tandis que Pompée va égorger son rival et son ennemi dans sa tente au milieu des siens, et que le Poëte pour seconder ses desseins, endort tout le monde, Fulvie se détermine à une pareille expédition dans la tente de Marc-Antoine. Elle va l'égorger de ses propres mains, et laisse Julie qui est survenue et qui ne scait rien de tous ces complots, dans une grande perplexité.

Pompée revient bientôt, l'épée à la main, la tirer de cette incertitude. Il vient d'assassiner Octave; il espère que Fulvie aura puni Marc-Antoine de la même manière. Rome sera libre, et leurs malheurs communs seront finis.

Acte cinquième.

Les Triumvirs reparoissent, et ne s'en portent que mieux, Antoine conte à Octave qu'il s'est réveillé fort à propos pour prévenir les coups de Fulvie.

Octave lui apprend à son tour qu'il a trouvé l'homme qui couchoit dans sa tente, égorgé. Il ne dit pas qui étoit cet homme-là, mais il a assez d'esprit pour sentir que c'est à lui qu'on en vouloit et que l'autre n'a été immolé que par méprise. Cependant l'assassin est encore inconnu. On amène le jeune Pompée sur qui tous les soupçons se réunissent, quoique sa naissance soit toujours cachée. Antoine ordonne qu'il soit livré aux tortures pour lui arracher l'aveu de son crime et de ses complices. Dans cette extrémité, le jeune Pompée dévoile un secret que les mortelles inquiétudes de Julie avoient déjà à moitié trahi; il déclare sa naissance. Bien loin d'avoir regret à son action, il voudroit à l'exemple de Scévola livrer son poing au feu pour avoir manqué son ennemi. Octave moins touché de la fermeté et de la vertu de ce jeune héros, que sollicité par sa politique à mettre fin aux meurtres et à conserver l'empire du monde à force de clémence et de vertu, se détermine tout à coup malgré toutes les représentations de Marc-Antoine, à pardonner au jeune Pompée, et à lui céder Julie qui venoit de déclarer son mariage. C'est sur ce nouveau plan qu'Octave désormais compte retenir l'empire, et c'est avec ces dispositions qu'il prend congé du parterre.

[Cette tragédie est tombée et n'a point reparu . . .]

223. *Supplément du discours aux Welches*: texte complet (M.xxv.249-54). G.1138.E ff.335*r*-37*v*; S.VU.29.5. Grimm ajoute: 'Ce morceau vient de nous arriver des Délices. Nota: je crois que Givia d'Amalphi a inventé la boussole et non les lunettes et que M. Antoine Vadé se trompe sur cet article.'

1er août 1764

224. *Seconde lettre d'un Quaker*: texte complet avec variantes (M.xxv. 141-44). G.1138.E, ff.342*v*-44*r*; S.VU.29.5. Cette pièce est annoncée ainsi:

Comme le grand Prieur des Délices n'aime pas à être en reste avec personne, son ami le Quaker a cru devoir une nouvelle semonce à l'ami Jean George, Evêque du Puy en Velay, à cause d'une réponse fort mauvaise qui a paru à la première lettre du bon Quaker. Je ne crois pas que l'ami Jean George ait eu la moindre part à cette réponse. Quoique lui et M. Cortiat ne soient pas des aigles, ils n'auraient pas répondu si platement; mais enfin une correction charitable doit toujours être bien venue chez un Prélat qui aime à faire son salut, et il est bien simple que nous autres fidèles cherchions à en profiter. Voyons donc la nouvelle Pastorale du bon Quaker.

15 août 1764

225. *Sur l'usage de la vie* (M.x.94-96). G.1138.E, ff.353*v*-54*v*; S.VU. 29.5. Grimm annonce cette pièce ainsi: 'Les vers suivants de M. de

Voltaire sont très anciens, mais je ne les ai jamais vus imprimés nulle part.'

1er septembre 1764

226. Best.D11466. CL.1813.iv.184; G.1138.E, f.364r; S.VU.29.5.

227. Best.D11475: texte incomplet. CL.1813.iv.184-85; G.1138.E, f.364; S.VU.29.5.

228. Best.D11483. CL.1813.iv.185-86; G.1138.E, f.364v; S.VU.29.5.

229. Best.D11498, D11523: extrait (voir notes textuelles de Best. D11498). CL.1813.iv.186; G.1138.E, ff.364v-65r; S.VU.29.5.

230. LES CHEVAUX / ET / LES ANES. / OU / ETRENNES AUX SOTS. / [vignette]. /
Petit in-12 de 6 pages, s.l.n.d. G.1138.E, ff.366r-68v. Cet imprimé est identique à l'exemplaire de la BN, cote YE.34984 (Bengesco, i.197).

231. [*double filet*] / INSTRUCTION / PASTORALE / *De l'humble évêque d'Alétopolis,* / *à l'occasion de l'Instruction pasto-* / *rale de Jean George humble évê-* / *que du Puy.* /
Petit in-12 de 5 pages + 1 page blanche non chiffrée, s.l.n.d. G.1138.E, ff.371r-73v. Bengesco (ii.123) n'avait pu voir cette pièce.

232. LETTRE D'UN QUAKRE, / A / JEAN-GEORGE LE FRANC DE POM- / PIGNAN, *évêque du Puy en vélai,* / Ec. Ec., digne frère de Simon le Franc / de Pompignan. /
In-12 de 14 pages, s.l.n.d. G.1138.E, ff.374r-80v. Un exemplaire de cet imprimé existe à la BN sous la cote Ln[27]. 12059 (voir Bengesco, ii.123-24).

15 septembre 1764

233. Best.D12073. G.1138.E, f.388. Au texte de cette lettre, Grimm ajoute les notes suivantes: 'C'est donc de votre estomac et non pas de votre cœur (a) que vous vous plaignez – (a) M. de Voltaire avait mandé à M. D'Alembert qu'on disait qu'il était amoureux; Vous me parlez souvent d'un certain homme (b)-(b) Le Roi de Prusse'.

234. *Dictionnaire philosophique*, 'Apis': texte complet de l'édition de 1764 avec variantes (M.xvii.286-87). S.VU.29.5.

235. *Dictionnaire philosophique*, 'Gloire': texte de l'édition de 1764 (M.xix.266-67). S.VU.29.5.

1er octobre 1764

236. Best.D11535: texte incomplet. CL.1813.iv.232-33. G.1138.E, f.395*v*; S.VU.29.5.

237. Best.D11549: texte incomplet. CL.1813.iv.233-34. G.1138.E, ff.395*v*-96*r*; S.VU.29.5.

238. Best.D.11568: texte incomplet. CL.1813.iv.234; G.1138.E, f.396*r*; S.VU.29.5.

239. Best.D11577: texte incomplet. CL.1813.iv.235; G.1138.E, f.396; S.VU.29.5.

240. Best.D11581: texte incomplet avec variantes. CL.1813.iv.236; G.1138.E, f.396*v*; S.VU.29.5.

241. Best.D11598: texte incomplet. CL.1813.iv.236-37; G.1138.E, f.396*v*; S.VU.29.5.

242. *Dictionnaire philosophique*, 'Fanatisme': texte de l'édition de 1764 (M.xix.79-81). S.VU.29.5.

243. *Dictionnaire philosophique*, 'Tyrannie' (M.xx.544-45). S.VU.29.5.

244. *Dictionnaire philosophique*, 'Convulsions' (M.xviii.268-69). S.VU.29.5.

15 octobre 1764

245. Best.D11617: texte incomplet. G.1138.E, f.403*v*; S.VU.29.5.

246. Best.D11641, D11651: extraits. G.1138.E, ff.403*v*-404*r*; S.VU.29.5.

247. Best.D11664, D11656: extraits. G.1138.E, f.404*r*; S.VU.29.5.

248. Best.D11670: texte incomplet. G.1138.E, f.404; S.VU.29.5.

249. Best.D11679: texte incomplet. G.1138.E, f.404v; S.VU.29.5.

1er novembre 1764
250. Best.D11681, D11688: extraits. G.1138.E, f.411v; S.VU.29.5.

251. Best.D11699: texte incomplet. G.1138E, ff.411v-12r; S.VU.29.5.

252. Best.D11715: texte incomplet avec variantes. G.1138.E, f.412; S.VU.29.5. On y relève notamment l'addition suivante: 'Je reçois de mon mieux M. le Comte de Cratz'.

253. Best.D11747, D11739: extraits. G.1138.E, f.412v; S.VU.29.5.

15 novembre 1764
254. *Questions proposées à qui voudra et pourra les résoudre:* texte complet avec variantes (M.xxv.257-60). G.1138.E, ff.419v-20v; S.VU.29.5. Grimm annonce ainsi cette pièce: 'Voici quelques scrupules qui sont venus depuis peu au patriarche des Délices et qu'il vient de communiquer aux fidèles en toute confiance'.

1er décembre 1764
255. Best.D11763, D11739: extraits. G.1138.E, f.427r; S.VU.29.5.

256. Best.D11784: texte incomplet, daté du 15 mars 1764. G.1138.E, f.427; S.VU.29.5.

257. Best.D11808: texte incomplet. G.1138.E, f.427v; S.VU.29.5.

258. Best.D11831: texte incomplet. G.1138E, ff.427v-28r; S.VU.29.5.

259. Best.D11844, D11836: extraits. G.1138.E, f.428v; S.VU.29.5.

260. Best.D11844, D11857: extraits. G.1138.E, f.428v; S.VU.29.5.

261. Best.D11860: texte incomplet. G.1138.E, f.428v; S.VU.29.5.

15 décembre 1764

262. Best.D11863, D11873: extraits avec variantes. G.1138.E, f.437; S.VU.29.5.

263. Best.D11879: texte incomplet avec variantes. G.1138.E, f.437*v*; S.VU.29.5. Dans S, le passage 'Il m'a dit que le nouveau catéchisme imprimé à Stockholm' jusqu'à 'catéchisme des Welches' a été censuré.

264. Best.D11901, D11896, D11901: extraits. G.1138.E, ff.437*v*-38*r*; S.VU.29.5.

265. Best.D11922, D11914, D11919: extraits. G.1138.E, f.438; S.VU. 29.5.

266. Best.D11945, D11938, D11945: extraits. G.1138.E, f.438*v*; S.VU.29.5.

267. Best.D11955: texte incomplet. G.1138.E, f.439*r*; S.VU.29.5.

1er janvier 1765

268. *Les matinées du roi de Prusse* (1-5). G.1138.F, ff.5*r*-12*v* (cf. Bengesco, iv.352-56).

15 janvier 1765

269. *A Monsieur de La Noue*, 'Mon cher La Noue, illustre père': texte complet avec variantes (M.x.526). G.1138.F, f.20; S.VU.29.6.

270. Best.D12001: texte incomplet. G.1138.F, f.20*v*; S.VU.29.6.

1er février 1765

271. *Epître à m. le Chevalier de Boufflers*, 'Croyez qu'un vieillard cacochyme' (M.x.389-90). G.1138.F, ff.26*v*-27*r*; S.VU.29.6. Cette épître est datée de 1766 par Beuchot. Bengesco i.240 corrige Beuchot en fonction des *Mémoires secrets* qui en citent les derniers vers le 20 février 1765. Ils ont été repris dans l'*Almanach des muses* (1766), pp.7-8: 'Réponse de M. de Voltaire'.

272. *Réponse de M. Panard, auteur du fossé des scrupules, à M. L'Affichard, souffleur de la Comédie italienne, et célèbre poète dramatique*, 'Je

fus dans mon printemps guidé par la folie' (*Œuvres du chevalier de Boufflers* (La Haye 1789) pp.108-109). G.1138.F, f.27; S.VU.29.6. Ces vers de Boufflers sont repris dans l'*Almanach des muses* de 1766, pp.5-6: 'Epître de M. le Chevalier de Boufflers à M. de Voltaire'. La *CL* en accord avec les *Mémoires secrets* considère que c'est l'épître de Boufflers qui est une réponse à 'L'Epître à M. le Chevalier de Boufflers par M. L'Affichard tirée du Mercure galant' (cf. le no.271) que Voltaire lui avait adressée. Cependant, la lettre ix (*Œuvres du chevalier de Boufflers*, pp.105-13) situe l'épître de Voltaire comme une réponse aux vers de Boufflers (cf. Bengesco, i.240). On notera, néanmoins, que Boufflers écrit dans cette même lettre: 'Enfin, j'ai rompu le vœu que j'avais fait de ne point faire de vers chez Voltaire, il m'en a fait de si jolis que cela est devenu pour moi une affaire de reconnoissance' (p.106). Boufflers ajoute: 'Souvenez-vous de moi, Madame, auprès de vous et auprès du Roi, dites-lui de ma part sur la nouvelle année . . . ' (p.110). Il faudrait donc dater cette lettre et les pièces 271 et 272 du début janvier 1765.

273. Best.D12009: texte incomplet avec variantes. G.1138.F, f.29; S.VU.29.6.

274. Best.D12008. G.1138.F, f.29*v*; S.VU.29.6.

275. Best.D11975: texte complet avec variantes. G.1138.F, f.31*r*; S.VU.29.6 (1er janvier 1765).

276. Best.D11978: texte incomplet. G.1138.F, f.31; S.VU.29.6 (1er janvier 1765).

277. Best.D11985: texte incomplet. G.1138.F, f.31*v*; S.VU.29.6 (1er janvier 1765).

15 février 1765
278. Best.D12013: texte incomplet. G.1138.F, f.39*v*; S.VU.29.6.

279. Best.D12035: texte incomplet. G.1138.F, f.39*v*; S.VU.29.6.

15 mars 1765
280. Best.D12348. CLT.vi.232-33; G.1138.F, f.56*v*; S.VU.29.6.

281. Best.D12413. G.1138.F, f.57; S.VU.29.6. Grimm annonce ainsi cette pièce:

[CLT.vi.233: si je ne remarquais pas dans ses lettres particulières toujours le même fonds de gaieté.] Les lettres secrettes qu'on a imprimées en Hollande, il y a trois ou quatre mois, avoient été écrites originairement à un certain M. Berger, homme fort obscur. Celui-ci a cru devoir protester à M. de Voltaire qu'il n'a nulle part à la publication de ces lettres. Il vient de recevoir la réponse suivante.

1er avril 1765

282. Best.D12042: texte incomplet. G.1138.F, ff.64v-65r; S.VU.29.6.

283. Best.D12059: texte incomplet. G.1138F, f.65r; S.VU.29.6.

284. Best.D12076: texte incomplet. CL.1813.iv.338-39; G.1138.F, f.65v; S.VU.29.6. Le texte de Best.D12083 fait partie de Best.D12076 et ne constitue pas, comme tend à l'indiquer Besterman, une lettre du 12 septembre 1764. Best.D12083 est à éliminer du corpus de la correspondance.

285. Best.D12091: texte incomplet. CL.1813.iv.340-41; G.1138.F, f.65v; S.VU.29.6.

286. *Les matinées du roi de Prusse* (1-7). G.1138.F, ff.66r-91v. (cf. no. 268).

15 avril 1765

287. Best.D12437: extrait, de 'Vous savez penser comme écrire' jusqu'à 'Je le crois dieu bien davantage'. G.1138.F, f.94v; S.VU.29.6. Ces vers de Voltaire à Villette insérés par Besterman dans Best.D12437 semblent avoir été adressés séparément à leur destinataire qui était à Ferney (cf. Best.D12418 où la note 2 est à corriger). Grimm annonce ainsi cette pièce:

A la visite de M. le Chevalier de Bouflers au chateau de Ferney a succédé celle de M. le Marquis de Villette, fils d'un ancien Trésorier de l'Extraordinaire des guerres; mais quoi que celui-ci ait de la folie comme le premier, et même la folie des vers, ce n'est pas la même chose: M. de Villette est une espece qui n'a point du tout les agrémens ni l'étoffe du Chevalier de Bouflers. Il scandalisa l'été dernier tout Paris par la supposition fort absurde d'un duel où pour se donner une réputation de bravoure il prétendoit avoir tué son adversaire. Cet esclandre le fit enfermer pendant quelques mois dans une citadelle d'Alsace d'où il paroit avoir gagné la Suisse après avoir recouvré sa liberté. On mande de Geneve que M. de Villette ennuie un peu M. de Voltaire, mais celui-ci est aussi très doux, très poli et fort patient. M. de Villette lui avoit adressé un Mémoire sur la tolérance à accorder aux Réformés en Alsace; ce Mémoire étoit précédé de vers à la louange de M. de Voltaire qui y a répondu par les vers suivants.

288. *Autres vers de M. de Villette à M. de Voltaire*: G.1138.F, ff.94*v*-95*r*; S.VU.29.6 (voir E. Lizé, 'Deux inédits de Charles Michel, marquis du Plessis-Villette, à Voltaire', *Rhl* (1974), lxxiv.483-85):

> Chanter les héros et les dieux
> Les plaisirs, l'amour et les Belles,
> Monter aux voutes éternelles,
> Mesurer l'espace et les Cieux,
> Rentrer en soi-même, en connoitre
> Les principes et les effets,
> Porter le flambeau dans son être,
> Voir la nature et ses secrets,
> Suivre dans leur course infinie
> Et les Lockes et les Neutons,
> En nous expliquant leurs leçons
> Les animer de son génie;
> Seul faire avouer à l'envie
> Qu'on a les dons surnaturels
> Que pendant la plus longue vie
> N'acquerroient jamais vingt mortels;
> Joindre à ces dons la bienfaisance,
> L'inspirer, la faire chérir,
> Peindre les vertus qu'on encense,
> Apprendre à l'homme à les sentir;
> Premier en tout et sûr de plaire,
> Des anciens être le rival,
> Et dans ces Mortels qu'on révère
> Ne trouver pas même un égal:
> Cela n'appartient qu'à Voltaire:
> L'Univers en est confondu;
> Étonné que cela puisse être,
> On l'admire sans le connoitre,
> On l'aime après l'avoir connu.

289. Best.D12437: extrait, de 'Moins le hibou de Ferney' jusqu'à 'Vous êtes aimé dans notre couvent'. G.1138.F, f.95*r*; S.VU.29.6. A la suite de cette pièce, Grimm ajoute: 'A la bonne heure, que la douce et sainte hospitalité fasse écrire de ces mensonges sans conséquence sur un petit bout de papier; mais que la philosophie soit à jamais préservée de soutiens pareils à M. de Villette'.

290. Best.D12526: texte incomplet avec variantes. G.1138.F, ff.95*v*-96*r*; S.VU.29.6 (cf. CLT.vi.233).

291. Best.D12099: texte incomplet. G.1138.F, f.98*v*; S.VU.29.6; G.1138.G, f.24*v*.

292. Best.D12109: texte incomplet. G.1138.F, ff.98*v*-99*r*; S.VU.29.6; G.1138.G, ff.24*v*-25*r*.

293. Best.D12115: texte incomplet. G.1138.F, f.99; S.VU.29.6.

294. Best.D12120: texte incomplet. G.1138.F, f.99*v*; S.VU.29.6.

1er mai 1765

295. *La Philosophie de l'histoire.* CLT.vi.269; G.1138.F, f.100*v*; S.VU.29.6: 'Cela est si vrai, diront-ils, que la mort l'ayant empêché de mettre la dernière main à son ouvrage, son neveu et son héritier le présenta tel qu'il était à l'illustre Catherine, qui en effet gouvernait alors la Russie *avec autant de génie que de gloire, comme tant de monuments subsistants de son règne le prouvent encore aujourd'hui.*' Le passage en italique est absent des manuscrits, où il est remplacé par la phrase suivante: 'Nous avons tous les jours des raisonnements de cette force'.

296. Best.D12568: texte complet avec variantes. G.1138.F, ff.104*v*-105*r*; S.VU.29.6.

297. Best.D12128: texte incomplet. G.1138.F, f.107; S.VU.29.6.

298. Best.D12143: texte incomplet. G.1138.F, ff.107*v*-108*r*; S.VU.29.6.

299. Best.D12152. G.1138.F, f.108; S.VU.29.6.

300. Best.D12175: texte incomplet. G.1138.F, f.108*v*; S.VU.29.6.

15 mai 1765

301. *Le Préservatif à Berne le 12 Mars 1765* (cf. Albert Choisy, 'Les libelles de Voltaire contre Rousseau 1765', *Annales de la Société Jean-Jacques Rousseau* (Genève 1936), xxv.251-66, et Best.D12531). G.1138.F, ff.115*v*-16*v*; S.VU.29.6. Grimm annonce ainsi cette pièce:

L'Ecrit suivant nous est arrivé imprimé de Suisse, mais il ne s'est pas répandu à Paris. Nous n'osons arrêter nos soupçons sur l'auteur. Nous craignons de reconnaitre dans cet Ecrit le stile et la manière d'un Ecrivain illustre; nous croyons que quelque sujet de plainte qu'on puisse avoir contre un homme et quelque soient ses écarts, il ne faut jamais le traiter d'empoisonneur public, du moins aussi longtemps qu'il ne prêche pas l'intolérance, la violence, et la persecution. En voulant trop prouver, on ne prouve rien. Je ne suis pas admirateur de la nouvelle Héloïse, ni même du célebre Emile, mais je ne croirai jamais que la lecture de ces ouvrages puisse corrompre; le gout à la bonne heure, mais les mœurs, c'est se moquer du monde. Au reste l'auteur a pris le masque du prêtre, il en parle le langage; mais je n'aime pas que le philosophe fasse l'hipocrite et le fripon.

1er juin 1765

302. *Vers à M. de Voltaire, sur la justice rendue à la famille de Calas, par M. de la Harpe*: texte complet avec variantes (*Œuvres de La Harpe* (Paris 1821), iii.486-88). G.1138.F, ff.118*v*-19*r*; S.VU.29.6.

303. Best.D12183: texte incomplet. G.1138.F, ff.121*v*-22*r*; S.VU.29.6.

304. Best.D12189: texte incomplet. G.1138.F, f.122; S.VU.29.6.

305. Best.D12204: texte incomplet. G.1138.F, f.122*v*; S.VU.29.6.

15 juin 1765

306. Best.D12208. G.1138.F, f.130; S.VU.29.6.

307. Best.D12216: texte incomplet. G.1138.F, f.130*v*; S.VU.29.6.

1er juillet 1765

308. *Vers de M. de Voltaire faits au chateau de Fernex, le premier Mai.* G.1138.F, f.136; S.VU.29.6:

Savante antiquité, beauté toujours nouvelle,
Monumens du génie, heureuses fictions.
Environnez moi des rayons
De votre lumiere immortelle.
Vous savez animer l'air, la terre et les mers,
Vous embellissez l'univers.
Cet arbre à longue tige aux rameaux toujours verds
C'est Atys aimée de Cybele.
La précoce hyacinthe est le tendre mignon
Que sur ces prés fleuris caressait Apollon.
Flore avec le Zephir ont peint ces jeunes roses
De l'éclat de leur vermillon.
Des baisers de Pomone on voit dans ce vallon
Les fleurs de mes pêchers nouvellement écloses.
Ces montagnes, ces bois qui bordent l'horison
Sont couverts de métamorphoses.
Ce cerf au pied léger est le jeune Actéon.
L'ennemi des troupeaux est le roi Lycaon.
Du chantre de la nuit j'entends la voix touchante,
C'est la fille de Pandion
C'est Philomele gémissante.
Si le Soleil se couche il dort avec Thétis.
Si je vois de Vénus la planete brillante
C'est Vénus que je vois dans les bras d'Adonis.
Ce pole me présente Andromede et Persée,
Leurs amours immortels échauffent de leurs feux
Les éternels frimats de la Zone glacée.
Tout l'Olympe est peuplé de héros amoureux
Admirable tableau! Séduisante magie!
Qu'Hésiode me plait dans sa Théogonie
Quand il me peint l'amour débrouillant le chaos,
S'élançant dans les airs, et planant sur les flots!
Vantez nous maintenant, bienheureux Légendaires,
Le porc de Saint Antoine et le chien de Saint Roch,
Vos reliques, vos scapulaires,
Et la guimpe d'Ursule et la crosse du froc;
Mettez la fleur des saints à côté d'un Homere:
Il ment, mais en grand homme, il ment, mais il sait plaire.
Sottement vous avez menti:
Par lui l'esprit humain s'éclaire
Et si l'on vous croyait, il serait abruti.

Un extrait de cette pièce figure dans CLT.xii.264, à l'intérieur d'une critique des *Fastes* de Lemierre:

A la magie de ses tableaux, que pouvons-nous opposer?
Le porc de Saint Antoine et le chien de Saint Roch,
    Nos reliques, nos scapulaires
Et la guimpe d'Ursule et la crosse du froc, etc.

Voir également la lettre de Villette à Voltaire du 4 juillet 1765, Best. D12787a.

309. Best.D12238: texte incomplet. G.1138.F, f.139; S.VU.29.6 (1er juin 1765). A 'Vous savez que l'Abbé de Condillac un de nos frères est mort', Grimm ajoute la note suivante: 'Cette nouvelle était fausse. Il avait été fort mal, mais il en avait rappelé'.

310. Best.D12243: texte incomplet. G.1138.F, f.139*v*; S.VU.29.6 (1er juin 1765).

311. Best.D12248: texte incomplet. G.1138.F, f.139*v*; S.VU.29.6 (1er juin 1765).

312. Best.D12266: texte incomplet. G.1138.F, f.140*r*; S.VU.29.6 (1er juin 1765).

313. Best.D12276: texte complet avec variantes. G.1138.F, f.140*v*; S.VU.29.6 (1er juin 1765).

15 juillet 1765
314. Best.D12289. G.1138.F, f.147*v*; S.VU.29.6.

315. Best.D12298: texte incomplet. G.1138.F, f.147*v*; S.VU.29.6.

316. Best.D12334: texte daté du 12 janvier 1765, avec additions. G.1138.F, f.148*r*; S.VU.29.6. A 'Comment peut-on imaginer une telle absurdité', Grimm ajoute la note suivante: 'On avait mandé au Patriarche qu'il était soupçonné à Paris d'être l'auteur d'une feuille ou l'on disait les dernières infamies de M. Rousseau.' Cette feuille était *Le Sentiment des citoyens*. Au texte de Best.D12334, le manuscrit comporte l'addition suivante: 'Tout cela perce l'âme, je suis pénétré de

douleur. Le médecin anglais est allé courir, et ne sera à Paris que dans sept ou huit jours. Malgré les transfuges et les traîtres, écrasez l'infame.' Il ne s'agit pas de James Boswell et l'identité de ce médecin reste inconnue: cf. sir Gavin de Beer et A. M. Rousseau, *Voltaire's British visitors* (*Studies on Voltaire*, xlix), p.84. La datation du 12 janvier nous semble plus plausible que celle du 18 avancée par Best.D12334. Par ailleurs, ms1-2 de Best.D12334 portent la date du 12 janvier. Best. D12311 (no.317) porte la date du 13 janvier comme ms2 de Best. D12311. Il faudrait donc avancer Best.D12334 au 12 janvier et retarder Best.D12311 au 13 janvier. On comprendrait mal d'ailleurs, pourquoi Voltaire aurait attendu le 18 janvier pour transmettre à Damilaville une copie de la lettre du 9 janvier à la duchesse de Luxembourg (Best. D12300) alors que le 15 janvier 1765 (Best.D12323) il lui en parle comme d'un texte connu.

317. Best.D12311: texte daté du 12 janvier. G.1138.F, f.148; S.VU.29.6. (cf. no.316).

318. Best.D12323: texte incomplet. G.1138.F, f.148*v*; S.VU.29.6.

1er août 1765

319. Best.D12795: extrait, de 'Les créateurs des arts, les enfants du génie' jusqu'à 'Et nous instruit dans nos plaisirs'. G.1138.F, f.153; S.VU.29.6.

320. *A m. de La Harpe*, 'Des plaisirs et des arts vous honorez l'asile' (M.x.575). G.1138.F, f.153*v*; S.VU.29.6.

321. Best.D12320: texte incomplet, daté du 16 janvier 1765 (cf. ms2 de Best.D12320). CL.1813.iv.451; G.1138.F, f.155*r*; S.VU.29.6.

322. Best.D12347: texte incomplet. CL.1813.iv.451; G.1138.F, f.155*v*; S.VU.29.6.

323. Best.D12352: texte incomplet. CL.1813.iv.451-52; G.1138.F, f.155*v*; S.VU.29.6.

324. Best.D12516: texte incomplet. G.1138.F, f.156; S.VU.29.6; Mw.i, f.27 (15 décembre 1765). A 'M. de la Haie, fermier général, doit

vous envoyer des chiffons', Grimm précise qu'il s'agit 'des Caloyers'. A 'M. D'Argental doit certainement avoir deux paquets que vous devez partager, et ces deux paquets sont curieux', Grimm ajoute en note 'des Portatifs'. Ces deux précisions corroborent la note de Beuchot (lxii.276,n.i) reproduite par Moland (M.xliii.514), malgré Best.D12516, n.2. D'ailleurs, Voltaire écrit à Damilaville le 19 avril 1765, 'Les Bazins de Hollande n'étaient pas encor arrivés quand mr De Lahaye partit avec les Caloyers' (Best.D12558).

325. Best.D12532: texte incomplet. G.1138.F, ff.156v-57r; S.VU.29.6; Mw.i, f.27v (15 décembre 1765). A 'L'ouvrage dont vous me parlez', Grimm ajoute en note qu'il s'agit de 'le Siège de Calais'.

326. Best.D12536: texte incomplet avec variantes. G.1138.F, f.157r; S.VU.29.6 (15 décembre 1765); Mw.i, f.28r.

327. Best.D12543: texte incomplet avec variantes. G.1138.F, f.157; S.VU.29.6 (15 décembre 1765); Mw.i, f.28.

328. Best.D12552: texte incomplet. G.1138.F, f.157v; S.VU.29.6 (15 décembre 1765); Mw.i, f.28v.

329. *Couplets d'un jeune homme, chantés à Ferney, le 11 Auguste 1765, veille de Sainte-Claire, à Mademoiselle Clairon,* 'Dans la grand'ville de Paris' (M.x.576-77). CLT.vi.339-40.

15 août 1765

330. Best.D12787a. G.1138.F, ff.161v-62r; S.VU.29.6.

331. Best.D12820. G.1138.F, f.162; S.VU.29.6. Grimm annonce ainsi les nos.330 et 331: 'Voici des lettres qui sont publiques depuis quelques jours' (G.1138.F, f.161v).

332. Best.D12829. G.1138.F, f.163r; S.VU.29.6. 'Je suspends ma lettre pour aller entendre Mademoiselle Clairon qui va jouer Electre dans la tragédie d'Oreste', écrit Voltaire dans cette lettre à Grimm. Samuel Sharpe a relaté cette représentation d'*Oreste* à Ferney dans une lettre à David Garrick du 18 août 1765: 'All the Conversation turned on a Tragedy represented at his own Theatre last Friday Evening [...]

Voltaire thought his Theatre would hold but 50 Persons, & they crouded in 120' (Best.D12838). Le 18 août étant un dimanche, il faudrait donc redater Best.D12829 du vendredi 16 août 1765.

333. Best.D12367, D12396 (cf. notes textuelles de Best.D12367). CL.1813.iv.452-54; G.1138.F, ff.164v-65r; S.VU.29.6.

334. Best.D12382, D12349 (cf. notes textuelles de Best.D12382). CL.1813.iv.454; G.1138.F, f.165; S.VU.29.6.

335. Best.D12389: texte incomplet, daté du 10 février 1765. CL.1813. iv.455; G.1138.F, f.165v; S.VU.29.6.

336. Best.D12400: texte incomplet. G.1138.F, f.165v; S.VU.29.6.

337. *Les matinées du roi de Prusse* (6). G.1138.F, ff.166r-67r (cf. nos 268 et 286).

1er septembre 1765

338. *Epître à mademoiselle Clairon*, 'Le sublime en tout genre est le don le plus rare' (M.x.384-86). G.1138.F, ff.170v-71v; S.VU.29.6. Grimm annonce ainsi cette pièce: [CLT.vi.356: note d'infamie civile, ainsi que la raison et la justice l'exigent.] le jour du départ de Mademoiselle Clairon de Ferney, le maitre du chateau lui a présente l'épitre que vous allez lire. Je crains que vous ne la regardiez autant comme un adieu aux muses que comme un adieu fait à cette célèbre actrice.'

339. Best.D12411: texte complet avec variantes. G.1138.F, f.173; S.VU.29.6.

340. Best.D12416: texte incomplet. G.1138.F, f.173v; S.VU.29.6.

341. Best.D12426: texte complet avec variantes. G.1138.F, f.173v; S.VU.29.6.

15 septembre 1765

342. *Epître à mademoiselle Clairon: couplet ajouté par M.****, 'Nous sommes privés de Vanlo' (M.x.577). CLT.vi.340; G.1138.F, f.176v; S.VU.29.6. Taschereau (CLT.vi.339, n.1) affirme que ce couplet est de

Florian. Pourtant on lit dans *La Jeunesse de Florian ou mémoires d'un jeune espagnol* (Paris 1820), pp.36-38: 'Nous chantons le dialogue suivant qui avait coûté un quart d'heure de travail à don Lope [. . .] Don Lope qui était très gai, se mit à chanter d'une voix entrecoupée ce couplet qu'il venait d'ajouter, 'Nous avons vu mourir Van Loo'. Né le 6 mars 1755, Florian n'avait d'ailleurs en 1765 que... dix ans!

343. Best.D12870. G.1138.F, ff.180*v*-81*r* S.VU.29.6.

344. Best.D12420: texte incomplet, daté du 2 mars 1765. G.1138.F, f.182*r*; S.VU.29.6 (1er octobre 1765).

345. Best.D12428, D12432 (cf. notes textuelles de Best.D12428, D12432): texte daté du 3 mars 1765. G.1138.F, f.182*v*; S.VU.29.6 (1er octobre 1765).

346. Best.D12491: texte complet daté du 12 mars 1765. G.1138.F, f.182*v*; S.VU.29.6 (1er octobre 1765). La date du 22 mars proposée par Besterman nous semble plus plausible.

1er octobre 1765
347. Best.D12896. G.1138.F, f.187; S.VU.29.6.

15 octobre 1765
348. Best.D12916a. G.1138.F, f.196; S.VU.29.6.

349. Best.D12462. G.1138.F, f.198; S.VU.29.6.

350. Best.D12470: texte incomplet. G.1138.F, f.198*v*; S.VU.29.6.

351. *Les matinées du roi de Prusse* (extraits des 6e et 7e matinées). G.1138F, ff.199*r*-202*v* (voir nos 268, 286, 337).

1er novembre 1765
352. *La Fée Urgèle.* G.1138.F, ff.205*v*-206*r*; S.VU.29.6:

[CLT.vi.402: C'est toujours, malgré sa faiblesse, l'homme chez lequel nos jeunes compositeurs devraient aller à l'école]. Je ne trouve pas le poëme aussi joli qu'on le dit. Il n'est pas mauvais parce que le conte est charmant, et qu'on l'a exactement suivi. mais je crois qu'il étoit aisé de le traiter au théâtre d'une maniere plus gaie et plus intéressante. Dans la piece de M. Favart et Compagnie la Fée Urgelle est non seulement cette vieille qui après avoir sauvé la vie au bon chevalier Robert le met à de si rudes épreuves de reconnoissance; mais elle est encore ce Marton avec laquelle Robert casse des oeufs de si bon coeur; et lorsque ce pauvre chevalier est à la fin de ses épreuves, c'est Marton qu'il retrouve dans ce superbe palais, c'est elle qui reprend son nom et ses prérogatives de Fée, et qui le dédommage des niches qu'elle lui a faites. Cette idée est jolie, elle rend le sujet plus théatral; mais je parierois qu'elle n'est venue aux auteurs qu'après coup. S'ils l'avoient eue dès le commencement, cette Marton eût été bien autrement espiègle. Il falloit donner un caractere original et piquant à chacun des personnages. Cela auroit jetté de la chaleur et de la gaieté dans l'ensemble. Le rôle de Robert étoit le plus difficile à faire, il n'est rien du tout dans la piece. Ce Robert a dans le conte une teinte de nigauderie bien précieuse à conserver au théatre. Mais il ne faut pas que le poëte soit nigaud quand il veut se mêler de pareilles nuances.

Il y a des polissons qui ont écrit sur les grands événements produits par de petites causes, et en contant de petites anecdotes mal sures dont ils faisoient le ressort des événements publics, ils ont cru avoir rempli leur objet. C'est la tâche d'un philosophe, d'un homme d'Etat de traiter ce sujet; et son livre, s'il est bien fait, sera aussi celui des petits événements produits par de grandes causes. Je vais en fournir un qui pourra servir parmi les matériaux de ce livre.

[On devait donner à la Cour *le Philosophe sans le savoir* . . .]

La Fée Urgèle de Favart est tirée de *Ce qui plaît aux dames*, 'conte de M. Guillaume Vadé de Ferney' (CLT.vi.401).

15 novembre 1765

353. Best.D12946. G.1138.F, f.218; S.VU.29.6. A 'mon ami, vous m'avez oublié net', Grimm ajoute la note suivante:

C'est M. l'abbé de Voisenon qui a le titre d'Evêque de Montrouge depuis qu'il a passé un ou deux étés dans une petite maison de la plaine de Montrouge située à une lieue de Paris. Il partageait alors son temps entre M. le Duc de la Vallière, Capitaine des chasses à la Capitainerie royale de Montrouge, et qui y demeure, et Madame Favart à qui était cette petite maison. Depuis que Madame Favart l'a quittée, M. l'Evêque de Montrouge a abandonné son diocèse, et n'y va plus que pour tirer des lapins et des lièvres.

O mon ami est une allusion à l'épître dédicatoire de Gertrude et Isabelle, où M. Favart s'écrie envers M. l'abbé de Voisenon: o mon ami, mon meilleur ami; et comme la chronique scandaleuse dit que M. l'Evêque de Montrouge est surtout le meilleur ami de Madame Favart, cette exclamation a beaucoup diverti Paris. M. de Voltaire fait entendre assez adroitement à M. l'Evêque qu'il le croit auteur des ouvrages de Favart, erreur qui lui est commune avec la plus grande partie du public, et que le Prélat chasseur cherche à détruire dans sa réponse.

354. Best.D12975: texte complet avec variantes. G.1138.F, f.218*v*; S.VU.29.6.

355. Best.D12976: texte incomplet. CL.1813.v.102-105; G.1138.F, f.221; S.VU.29.6.

1er décembre 1765
356. Best.D12981*a*. G.1138.F, f.228*v*; S.VU.29.6; Mw.1, ff.5*v*-6*r*.

357. Best.D12474, D12464 (cf. notes textuelles de Best.D12464). G.1138.F, f.234*r*; S.VU.29.6; Mw.i, f.9*r*. A 'Je crois que c'est un prêtre Janséniste, mon cher frère, qui est l'auteur d'une des pièces d'éloquence que vous m'avez envoyées', Grimm ajoute qu'il s'agit du 'Réquisitoire contre le Portatif' d'Omer Joly de Fleury intitulé *Arrest du Parlement qui condamne le Dictionnaire philosophique portatif, et les Lettres écrites de la montagne*, daté du 19 mars 1765 (Best.D12474 est du 18 mars 1765) et repris dans les diverses éditions du *Dictionnaire anti-philosophique* de Louis-Mayeul de Chaudon. Best.D12464 est semble-t-il à éliminer. D'autre part le paragraphe de Best.D12367 'Je crois que c'est un prêtre Janséniste' jusqu'à 'dans ce ridicule chiffon' repris dans Best.D12474 est également à éliminer.

358. Best.D12484: texte incomplet. G.1138.F, f.234*r*; S.VU.29.6; Mw.i, f.9*r*.

359. Best.D12498: texte incomplet. G1138.F, f.234; S.VU.29.6; Mw.i, f.9.

360. Best.D12501: texte incomplet. G.1138.F, ff.234*v*-35*r*; S.VU.29.6; Mw.i, ff.9*v*-10*r*.

361. Best.D12508: texte incomplet. G.1138.F, f.235; S.VU.29.6; Mw.i, f.10.

362. Best.D12511. G.1138.F, f.235*v*; S.VU.29.6; Mw.i, f.10*v*.

15 décembre 1765

363. Best.D13034. CLT.vi.455; G.1138.F, f.249r; S.VU.29.6. Grimm annonce ainsi cette pièce: '[CLT.vi.455: M. le marquis de Villette [...] a fait graver ce portrait qui se vend ici pour prix et somme de trois livres.] M. de Voltaire lui a écrit à ce sujet la lettre suivante, datée de Ferney du 11 décembre 1765.'

1er janvier 1766

364. *Epître à Henri IV*, 'Intrépide soldat, vrai chevalier, grand homme': texte complet avec variantes (M.x.387-89). G.1138.F, ff.271r-72r; S.VU.29.6 (15 décembre 1765); Mw.i, ff.19r-20r. Grimm annonce ainsi cette pièce:

Epitre de M. de Voltaire sur ce qu'on lui a ecrit que pendant la maladie de Monseigneur le Dauphin plusieurs Citoyens de Paris s'etaient mis a genoux, un cierge à la main, devant la Statue equestre de Henri iv. Nota que personne n'a mandé rien de semblable à M. de Voltaire, parce que rien n'est plus faux, et que nos bourgeois de Paris, s'ils n'ont plus grande foi à la chasse de Sainte Genevieve, Sont bien loin d'invoquer les héros Pénates. *Ma se non trover, é ben trovato*, pour dire en passant quelques injures à cette paysanne de Nanterre, devenue Patrone de la Capitale du Royaume, et à laquelle M. Soufflot bâtit actuellement une maison qui coutera plus d'un million: tant il est vrai qu'on fait fortune avec le temps et de la persévérance. Henri iv. sera encore longtemps exposé sur le Pont neuf à tous les vents, avant d'avoir un temple dans Paris; notre culte n'est pas favorable aux héros. L'Epitre de M. de Voltaire n'a pas réussi à la Cour. Vous y trouverez encore les traces de cette belle harmonie qui n'appartient aujourd'hui qu'à lui; Mais je crains que vous ne soyez tenté de lui crier, *Solve Senescentem etc.*

Egalement, à la fin de cette pièce, Grimm ajoute:

M. Marmontel prétend que pour donner à ces vers plus de force, il faut les raccourcir. Il pourrait bien avoir raison. En conséquence il retranche tout ce qui se trouve entre le vers,

         On t'implore aujourd'hui comme un dieu tutélaire,

et le vers

         O si de mes déserts où j'acheve mes jours etc.

il continue depuis ce vers jusqu'à l'hémistiche,

         Rien ne suspend la mort.

Et en supprimant encore tout ce qui suit, il y joint l'hémistiche suivant, avec ce léger changement

Tous nos jours sont comptés.
Les tiens l'étaient aussi ...
Jusqu'à la fin. Ce dernier retranchement est tout à fait bien, en ce qu'il supprime une morale triviale longuement et faiblement enoncée.

365. Best.D12555: texte incomplet avec variantes. G.1138.F, f.279r; S.VU.29.6 (15 décembre 1765); Mw.i, f.17r.

366. Best.D12558: texte incomplet. G.1138.F, f.279; S.VU.29.6 (15 décembre 1765); Mw.i, f.17.

367. Best.D12563: texte incomplet. G.1138.F, f.279v; S.VU.29.6 (15 décembre 1765); Mw.i, f.17v. A 'un des rubans d'Angleterre', Grimm ajoute la note suivante: 'La nouvelle édition du Caloyer'.

368. Best.D12573: texte incomplet. G.1138.F, f.280r; S.VU.29.6 (15 décembre 1765); Mw.i, f.18r.

369. Best.D12578: texte complet avec variantes. G.1138.F, f.280; S.VU.29.6 (15 décembre 1765); Mw.i, f.18. Il faut corriger la note textuelle de Best.D12578 afin de lire 'On MS3 followed by all editions' au lieu de 'On MS2 followed'.

370. Best.D12580: texte incomplet. G.1138.F, f.280v; S.VU.29.6 (15 décembre 1765); Mw.i, f.18v. A 'il y a encore six mille livres pour les frais de procédure', Grimm ajoute la note suivante: 'Ce fait était faux'.

1er mars 1766

371. Best.D12586. G.1138.F, f.375r; S.VU.29.7; Mw.i, f.87r.

372. Best.D12590. G.1138.F, f.375r; S.VU.29.7; Mw.i, f.87r.

373. Best.D12594: texte incomplet. G.1138.F, f.375r; S.VU.29.7; Mw.i, f.87r.

374. Best.D12606. G.1138.F, f.375; S.VU.29.7; Mw.i, ff.87r-88r.

375. Best.D12613. G.1138.F, f.376r; S.VU.29.7; Mw.i, f.88r.

376. Best.D12614: texte incomplet. G.1138.F, f.376; S.VU.29.7; Mw.i, f.88.

377. Best.D12618. G.1138.F, f.377r; S.VU.29.7; G.1138.F, f.387r (15 mars 1766); Mw.i, f.97r.

378. Best.D12621. G.1138.F, f.377r; G.1138.F, f.387 (15 mars 1766); S.VU.29.7; Mw.i, f.97. Best.D12621 et les manuscrits lisent 'J'adresse ce petit billet à m. Héron'. Il faut entendre 'par m. Héron' (cf. Best. D12628).

379. Best.D12624: texte incomplet. G.1138.F, f.377v; S.VU.29.7; G.1138.F, f.387v (15 mars 1766); Mw.i, f.97v.

380. Best.D12623: texte incomplet. G.1138.F, ff.377v-78r; S.VU.29.7; G.1138.F, ff.387v-88r (15 mars 1766); Mw.i, ff.97v-98r.

381. Best.D12626: texte incomplet. G.1138.F, f.378v; S.VU.29.7; G.1138.F, f.388v (15 mars 1766); Mw.i, f.98v.

15 mars 1766

382. *Stances à m. le chevalier de Boufflers*, 'Certaine dame honnête, et savante, et profonde' (M.viii.530-31). G.1138.F, f.383v; Mw.i, f.93v.

383. Jacques Lacombe, *Poétique de M. de Voltaire ou observations recueillies de ses ouvrages concernant la versification française, les différents genres de poésie et de style poétique, le poème épique, l'art dramatique, la tragédie, la comédie, l'opéra, les petits poëmes et les poëtes les plus célèbres anciens et modernes* (Genève & Paris 1766), 2 vol. G.1138.F, f.386v; Mw.i, f.96v:

Un de ces compilateurs dont Paris fourmille depuis quelque temps, vient de publier en deux volumes une Poétique de M. de Voltaire. Ce n'est autre chose que des observations recueillies de ses ouvrages, et rangées par chapitres sur toutes les matières du ressort de la poésie. C'est vous vendre en deux volumes ce que vous avez dans un ordre bien naturel dans le recueil des œuvres de M. de Voltaire.

1er avril 1766

384. Best.D12639: texte complet avec variantes. G.1138.F, f.399r; Mw.i, f.110r.

385. Best.D12642: texte incomplet. G.1138.F, f.399; Mw.i, f.110.

386. Best.D12644. G.1138.F, f.399*v*; Mw.i, f.110*v*.

15 avril 1766

387. Best.D12654: texte incomplet. G.1138.F, f.408*r*; Mw.i, f.118*r*.

388. Best.D12785: texte incomplet. G.1138.F, f.408*v*; Mw.i, f.118*v*.
Les passages omis et le remaniement de cette lettre comme ceux affectant les lettres suivantes touchent à la santé de Damilaville et à son voyage à Ferney. La protection de l'incognito de Damilaville était ainsi assurée.

389. Best.D12813: texte incomplet. G.1138.F, f.408*v*; Mw.i, f.118*v*.

1er mai 1766

390. Claude François Nonotte, *Réponse aux Eclaircissements historiques: erreurs de Voltaire* (Liège 1766). G.1138.F, f.414*v*; S.VU.29.7; Mw.1, f.129*v*:
J'ai oublié le nom du cuistre qui publia il y a quelques années les erreurs de Voltaire dans un gros volume. M. de Voltaire eut la bonté et la faiblesse d'y répondre. C'est ce que le cuistre voulait. Il vient de republier sa rapsodie augmentée d'un gros volume dans lequel il répond à la réponse de Voltaire. Je parie pour plus de cent bégueules jansénistes dans Paris qui trouvent au cuistre une plume victorieuse et un raisonnement lumineux.

391. Best.D13142: texte incomplet. G.1138.F, f.415; S.VU.29.7; Mw.i, f.130. Après avoir annoncé ainsi cette pièce: [CLT.vii.34: Voltaire n'entend pas cette morale, et il a été trop sensible à cette accusation pour l'oublier si vite.] Il vient d'écrire encore à ce sujet la lettre suivante', Grimm ajoute:

Après cela on croirait que M. de Voltaire aurait pu se dispenser de faire imprimer cette lettre de Londres, et même quand on y voit son nom sur le titre en gros caractères, on doute qu'il soit de lui; ce n'est pas son usage de mettre son nom à ces feuilles volantes; mais quand on l'a lue, on y retrouve trop bien son ton et son allure pour l'attribuer à un autre.

392. Best.D12965: texte incomplet. G.1138.F, f.416; S.VU.29.7; Mw.i, f.131. A 'M. le Comte de la Tour Dupin'*, 'confitures sèches'**, et 'le gros ballot'***, Grimm ajoute respectivement les notes suivantes: *'Commandant en Bourgogne. Il s'agissait d'un capucin qui s'était

sauvé de son couvent en Savoie et retiré au chateau de Ferney. Les Capucins prétendaient avoir assez de crédit en France pour le faire enlever'; **'La lettre de Thrasibule par Fréret'; ***'L'Encyclopédie'.

15 mai 1766

393. *Lettre curieuse de m. Robert Covelle* (M.xxv.491-96). G.1138.F, ff.429r-30v; S.VU.29.7; Mw.i, f.144r.

1er juin 1766

394. Paul-Henri Thiry d'Holbach, *Le Christianisme dévoilé* (Londres 1766 [1756]). G.1138.F, f.434v; S.VU.29.7; Mw.i, ff.149v-50r:

Il existe un livre intitulé *Le Christianisme dévoilé, ou Examen des principes et des effets de la religion chrétienne par feu M. Boulanger*. On peut assurer avec la même certitude que celui dont nous parlons, ne vient point de la fabrique de Ferney, parce que j'aimerais mieux croire que le Patriarche eût pris la plume avec ses dents. Cela serait moins impossible que de quitter sa manière et son allure si complètement qu'il n'en restât aucune trace quelconque ...

Sur l'édition de cet ouvrage de d'Holbach, voir CLT.v.367 (15 août 1763) et. J. Vercruysse, *Bibliographie descriptive des écrits du baron d'Holbach* (Paris 1971).

395. Best.D12980: texte incomplet. G.1138.F, f.440r; S.VU.29.7; Mw.i, f.155r.

396. Best.D12989: texte incomplet avec l'addition 'Adieu, nous parlons tous les jours de vous, Maman et moi', et la date du 20 novembre 1765. G.1138F, f.440; S.VU.29.7; Mw.i, f.155.

397. Best.D13003: texte incomplet avec variantes. G.1138.F, f.440v; S.VU.29.7; Mw.i, f.155v.

1er juillet 1766

398. Best.D13026: texte incomplet. G.1138.F, f.466r; S.VU.29.7 (15 juillet 1766); Mw.i, f.187r.

399. Best.D13031. G.1138.F, f.466; S.VU.29.7 (15 juillet 1766); Mw.i, f.187.

400. Best.D13038. G.1138.F, f.466v; S.VU.29.7 (15 juillet 1766); Mw.i, f.187v.

15 juillet 1766

401. Best.D13007: texte complet avec variantes et l'addition 'Je me recommande à Bigex'. G.1138.F, f.474; S.VU.29.7 (1er juillet 1766); Mw.i, f.177r. A 'Pere Adam', Grimm ajoute la note suivante: 'Nom d'un Jésuite que le Patriarche a retiré chez lui depuis leur proscription. Le père Adam n'a d'autre souci que de manger, boire et dormir. Il faut d'ailleurs qu'il se laisse gagner aux échecs et qu'il ne prenne pas garde aux petites incartades contre l'infame. Madame Dupuits est Mademoiselle Corneille.'

402. Best.D13014: texte incomplet. G.1138.F, f.474v; S.VU.29.7 (1er juillet 1766); Mw.i, f.177v.

403. Best.D13022. G.1138.F, f.474v; S.VU.29.7 (1er juillet 1766); Mw.i, f.177v.

1er août 1766

404. Best.D13059. G.1138.F, f.480r; Mw.i, f.233r.

405. Best.D13066: texte complet avec variantes et l'addition suivante 'Je vous recommande l'affaire de ce pauvre Grasset. C'est un homme que j'ai tiré de la misère, chargé de plusieurs enfans et de qui je dois avoir compassion' (cf. Best.D.app.249, Best.D.app.270 et Best.D15622). G.1138.F, f.480v; Mw.i, f.233v.

15 août 1766

406. Best.D13083. CL.1813.v.170-71; G.1138.F, f.492r; Mw.i, f.243r. A 'Soufflot', Grimm ajoute la note suivante: 'Nom de l'architecte qui bâtit l'église de Sainte Geneviève, Soufflot. Il s'agissait des vers sur la mort de M. le Dauphin.'

407. Best.D13088. CL.1813.v.171-72; G.1138.F, f.492; Mw.i, f.243.

408. Best.D13102. CL.1813.v.172-73. G.1138.F, ff.492v-93r; Mw.i, f.243v.

1er septembre 1766

409. Best.D13348. CL.1813.v.284-85; G.1138.F, f.502*v*; Mw.i, f.253.

410. Best.D13524. CL.1813.v.285-86; G.1138.F, f.502*v*; Mw.i, f.253*v* (texte daté du '28 Auguste 1766').

15 septembre 1766

411. Best.D13114: texte incomplet. CL.1813.v.173-75; G.1138.F, f.512*r*; Mw.i, f.262*r*. Le texte de CL.1813 est plus complet que celui de G.

412. Best.D13118. CL.1813.v.175-76 (non signalé par Best.D); G.1138.F, f.512; Mw.i, f.262.

413. Best.D13127. G.1138.F, f.512*v*; Mw.i, f.262*v*.

1er octobre 1766

414. Best.D13136: texte incomplet. G.1138.F, f.520*r*; S.VU.29.7; Mw.i, f.264*r*.

415. Best.D13140: texte incomplet. CL.1813.v.176-77; G.1138.F, f.520; S.VU.29.7; Mw.i, f.264. CL.1813 est plus complet que les manuscrits de G. et S.

416. Best.D13150. CL.1813.v.177-78; G.1138.F, f.520*v*; S.VU.29.7; Mw.1, f.264*v*.

417. Best.D13156. CL.1813.v.179; Mw.i, f.279*r* (15 octobre 1766). On notera ici que cette épître ne figure ni dans G. ni dans S.

15 octobre 1766

418. Best.D13169: texte incomplet. CL.1813.v.179-80; G.1138.F, f.528*r*; S.VU.29,7; Mw.i, f.279. CL.1813 est plus complet que les manuscrits de G. et S.

419. Best.D13176. G.1138.F, f.528*v*; S.VU.29.7; Mw.i, f.279*v*.

1er novembre 1766

420. Best.D13392. G.1138.F, ff.537*v*-38*r*; S.VU.29.7; Mw.i, f.288*v*.

421. Best.D13452. G.1138.F, f.538; S.VU.29.7; Mw.i, ff.288*v*-89*r*.

15 novembre 1766

422. Best.D13181: texte complet avec variantes. G.1138.F, f.547*r*; S.VU.29.7; Mw.i, f.297.

423. Best.D13182: texte incomplet daté du 23 février 1766. G.1138.F, f.547*v*; S.VU.29.7; Mw.i, f.298*v*.

1er décembre 1766

424. Best.D13151. CL.1813.v.202-203; G.1138.F, f.561*r*; S.VU.29.7; Mw.1, f.311*r*. Best.D13151 est comme CL.1813, daté du 2 février 1766. G. S. et Mw. portent la date du 26 février 1766. Voltaire écrit à Damilaville (Best.D13150) le 2 février, ce qui rend a priori la même date pour Best.D13151 douteuse. D'ailleurs on conçoit mal que Voltaire joigne à Best.D13150 une lettre à Elie de Beaumont du 1er février (Best.D13147) et puisse affirmer le 2 février 'n'avoir actuellement ni le temps, ni la force de lui écrire' (Best.D13151). Egalement, selon les archives cantonales vaudoises, Lausanne (Eb.71/46, f.26*v*) Jean Marc Vuagnières, père du secrétaire de Voltaire, fut enterré le 26 février 1766 au cimetière Saint-François à Lausanne (Best.D13151, n.1). Nous ignorons les raisons qui ont déterminé Besterman à rejeter la date du 26 février comme fausse alors que le manuscrit de base utilisé (Darmstadt B.153) porte aussi la date du 26 février. La date du 2 février nous semble une faute d'impression des premiers éditeurs pour le 26 février.

425. Best.D13199. G.1138.F, f.561; S.VU.29.7; Mw.i, f.311. A 'le petit livre', Grimm ajoute la note suivante: 'La brochure de la Prédication' (cf. Best.D13199, n.1).

426. Best.D13206. G.1138.F, f.561*v*; S.VU.29.7; Mw.i, f.311*v*.

15 décembre 1766

427. Best.D13212: texte incomplet. CL.1813.v.203-204; G.1138.F, f.573*r*; S.VU.29.7; Mw.i, f.327*r*. Le texte de CL.1813 est plus complet que celui des manuscrits G. et S.

428. Best.D13219. CL.1813.v.241 (non signalé par Best.D); G.1138.F, f.573*r*; S.VU.29.7; Mw.i, f.327*r*.

429. Best.D13232: texte incomplet. G.1138.F, f.573*v*; S.VU.29.7; Mw.i, f.327*v*.

430. *Questions sur les Miracles*: texte complet avec variantes (M.xxv. 357-450). G.1138.F, ff.578-617*r*; S.VU.29.7.

1er janvier 1767

431. *Eloge de l'Hypocrisie*: texte complet avec variantes (M.x.137-39). G.1138.G, ff.35*r*-36*v*; S.VU.29.8; Mw.ii, ff.8*r*-10*v*. Grimm annonce ainsi cette pièce (G.1138.G, f.35*r*):

M. Vernet, Professeur en Théologie à Geneve a fait imprimer l'année derniere des Lettres adressées à je ne sais quel Lord d'Angleterre dans lesquelles il attaque pieusement plusieurs opinions peu orthodoxes de M. de Voltaire, M. Hume, M. D'Alembert, M. Rousseau. Le Patriarche de Ferney qui a depuis de longues années une dent contre le Professeur Vernet, et qui a toujours témoigné sa reconnaissance publiquement à tous ceux qui l'ont attaqué, n'a pas voulu en manquer envers M. Vernet, et après l'avoir abandonné au bras séculier et à la prose victorieuse de M. Covelle et Compagnie dont M. Needham et ses anguilles ont tant eu à se louer, il l'a encore recommandé à la verve poétique de l'illustre Covelle, et voici la pièce qui en est resultée à la louange de M. le Professeur.

Grimm ajoute (G.1138.G, f.37*r*):

On retrouve encore dans ces vers le talent de l'ouvrier; malgré quelques endroits de mauvais goût, comme le portrait de Minerve par exemple. Quant à la ressemblance, c'est a ceux qui connaissent le Professeur Vernet de décider. Il est certain qu'il porte la tête un peu de côté et qu'il ne sait regarder les gens en face. Un Covelliste nous assura l'autre jour, à propos de cette pièce de vers, que se trouvant à Genève un jour qu'on y jouait le Tartuffe, tout le public en voyant paraitre l'acteur s'écria, il est trop court et trop gros, comparant ainsi subitement d'instinct et d'un commun accord la figure de l'acteur à celle de M. Vernet, comme au modèle unique et primitif du personnage. Je ne traiterai pas en hérétique ceux qui ne voudront pas croire cette histoire à la lettre.

432. Best.D13756. G.1138.G, f.37*v*. Cette lettre de Voltaire à Catherine II ne se trouve ni dans Mw, ni dans S.

433. Best.D13234. CL.1813.v.242; G.1138.G, f.40*r*; S.VU.29.8 (15 janvier 1767); Mw.ii, f.23*r* (15 janvier 1767).

434. Best.D13249. G.1138.G, ff.40r-41r; S.VU.29.8 (15 janvier 1767); Mw.ii, ff.23r-24r (15 janvier 1767).

435. Best.D13264: texte incomplet. G.1138.G, f.41r; S.VU.29.8 (15 janvier 1767); Mw.ii, f.24r (15 janvier 1767).

436. Best.D13271. G.1138.G, f.41; S.VU.29.8 (15 janvier 1767); Mw.ii, f.24 (15 janvier 1767).

15 janvier 1767

437. *Les Scythes*: addition au compte rendu de Grimm. G.1138.G, ff.42v-49r; S.VU.29.8; Mw.ii, ff.13r-20v:

[CLT.vii.208: La parole qu'il avait donnée de ne point laisser cette pièce sortir de ses mains ne lui a pas permis de me mettre à portée de faire cet extrait moi-même.]

Il y a à la tête de la tragédie une espèce d'épitre d'un vieux Persan s'adressant du fond de sa retraite à deux illustres satrapes de la Cour du Roi de Perse. C'est M. de Voltaire qui sous ce déguisement parle à M. le Duc de Choiseul et à M. le Duc de Praslin, et les loue d'une manière aussi délicate qu'ingénieuse.

On lit ensuite une préface où l'auteur parle de lui avec une extrême modestie. Il cite avec éloge la Poétique de M. Diderot qu'on lit à la suite de son Père de famille. Il parle avec complaisance de l'art dramatique et traite quelques questions qui y sont relatives.

Le lieu de la scène est en Scythie. Le théâtre représente un bocage et un berceau avec un banc de gazon. On voit dans le lointain des campagnes et des cabanes.

Les personnages sont Hermodan, père d'Indatire, habitant d'un canton, Indatire, jeune Scythe. Athamare, Prince d'Ecbatane. Sozame, ancien général Persan, retiré en Scythie. Obéide sa fille. Sulma, compagne d'Obéide. Hircan, Officier d'Athamare. Des Scythes et des Persans.

Sozame, ancien Général Persan, après avoir rendu de grands services à son pays, et en avoir éprouvé de grandes injustices, s'est réfugié en Scythie avec sa fille Obéide. Il a renoncé à sa patrie, abandonné ses possessions et ne cherche qu'à finir ses jours tranquillement parmi un peuple sauvage et hospitalier, dans une retraite où il est soutenu, servi, consolé par une fille unique. Obéide avait connu des malheurs d'une autre espèce. Le jeune Athamare, Prince d'Ecbatane, avait conçu pour elle la passion la plus violente. Ce Prince avait été marié avant de connaître Obéide; peut être sans cet obstacle insurmontable Obéide n'aurait-elle pas été insensible à la passion qu'elle avait fait naître; mais cet obstacle irritant les désirs du jeune Athamare au lieu de les réprimer, il se porta à des excès qui ne contribuèrent pas peu à la résolution de Sozame de chercher un asyle en Scythie. Sozame retiré depuis quatre ans en ce pays, s'y est lié d'amitié avec Hermodan, habitant d'un canton Scythe, mais sans lui confier ses infortunes passées. Indatire, fils unique d'Hermodan, touché de la beauté d'Obéide autant que de ses vertus, conçoit pour elle la passion la plus tendre, la déclare à son père, et demande à l'épouser. C'est ici que la pièce commence.

Acte premier.

Hermodan et Indatire paraissent suivis de deux Scythes. Hermodan demande à son fils qui sont ces étrangers qui ont paru sur la frontière, s'ils apportent la guerre, ce qu'ils viennent chercher dans ces forêts tranquilles? Indatire lui dit que suivi de ses braves compagnons, il a aussitôt marché au devant d'eux, qu'un jeune homme, l'olivier à la main, entouré d'une troupe éclatante s'est présenté, déclarant qu'il n'avait d'autre objet que de voir à loisir ce peuple si vanté pour ses antiques mœurs et pour sa liberté. Quoique qu'on ait trouvé à ce jeune Persan l'air occupé et même chagrin et sombre, on s'est fié à sa parole, on s'est juré une paix mutuelle, et on a permis aux Persans de pénétrer dans le pays, d'être témoins des jeux et des solemnités qu'on apprête, même des charmes d'Obéide et de la félicité d'Indatire. Hermodan observe à son fils que cette Obéide dont il désire faire sa femme naquit elle-même chez les Persans. C'est à la vérité tout ce qu'on en sait; car son père ne s'est point fait connaître depuis qu'il a choisi cet asyle, mais on a pu en savoir qu'il était exilé d'une cour ingrate. Au reste Hermodan fait l'éloge de ce vieillard et de la facilité avec laquelle il s'est plié à des mœurs étrangères et rigides. Indatire fait avec plus de transport l'éloge de la fille. Hermodan la croit digne de son amour. Il craint cependant d'allier son fils au sang d'un étranger dont il ignore l'état, l'origine et la vie passée. Il veut du moins s'expliquer encore avec le père d'Obéide.

Sozame arrive. Indatire lui demande sa fille. Sozame s'attendrit et l'assure que s'il peut obtenir les vœux d'Obéide il y donnera son consentement avec joie. Indatire vole aux pieds d'Obéide.

Les deux vieillards restent seuls. Hermodan témoigne à Sozame sa surprise et son chagrin de la réserve et du soin qu'il a eus jusqu'à ce que ce moment de lui cacher ses malheurs. Sozame ne résiste pas à cette marque d'intérêt, il apprend à son ami qu'après avoir été comblé de dignités et de richesses sous Cyrus, il fut mal traité par son successeur et son fils, Cambyse; que s'étant retiré à Ecbatane, Capitale de Médie, Smerdis, frère de Cambyse, et Gouverneur de cette province, le persécuta ouvertement, et pour comble de malheur, le fils de la sœur de Smerdis, Athamare, ayant une passion funeste pour Obéide, quoiqu'il fût déjà lié à une femme estimable, avait voulu lui enlever sa fille; qu'alors Obéide même avait engagé son père à fuir et à se cacher dans ces retraites. Sozame craint cependant que son jeune cœur ne donne en secret des regrets à tout ce qu'elle a perdu. Il demande aussi à Hermodan de ne rien révéler de ce qu'il vient de lui confier.

Indatire revient, et annonce qu'Obéide consent de l'épouser, si Sozame et Hermodan l'approuvent.

Un Scythe qui arrive en même temps, annonce que les Persans approchent du hameau, et que leur Chef demande à voir un ancien guerrier qu'il a connu aux champs de Médie. Hermodan est allarmé; les pleurs qu'on dit que ce Persan cherche à cacher, ne le rassurent pas. Mais Indatire dit qu'il sera le défenseur de Sozame, et demande qu'on prépare l'autel.

Acte second.

Obéide parait avec Sulma, sa compagne. Son parti est pris de rester en Scythie, et de renoncer à tout ce qui la flattait et la touchait dans sa patrie. Après les injustices et les malheurs que son père a essuyés, tout lui est devenu indifférent; et puisque Sozame a voulu un gendre, un appui pour ses vieux jours, elle a dû préférer le fils de l'ami de Sozame. Cette résolution n'est pas prise sans qu'il lui échape des larmes. Sa compagne lui observe que ce n'est pas avec des sanglots qu'on montre un coeur tranquille. Obéide pour toute réponse lui dit que l'autel sacré se prépare, et semble en frémir.

Indatire arrive. Il prie Obéide de lui confirmer son bonheur.

> L'hymen est parmi nous le nœud que la nature
> Forme entre deux amans de sa main libre et pure
> Chez les Persans, dit-on, l'intérêt odieux,
> Les folles vanités, l'orgueil ambitieux,
> De cent bizarres loix la contrainte importune
> Soumettent tristement l'amour à la fortune
> On dit qu'en ces climats on ne vit point pour soi;
> On y parle d'amour, on méconnait sa loi,
> Et comme héritage une fille est vendue.
> Elle se donne ici: son âme toute nue
> S'explique dans ses yeux comme dans ses discours.

Obéide lui répond que le choix de son père et le sien doivent le satisfaire. Indatire, étonné et troublé de cette réponse lui demande,

> Est-il vrai que tes yeux brillèrent à la Cour? . . .
> . . . . Aurais-je le malheur
> Que le ciel t'eût fait naitre au Sein de la Grandeur.

Obéide répond:

> Ce n'est point ton malheur, c'est le mien. Ma mémoire
> Ne me retrace plus cette trompeuse gloire.
> Je l'oublie à jamais.

INDATIRE

Plus ton cœur adoré
En perd le souvenir, plus je m'en souviendrai.
Vois-tu d'un œil content cet appareil rustique,
Le monument heureux de notre culte antique,
Où nos peres bientôt recevront les sermens
Dont nos cœurs et les dieux sont les sacrés garans?
Obéide, il n'a rien de la pompe inutile
Qui fatigue les dieux dans ta superbe ville.
Il n'a pour ornement que des tissus de fleurs,
Présens de la nature, images de nos cœurs.

OBÉIDE

Va, je crois que des cieux le grand et juste Maître
Préfère ce saint culte et cet autel champêtre
A nos temples fameux que l'orgueil a bâtis.

Indatire lui apprend que des Persans qui viennent d'arriver, désirent voir cette fête. Obéide à cette nouvelle frémit et pâlit. Indatire attribue cet effet à la terreur seule, et veut la rassurer. Obéide regarde sa compagne et l'avertit que Sozame et Hermodan s'avancent. Obéide se remet et dit,

Allons. . . . Je l'ai voulu.

Hermodan et Sozame paraissent, et la cérémonie du mariage commence.

HERMODAN

Voici l'autel Sacré,
L'autel de la nature à l'amour préparé,
Où je fis mes sermens, où jurèrent nos pères.
Nous n'avons point ici de plus pompeux mystères,
Notre culte, Obéide, est simple comme vous.

SOZAME

De la main de ton père accepte ton époux.

Obéide et Indatire mettent la main sur l'autel.

INDATIRE

Je jure à ma patrie, à mon père, à moi-même,
A nos dieux éternels, à cet objet que j'aime,
De l'aimer encor plus quand cet heureux moment
Aura mis Obéide aux mains de son amant;
Et toujours plus épris et toujours plus fidèle,
De vivre, de combattre et de mourir pour elle.

OBÉIDE

Je me soumets, grands dieux, à vos augustes loix.

En ce moment les Persans paraissent dans le fond. Obéide apperçoit Athamare et s'évanouit. On l'emporte sans qu'Athamare ait pu la reconnaître sous son voile.

Sozame arrête les Persans, et reproche à Athamare d'oser le troubler jusques dans sa retraite. Athamare demande à être écouté. Il exalte les vertus de Sozame. Il lui apprend que Smerdis est mort, et qu'il est le Souverain d'Ecbatane, qu'il veut tout réparer.

> Je partage avec toi mes trésors, ma puissance
> Ecbatane est du moins sous mon obéissance:
> C'est tout ce qui demeure aux enfans de Cyrus
> Tout le reste a subi les loix de Darius.
> Mais je suis assez grand si ton cœur me pardonne.

Il le conjure de retourner avec lui dans sa patrie.

> Ecoute en ta faveur ton Prince qui te prie
> Qui met à tes genoux sa faute et ses douleurs,
> Et qui s'honore encor de les baigner de pleurs.

Hermodan est attendri, Sozame répond:

> Malgré tous mes affronts je pourrais pardonner
> Tu sais quel est mon cœur, il n'est point inflexible
> Mais je lis dans le tien; je le connais sensible
> Je vois trop les chagrins dont il est désolé,
> Et ce n'est pas pour moi que tes pleurs ont coulé
> Il n'est plus temps. Adieu.................
> ....
> Retourne en tes Etats où tu devais rester,
> Abandonne un objet qui te les fit quitter.
> Tu m'entends, il suffit.

Sozame part, et Athamare reste consterné. Il soupçonne que cette femme voilée qu'il a apperçue auprès de l'autel était Obéide.

> Au bout de l'univers, Obéide m'entraine:
> Son esclave échapé lui rapporte sa chaîne,

Il craint et il devine son malheur, celui d'avoir perdu Obéide sans retour. Tantôt il se flatte que son père n'aura osé la forcer à un choix indigne d'elle. Tantôt il se désespère, et jure de mourir plutôt que de renoncer à Obéide. Indigné de la manière, dont Sozame a reçu ses offres, il prétend qu'un prince qui s'humilie jusqu'à demander grâce doit l'obtenir.

Acte troisième.

Athamare apprend par Hircan qu'Obéide est mariée à Indatire, en le voyant, elle est tombée sans connaissance. Il attribue cet accident à son ressentiment et à sa haine pour lui.

> Elle imite son père, et je lui fais horreur.

Il s'emporte contre Indatire, menace ses jours, et se promet de périr ou de rompre ce mariage. Il apperçoit Indatire à la tête d'une troupe de jeunes Scythes. On lui dit qu'ils vont célébrer des jeux guerriers. Il en infère qu'au moins Obéide n'est plus en danger. Elle parait. Athamare l'aborde en frémissant

> Le Ciel de tous côtés m'a fait enfin mon maître:
> Smerdis et mon épouse en un même tombeau
> De mon fatal hymen ont éteint le flambeau.

Il demande sa grâce. Et son trône et sa vie, il met tout aux pieds d'Obéide. Elle lui répond:

> Sans un crime à mon coeur tu ne pouvais prétendre,
> Sans un crime plus grand je ne saurais t'entendre.
> . . . .
> Je me vois aujourd'hui ce que tu fus alors,
> Sous le joug de l'hymen Obéide respire,
> Cesse de m'accabler et respecte Indatire.

C'est en vain qu'Athamare continue à presser Obéide d'abandonner son époux. Par respect pour Obéide, il se retire à l'approche de Sozame. Sozame vient apprendre à sa fille les propositions qu'Athamare lui fait faire:

> de violer ma foi,
> De briser des liens qui sont formés par toi,
> De trahir Indatire à qui l'hymen t'engage.
> Il m'offre de ses biens l'inutile avantage,
> Et pour mes derniers jours une vaine grandeur.

Obéide lui demande comment il a reçu ces offres? Avec horreur, lui répond son père. Il lui parle ensuite des droits d'Indatire, et de la sévérité des loix qui règnent parmi les Scythes.

OBÉIDE

> Seigneur, vous vous borniez à me persuader:
> Pour la première fois pourquoi m'intimider?
> . . . .
> Votre fille jamais ne craindra son époux.
> Je vois tout mon devoir . . . ainsi que ma misère.
> Allez, vous n'avez point de reproche à me faire.

SOZAME

> Va, ton père est bien loin de te rien reprocher.
> Ton époux fut ton choix et sans doute il t'est cher.

Obéide seule avec sa compagne lui découvre son âme toute entière, Sulma ose lui conseiller de suivre les intérêts de son cœur. Obéide dédaigne cet avis et le rejette. Sulma insiste:

> Dans cet affreux état que faire?

OBÉIDE

> Mon devoir.

Acte quatrième.

Athamare demande à Hircan s'il pense qu'Indatire osera venir lui parler. Hircan l'assure qu'il n'en doute pas. Il craint même qu'Athamare ne compromette l'honneur de son rang.

ATHAMARE

> Je m'abaisse, il est vrai, mais je veux tout tenter
> Je descendrais plus bas pour la mieux mériter
> Ma honte est de la perdre et ma gloire éternelle
> Serait de m'avilir pour m'élever vers elle.

Il ose encore se flatter qu'Indatire ne connaîtra pas tout le prix d'Obéide:

> Ainsi qu'une autre femme il épouse Obéide.

Hircan ne l'espère pas.

> Le Ciel sait animer
> Des mêmes passions tous les êtres du monde
> Si du même limon la nature féconde
> Sur un modèle égal ayant fait les humains,
> Varie à l'infini les traits de ses desseins
> Le fond de l'homme reste; il est partout le même
> Persan, Scythe, Indien, tout défend ce qu'il aime.

ATHAMARE

> Je le défendrai donc: je saurai le garder.

Hircan lui représente qu'il hazarde beaucoup.

ATHAMARE

> Ma vie? Elle n'est rien sans l'objet qu'on m'arrache
> Mon nom? Quoiqu'il arrive, il restera sans tâche
> Mes amis? Ils ont trop de courage et d'honneur
> Pour n'avoir rien à redouter de ces agrestes guerriers.

Il apperçoit quelqu'un. C'est Indatire. Athamare ordonne à Hircan de s'éloigner, et qu'aucun des siens n'approche sans son ordre.

La scène entre Athamare et Indatire qui suit, est une des plus belles de cette tragédie. Athamare demande à son rival s'il sait à qui il parle. Indatire le sait, mais n'en est point étonné. Il ajoute:

> On dit, mais j'en crois peu la vaine renommée
> Que tu peux dans la plaine assembler une armée,
> Une troupe aussi forte, un camp aussi nombreux,
> De guerriers soudoyés et d'esclaves pompeux
> Que nous avons ici de citoyens paisibles.

Athamare l'assure que cela est ainsi,

> Le dernier des Persans de ma solde honoré
> Est plus riche et plus grand et plus considéré

Que tu ne saurais l'être aux lieux de ta naissance,
Où le Ciel vous fit tous égaux, par l'indigence,

INDATIRE

Qui borne ses désirs est toujours riche assez.

Athamare lui présente l'appât de la gloire qu'il peut acquérir à son service, et sur ce qu'Indatire s'écrie:

A servir sous un maître on me verrait descendre!

Athamare lui dit:

J'ai parmi mes guerriers des Scythes comme toi.

Indatire lui répond que ce sont des Scythes pervertis.

Leurs infidelles mains
Ont abandonné l'art qui nourrit les humains,
Pour l'art qui les détruit . . . .
Ils ont vendu leur sang aux maîtres de la terre.

Athamare ne pouvant réussir à gagner Indatire, vient enfin à son objet. Il lui demande s'il se croit juste, et sur ce qu'Indatire l'en assure, il lui dit:

Rends moi donc le trésor que tu viens de m'ôter,
Rends à son maître une de ses sujettes . . . .

INDATIRE

Elle était ta sujette! Oses-tu bien prétendre
Que des droits des mortels on ne jouisse pas,
Dès qu'on a le malheur de naitre en tes Etats?
Le Ciel, en le créant, forma-t-il l'homme esclave?
La nature qui parle et que ta fierté brave,
Aura-t-elle à la glèbe attaché les humains
Comme les vils troupeaux mugissant sous nos mains?

Athamare lui objecte à la fin sa passion extrême pour Obéide, bien antérieure à celle d'Indatire . . .

Avant que les destins eussent pu t'accorder
L'heureuse liberté d'oser la regarder . . .
Ce trésor est à moi, Barbare il faut le rendre.

INDATIRE

Sa libre volonté m'a choisi pour époux.

. . . .

O toi qui te crois grand, qui l'est par l'arrogance,
Sors d'un asyle Saint de paix et d'innocence.

. . . .

Tu n'es pas Prince ici.

ATHAMARE

Ce sacré caractère
M'accompagne en tous lieux, sans m'être nécessaire
Je suis homme, on m'outrage et ce fer me suffit

> Pour remettre en mes mains le bien qu'on me ravit
> Cède Obéide, ou meurs, ou m'arrache la vie.

Indatire hésite de violer ainsi le droit de l'hospitalité. Athamare insiste:

> Meurs, te dis-je, ou me tue . . . On vient, retire toi
> Et si tu n'es un lâche. . . . . .

INDATIRE
> Ah c'en est trop.

ATHAMARE
> Suis moi
> Je te fais cet honneur.

Indatire en voulant suivre Athamare, est arrêté par les deux vieillards qui lui disent que la destin l'attend. Il se débarrasse d'eux et dit en s'en allant:

> O cher objet, je te mériterai.

Sozame est étonné de ce départ brusque; Hermodan en est inquiet, il croit avoir remarqué sur le visage de son fils des signes de fureur, il croit même avoir vu que le Persan le menaçait. Sozame en frémit. Il connait Athamare: il sait qu'il est capable de tout. L'effroi d'Hermodan en redouble. Il ne peut avancer; il se soutient à peine. Il entend du bruit; il ordonne que les combattans s'assemblent. Sozame veut le calmer.

Athamare reparait, crie aux armes, et ordonne aux siens d'enlever Obéide. Hermodan lui demande s'il sait que son fils est un vengeur?

ATHAMARE
> Il m'en coûte
> D'affliger ta vieillesse et de percer ton cœur.
> Ton fils eût mérité de servir ma valeur;
> Mais il a dû tomber sous la main qui l'immole.
> Vieillard, ton fils n'est plus. Que ton cœur se console;
> Il est mort en brave homme.

A cette nouvelle, Hermodan tombe sans connaissance, sur le banc de gazon. Athamare dit à Sozame qu'il ne lui reste à présent d'autre parti que de conduire sa fille et de le suivre. Il sort.

Sozame demeure auprès du père infortuné qui se relevant avec peine lui dit:

> Mon ami, fais au moins que j'expire
> Sur le corps étendu de mon fils expirant.

SOZAME
> Trois amis y seront: la même sépulture
> Contiendra notre cendre.

On entend les cris des combattans.

HERMODAN
> Ah, l'on venge mon fils, je retrouve mes sens.

Obéide survient, éplorée, au désespoir. Elle dit à Hermodan:

> Ton fils vient d'expirer. J'en suis la cause unique.
> Mon malheureux amant a tué mon époux.

Elle apprend aux deux vieillards qu'on combat sur le corps d'Indatire, mais elle veut les empêcher de se jetter dans la mêlée. Sozame ne l'écoute pas.

> Et c'est dans un combat
> Qu'un vieillard comme moi doit tomber en soldat.

Un Scythe arrive et apprend à Hermodan que son fils est vengé. Les Persans sont vaincus.

> Ce fier Athamare
> Sur nos Scythes mourans qu'a fait tomber sa main
> Epuisé, sans secours, envelopé soudain,
> Il est couvert de sang, il est chargé de chaînes.

HERMODAN

> De ce cruel enfin nous serons vengés tous:
> Nos loix, nos justes loix, seront exécutées.

Obéide demande en tremblant quelles sont ces loix? Hermodan se contente de lui dire que les dieux les ont dictées. Il ordonne qu'on prépare l'autel entouré de lauriers. Nous t'apprendrons bientôt, dit-il à Obéide,

> ce qu'une austère loi
> Attend de mon pays et demande de toi.

Il sort, Obéide est glacée d'effroi. Son père lui promet de lui expliquer ce mystère odieux. Elle lui répond:

> Ah, laissez-moi mourir, Seigneur, sans vous entendre.

Acte cinquième.

Obéide, Sozame, Hermodan, Troupe de Scythes armés de javelots. On porte un autel couvert de crêpe et entouré de lauriers. Un Scythe met un glaive sur l'autel. Hermodan s'adresse à Obéide:

> As-tu chéri mon fils?

Obéide lui répond:

> Un vertueux penchant,
> Mon amitié pour toi, mon respect pour Sozame
> Et mon devoir surtout, Souverain de mon âme,
> M'ont rendu cher ton fils. Mon sort suivait son sort.
> J'honore sa mémoire, et j'ai pleuré sa mort.

Hermodan lui apprend que la loix de la patrie exige que le sang du meurtrier soit versé par elle.

> Que l'autel de l'hymen soit l'autel des vengeances.

Obéide répond qu'Athamare est d'un sang qui doit être révéré, que les lois de Scythie n'ont point été faites pour les rois, et qu'elles lui sont à elle-même étrangères,

Qu'Athamare est trop grand pour être un assassin
Et que si mon époux est tombé sous sa main,
Son rival opposa sans aucun avantage.
Le glaive seul au glaive et l'audace au courage:
Que de deux combattans d'une égale valeur
L'un tue et l'autre expire avec le même honneur
Peuples qui connaissez le prix de la vaillance,
C'est à vous de juger; j'ai dit ce que je pense.
C'est pour vous que je parle . . . et j'agirai pour vous
Scythes, c'est donc ce bras qui doit porter vos coups.

Un Scythe déclare à Obéide que si elle ne se charge pas du sacrifice, Athamare mourra dans des tourmens affreux. Hermodan lui-même insiste.

Tu ne peux rejetter un droit si légitime.

Obéide l'accepte. Sozame en frémit. Obéide continue:

Vous aurez la victime
J'appris à surmonter mes plus chers sentimens:
Scythes, je sais me vaincre et garder mes sermens.

Elle promet vengeance à Hermodan mais elle exige que le captif condamné ne soit amené qu'au moment qu'elle aura soin d'indiquer elle-même, et qu'en attendant on lui laisse la liberté de s'entretenir avec son père. Sozame est consterné. Il plaint sa fille. Sa patrie d'ailleurs qui n'a jamais été effacée de son cœur, reprend sur lui tous ses droits. Obéide lui demande:

Aviez-vous bien connu mes sentimens secrets?
Dans le fond de mon cœur aviez-vous daigné lire?

SOZAME

J'ai pensé que ta main n'acceptait Indatire
Que pour ne pas aigrir un père infortuné
Qui voulait cet hymen sans l'avoir ordonné.
Mais je n'ai jamais cru qu'en fuyant la Médie
Ton âme à ton devoir toujours assujettie
Pardonnât en secret aux transports outrageans
Dont un Prince coupable effraya tes beaux ans.

Je croyais, continue-t-il, que le seul renoncement à la patrie, à la Cour, aux honneurs, aux biens, aux hommages

Te coutait les soupirs que j'avais entendus.

Obéide exige de son père d'obtenir des Scythes que le reste des Persans soit mis en liberté et repasse les monts sur la foi du traité. Sozame ne désespère pas d'y réussir; mais Athamare n'en périra pas moins; lui qui lui fut si cher.

OBÉIDE

Il l'est . . . mais je suis Scythe . . . et le fus pour vous plaîre . . .
Le climat quelquefois change le caractère.

Sozame s'étonne et frémit. Sa fille n'insiste que sur ce traité qu'elle le conjure

143

d'obtenir et de presser en faveur de leurs compatriotes. Son père promet de plus de demander la grâce d'Athamare.

OBÉIDE

Vous m'avez dit vous-même en croyant m'étonner,
Que les Scythes jamais n'avaient sçu pardonner.

Sozame espère qu'elle pourra les fléchir.

OBÉIDE

Je sais que d'Indatire il faut venger le père.
Sauvez nos citoyens: j'attends ici mon sort.

Sozame part et Obéide seule s'abandonne à sa douleur. Elle s'arrête enfin à un parti sur lequel elle ne s'explique pas.

Mon malheur vint toujours de me trop captiver
Sous d'inhumaines loix que j'aurais dû braver.
Je mis un trop haut prix à l'estime, au reproche
Je fus esclave assez . . . ma liberté s'approche.

Sulma vient mêler ses larmes à celles d'Obéide qui lui confirme toute la rigueur de son sort. Elle s'emporte contre les Scythes et les maudit et puis elle s'arrête.

Les imprécations ne nous secourent pas.

Sulma veut la calmer, et lui représente qu'elle n'est pas encore réduite à ce point de désespoir; mais Obéide l'assure que sans cet horrible sacrifice Athamare périrait d'une mort plus cruelle. Elle s'abandonne ensuite à toute sa passion.

Quand l'excès de ses feux n'égale pas les miens,
Lorsque je l'idolâtre, il faudra qu'Obéide
Plonge au sein d'Athamare un couteau parricide.

Sulma ose la flatter que les Scythes seront touchés de tant d'amour, mais Obéide connait leur inflexibilité.

Telles sont les âmes inhumaines
Tel est l'homme sauvage à lui-même laissé:
Il est simple, il est bon s'il n'est point offensé;
Sa vengeance est sans borne.

Sozame revient et lui apprend le succès de sa négociation.

Du moins nos Persans assiégés
Des pièges de la mort seront tous dégagés.

Hermodan qui les suit confirme cette nouvelle.

Des manes de mon fils la victime attendue
Suffit à ma vengeance autant qu'elle m'est dûe.

OBÉIDE

Vous avez donc juré
Que de tous les Persans le sang sera sacré
Sitôt que cette main remplira vos vengeances.

HERMODAN

Nous le jurons encor: les célestes puissances
N'ont jamais vu des Scythe oser trahir sa foi.

Sur ce serment Obéide demande qu'Athamare paraisse. On l'amène enchaîné.
Elle se place entre lui et Hermodan. Athamare encourage Obéide à lui donner
la mort.

Prends ce fer. Ne crains rien: que ton bras homicide
Frappe un cœur à toi seule en tout temps réservé.
On y verra ton nom que l'amour a gravé.

OBÉIDE

O Scythes inhumains,
Connaissez dans quel sang vous enfoncez vos mains:
Athamare est mon Prince. Il est plus ... Je l'adore,
Je l'aimai seul au monde.

Athamare s'écrie qu'il meurt content, Obéide s'avance et dit:

L'hymen, cet hymen que j'abjure,
Dans un sang criminel doit laver son injure.

Elle lève le glaive entre Athamare et elle.

Vous jurez d'épargner tous mes concitoyens:
Il l'est. Sauvez ses jours. L'amour finit les miens.

Elle se frappe.

Vis, mon cher Athamare, en mourant je l'ordonne.

Elle tombe contre l'autel.

ATHAMARE

La force m'abandonne;
Mais il m'en reste assez pour me rejoindre à toi,
Chère Obéide!

Il veut saisir le fer sacré. Un Scythe l'en empêche et lui dit:

Arrête, et respecte la loi:
Ce fer serait souillé par des mains étrangères.

Athamare tombe sur l'autel.

HERMODAN

Dieux, vites-vous jamais deux plus malheureux pères.

SOZAME

Dieux, de tous mes malheurs vous achevez le cours.
Tu dois vivre, Athamare, et j'ai payé tes jours.
Auteur infortuné des maux de ma famille,
Ensevelis du moins le père avec la fille.
Va régner malheureux.

HERMODAN
Soumettons nous au sort.
Soumettons nous au Ciel arbitre de la mort.
Scythes; contentez-vous de ce grand sacrifice,
Et sans être inhumains cultivons la justice.

A présent. S'il était permis de hazarder quelques réflexions d'après ce que vous venez de lire [CLT.vii.208: on pourrait craindre que cette tragédie ne languît un peu en quelques endroits].

438. Best.D13289. G.1138.G, f.52*r*; S.VU.29.8 (1er février 1767); Mw.ii, f.35*r* (1er février 1767).

439. Best.D13295: texte incomplet. G.1138.G, f.52*v*; S.VU.29.8 (1er février 1767); Mw.ii, f.35*v* (1er février 1767).

1er février 1767
440. Best.D13302: texte incomplet. G.1138.G, f.63*r*; S.VU.29.8 (15 février 1767); Mw.ii, f.50*r* (15 février 1767).

441. Best.D13307: texte incomplet. G.1138.G, f.63; S.VU.29.8 (15 février 1767); Mw.ii, f.50 (15 février 1767). A 'l'article dont vous m'avez parlé', Grimm ajoute la note suivante: 'L'article Tolérance dans l'Encyclopédie'.

15 février 1767
442. Best.D13311: texte incomplet. CL.1813.v.243-44; G.1138.G, f.75*r*; S.VU.29.8 (1er mars 1767); Mw.ii, f.60*r* (1er mars 1767). Les notes textuelles de Best.D13311 nous semblent erronées et il faudrait lire 'EDI was copied from MS2'.

443. Best.D13318. G.1138.G, f.75; S.VU.29.8 (1er mars 1767); Mw.ii, f.60 (1er mars 1767).

444. Best.D13326. CL.1813.v.252-54; G.1138.G, f.75*v*; S.VU.29.8 (1er mars 1767); Mw.ii, f.60*v* (1er mars 1767).

1er mars 1767
445. *La Guerre civile de Genève* (chant premier): texte complet avec variantes (M.ix.515-22). G.1138.G, ff.85*r*-87*v*; S.VU.29.8 (15 février 1767).

1er avril 1767

446. Best.D.app.291: texte complet avec variantes. G.1138.G, ff.124r-26r; S.VU.29.8; Mw.ii, ff.70v-72v. A la suite de cette pièce, Grimm ajoute:

Cette lettre est imprimée à Genève, mais on n'en a pas voulu permettre l'impression a Paris, à cause de l'éloge de M. Jean Fréron qui, comme on l'a très bien senti, retombe indirectement sur la Police qui tolere ses feuilles. M. de Voltaire doit une réparation à ce pauvre M. Coquelet, Avocat, qui se trouve injustement impliqué dans ce panégyrique, et qui jure ses grands dieux qu'il n'a jamais été censeur ni approbateur d'une seule ligne de l'Annee littéraire. Apres les noms augustes et respectables qui sont inscrits ici dans la liste des bienfaiteurs des Sirven, j'avoue que ce qui me parait le plus touchant est le zele avec lequel M. de Voltaire a protégé depuis plus de deux ans sans relâche cette nouvelle famille d'innocens opprimés. Ce zele est très différent de celui de M. de Beaumont, mais il entre dans le système du généreux Philosophe de Ferney de prôner les avocats qui osent se servir de leur plume pour abattre le fanatisme, et de les payer en la monnoie dont il est dépositaire, celle de la renommée et de l'immortalité, afin de pénétrer toutes les ames honnêtes de l'horreur de cette hydre qui a fait tant de profondes blessures à l'humanité; et ce but même est louable. C'est par cette raison qu'il loue le Mémoire que M. Cassen vient de faire pour les Sirven, d'office et sans avoir été requis par personne. Ce Memoire est platement et détestablement écrit, ce qui n'empêche pas que les intentions de M. Cassen ne soient bonnes. C'est par cette raison aussi que vous lisez ici un magnifique eloge de M. Chardon, Maitre des Requêtes, dont la réputation n'est pas sans tache, et ne peut sous aucun rapport être mise en parallèle avec celle de M. de Crosne et M. de Baquencourt. Il faut conserver ici les vers que M. de Voltaire a envoyés au Roi de Danemark, pour remercier sa Majesté du bienfait dont elle a honoré la famille Sirven.

447. Best.D13917: extrait, de 'Pourquoi, généreux Prince, âme tendre et sublime' jusqu'à 'Ceux qui font des heureux sont les vrais conquérants'. G.1138.G, f.126r; S.VU.29.8.

15 avril 1767

448. *Anecdote sur Bélisaire*: texte complet avec variantes (M.xxvi.109-14). G.1138.G, ff.129r-32r; S.VU.29.8 (1er avril 1767); Mw.ii, ff.78v-80v. Grimm annonce ainsi cette pièce: '[CLT.vii.294: l'amendement des coupables et l'avancement en arrière de la raison en ce royaume de France. Amen]. Ici suit le petit Ecrit de Ferney dont il est fait mention au procès verbal ci-dessus.'

449. Best.D14018: extrait, de 'Vénérables sorboniqueurs', jusqu'à 'Vous donner la vie éternelle'. G.1138.G, f.132r; S.VU.29.8 (1er avril 1767); Mw.ii, f.81r. Grimm annonce ainsi cette pièce: 'Autres vers que je crois de Ferney, sur le même sujet.'

450. Best.D13375: texte incomplet avec variantes. G.1138.G, f.136; S.VU.29.8 (1er avril 1767); Mw.ii, f.85. A 'je ne pense pas qu'on doive blâmer le Lord Bolingbroke', Grimm ajoute la note suivante: 'Il parle de l'Examen important qu'on trouve dans le Recueil nécessaire, et qui est de Mylord Bolingbroke comme de moi.'

451. Best.D13384. G.1138.G, f.136v; S.VU.29.8 (1er avril 1767); Mw.ii, f.85v.

1er mai 1767

452. Best.D13391: texte incomplet. CL.1813.v.303-304; G.1138.G, f.146r; S.VU.29.8; Mw.ii, f.95r. CL.1813 est plus complet que les manuscrits G. et S.

453. Best.D13394. CL.1813.v.304; G.1138.G, f.146; S.VU.29.8; Mw.ii, f.95. Le texte des manuscrits de G. et S. est plus complet que CL.1813.

454. Best.D13405. G.1138.G, f.146v; S.VU.29.8; Mw.ii, f.95v. Le texte de Best.D13405 lit 'Je suis plus embarrassé de Voltaire des Sirven', ce qui n'a aucun sens et qu'il faut corriger selon les manuscrits de G. et S. par 'Je suis bien plus embarrassé de l'affaire des Sirven'.

15 mai 1767

455. *La Guerre civile de Genève* (chant iii): texte complet avec variantes (M.ix.533-39). G.1138.G, ff.149v-52v; S.VU.29.8; Mw.ii, ff.98v-101v.

456. Best.D13409. G.1138.G, f.156r; S.VU.29.8; Mw.ii, f.105r.

457. Best.D13413. G.1138.G, f.156v; S.VU.29.8; Mw.ii, f.105v.

458. Best.D13421. G.1138.G, f.156v; S.VU.29.8; Mw.ii, f.105v.

1er juin 1767

459. Best.D13431. G.1138.G, f.168r; S.VU.29.8; Mw.ii, f.117r.

460. Best.D13428. G.1138.G, f.168; S.VU.29.8; Mw.ii, f.117.

15 juin 1767
461. *Seconde anecdote sur Bélisaire* (M.xxvi.169-72). G.1138.G, ff.173r-75v.

462. Best.D13434. CL.1813.v.304-305; G.1138.G, f.178r; S.VU.29.8; Mw.ii, f.125r. Il semble qu'il faille corriger les notes textuelles de Best. D13434 afin de lire 'MS2 was copied from EDI'.

463. Best.D13443. CL.1813.v.305-306; G.1138.G, f.178; S.VU.29.8; Mw.ii, f.125.

464. Best.D13442. CL.1813.v.306-307; G.1138.G, f.178v; S.VU.29.8; Mw.ii, f.125v.

1er juillet 1767
465. Best.D13449: texte complet avec variantes. G.1138.G, f.188r; S.VU.29.8; Mw.ii, f.135r.

466. Best.D13454: texte complet avec variantes. G.1138.G, f.188v; S.VU.29.8; Mw.ii, f.135v.

467. Best.D13456: texte incomplet. CL.1813.v.307-308; G.1138.G, f.188r; S.VU.29.8; Mw.ii, f.135v. Le texte de CL.1813 est plus complet que les manuscrits de G. et S.

15 juillet 1767
468. Best.D13461. CL.1813.v.308-309; G.1138.G, f.197r; S.VU.29.8; Mw.ii, f.144r. Le texte de CL.1813 présente quelques variantes avec les manuscrits de G. et S.

469. Best.D13466: texte incomplet. CL.1813.v.309-10; G.1138.G, f.197r; S.VU.29.8; Mw.ii, f.144. Le texte de CL.1813 est plus complet que les manuscrits de G. et S.

470. Best.D13469: texte incomplet. CL.1813.v.310-12; G.1138.G, ff.197v-98r; S.VU.29.8; Mw.ii, ff.144v-45r. Le texte de CL.1813 est plus complet que les manuscrits de G. et S.

471. Best.D13476: texte incomplet. G.1138.G, f.198*r*; S.VU.29.8; Mw.ii, f.145.

472. Best.D13483: texte incomplet. G.1138.G, f.198*v*; S.VU.29.8; Mw.ii, f.145*v*.

1er août 1767

473. Best.D13487. G.1138.G, f.206; S.VU.29.8; Mw.ii, f.153. A 'bien difficile de se concilier'* et à 'dont on plaint le malheur'**, Grimm ajoute respectivement les notes suivantes:* 'M. Tonpla, anagramme de Platon, c'est-à-dire M. Diderot. Il s'agissait toujours d'engager plusieurs philosophes de France d'aller s'établir à Clèves avec le Patriarche. Toutes les lettres de Messieurs Boursier et Compagnie sur la nouvelle manufacture sont relatives à ce projet inspiré par l'horreur de la tragédie d'Abbeville' et** 'M. de la Chalotais'.

474. Best.D13498. CL.1813.v.312-13; G.1138.G, f.206*v*; S.VU.29.8; Mw.ii, f.153*v*. Il faut corriger les notes textuelles de Best.D13498 afin de lire 'MS2 was copied from ED1'.

15 août 1767

475. Best.D13500: texte incomplet. G.1138.G, f.214; S.VU.29.8; Mw.ii, f.161.

476. Best.D13503: texte incomplet. G.1138.G, f.214*v*; S.VU.29.8; Mw.ii, f.161*v*.

1er septembre 1767

477. Best.D13510. CL.1813.v.314; G.1138.G, f.224*r*; S.VU.29.8; Mw.ii, f.171*r*.

478. Best.D13513: texte incomplet. G.1138.G, f.224; S.VU.29.8; Mw.ii, f.171.

479. Best.D13520: texte incomplet. CL.1813.v.314-15; G.1138.G, f.224*v*; S.VU.29.8; Mw.ii, f.171*v*. CL1813 est plus complet que G. et S. Il faut corriger les notes textuelles de Best.D13520 afin de lire 'MS2 was copied from ED1'.

15 septembre 1767

480. Best.D14363. CLT.vii.420-21; S.VU.29.8; Mw.ii, ff.176v-77r
A 'Je ne connais point le livre'*, Grimm ajoute la note suivante:* 'De
l'Ordre naturel et essentiel des Sociétés politiques par M. le Mercier
de la Rivière'.

481. Best.D13525: texte complet avec variantes. S.VU.29.8; Mw.ii,
f.182.

482. Best.D13535: texte incomplet. CL.1813.v.376; S.VU.29.8; Mw.ii,
f.182v.

483. Best.D13540. Mw.ii, f.182v.

484. Best.D13547. CL.1813.v.377; S.VU.29.8; Mw.ii, ff.182v, 183v.

485. Best.D13550. S.VU.29.8; Mw.ii, f.183v. Il faudrait lire 'M.
Chardon' dans Best.D13550 pour 'M. Chaudon'.

1er octobre 1767

486. Best.D13559: texte incomplet. G.1138.G, f.233r; S.VU.29.8.

487. Best.D13562. G.1138.G, ff.233r-34r; S.VU.29.8.

488. Best.D13573. G.1138.G, f.234; S.VU.29.8. A 'lettre pathétique
et convaincante', Grimm ajoute la note suivante: 'De M. de la Chalotais'.

489. Best.D13585: texte incomplet. G.1138.G, f.245r; S.VU.29.8;
Mw.ii, f.190r.

490. Best.D13589. CL.1813.v.380-81; G.1138.G, f.245; S.VU.29.8;
Mw.ii, f.190.

491. Best.D13593: texte incomplet. G.1138.G, ff.245v-46r; S.VU.29.8;
Mw.ii, ff.190v-91r.

492. Best.D13596: texte incomplet avec additions. G.1138.G, f.246;
S.VU.29.8; Mw.ii, f.191. L'extrait, de 'Il se serait mieux vendu s'il avait
paru' jusqu'à 'Nous n'avons pas un moment à perdre', devrait se lire
ainsi:

Il se serait mieux vendu s'il avait paru avant l'affaire de m. de la Luzerne. Je vois avec douleur que M. de Beaumont a beaucoup d'ennemis. C'est un malheur attaché au mérite; mais les Sirven en souffriront. N'importe, il faut aller en avant. La protection de messieurs les ducs de Choiseul et de Praslin nous soutiendra. Nous aurons la protection de madame la duchesse d'Anville auprès de m. le comte de St Florentin. Enfin nous sommes engagés, et nous n'avons pas un moment à perdre.

1er novembre 1767

493. *Vers à m. de Voltaire par m. de La Harpe*, 'François d'Assise fut un gueux'. CLT.vii.470; G.1138.G, f.251*v*; S.VU.29.8; Mw.ii, f.196 (cf. Bengesco, i.310).

494. *Réponse à messieurs de Laharpe et de Chabanon*, 'Ils ont berné mon capuchon' (M.x.582). CLT.vii.470; G.1138.G, f.251*v*; S.VU.29.8; Mw.ii, f.196*v*.

495. *Epigramme contre Dorat*, 'Bon Dieu! que cet auteur est triste en sa gaieté'. CLT.vii.471; G.1138.G, f.252*r*; S.VU.29.8. Cette pièce est de La Harpe (cf. Bengesco, iv.306-307).

496. Best.D13604. CL.1813.v.381-83; G.1138.G, f.257; S.VU.29.8; Mw.ii, f.202.

497. Best.D13608. G.1138.G, ff.257*v*-58*r*; S.VU.29.8; Mw.ii, ff.202*v*-203*r*.

498. Best.D13620. G.1138G, f.258; S.VU.29.8; Mw.ii, f.203.

499. Best.D13622. CL.1813.v.383-84; G.1138.G, f.258*v*; S.VU.29.8; Mw.ii, f.203*v*. Le texte des manuscrits G. et S. est plus complet que celui de CL.1813.

15 novembre 1767

500. *La Guerre civile de Genève* (chant ii): texte complet avec variantes (M.ix.523-31). G.1138.G, ff.262*v*-65*v*; S.VU29.8; Mw.ii, ff.207*r*-10*v*. Grimm annonce ainsi cette pièce: '[CLT.vii.488: *Genus irritabile vatum* est vrai dans toute l'étendue du terme.] Lisons donc ce second chant.'

501. Best.D13630. CL.1813.v.384-85; G.1138.G, f.267*r*; S.VU.29.8; Mw.ii, f.212*r*.

502. Best.D13635. CL.1813.v.385-86; G.1138.G, f.267; S.VU.29.8; Mw.ii, f.212.

503. Best.D13639. CL.1813.v.387; G.1138.G, ff.267v-68r; S.VU.29.8; Mw.ii, ff.212v-13r.

504. Best.D13646: texte complet avec variantes. CL.1813.v.388-90; G.1138.G, f.268; S.VU.29.8; Mw.ii, f.213.

505. Best.D13653. CL.1813.v.390; G.1138.G, f.268v; S.VU.29.8; Mw.ii, f.213v.

1er décembre 1767

506. *Epigramme contre Piron*, 'Le vieil auteur du cantique à Priape'. CLT.vii.500; G.1138.G, ff.274v-75r; S.VU.29.8. Cette épigramme est de Marmontel (cf. Bengesco, iv.307).

507. *Réponse de Piron*, 'Vieil apprentif, soyez mieux avisé'. CLT.vii. 500-501; G.1138.G, f.275r; S.VU.29.8 (cf. Bengesco, iv.307).

508. Best.D14465. G.1138.G, f.277v; S.VU.29.8; Mw.ii, f.222. Grimm annonce ainsi cette pièce: '[CLT.vii.505: j'opine pour qu'ils partagent le gâteau de la Sorbonne par moitié.] Voici la réponse que M. de Voltaire a faite à l'épître de M. de Villette où vous sentirez qu'il ne faut pas prendre toutes les expressions au pied de la lettre.'

509. Best.D14539. G.1138.G, ff.277v-78r; S.VU.29.8; Mw.ii, f.222v. Grimm annonce ainsi cette pièce: 'Puisque nous en sommes aux lettres de M. de Voltaire, il faut transcrire ici une autre du 20 Novembre 1767 écrite à Madame***.'

510. Best.D13661. CL.1813.v.391-92; G.1138.G, f.279r; S.VU.29.8; Mw.ii, f.224r.

511. Best.D13665. CL.1813.v.396.

512. Best.D13669. CL.1813.v.397-98; G.1138.G, ff.279r-80r; S.VU. 29.8; Mw.ii, f.224. Le texte de CL.1813 est plus complet que celui des manuscrits G. et S.

513. Best.D13675: texte incomplet. CL.1813.v.399-400; G.1138.G, f.280r; S.VU.29.8; Mw.ii, ff.224v-25r. Le texte de CL.1813 est plus complet que celui des manuscrits G. et S.

514. Best.D13678. CL.1813.v.400; G.1138.G, f.280r; S.VU.29.8; Mw.ii, f.225r.

515. Best.D13683. CL.1813.v.400-401; G.1138.G, f.280; S.VU.29.8; Mw.ii, f.225r. A 'de l'abbé Coyer', Grimm ajoute la note suivante: 'Il n'est pas vrai que cette lettre soit de l'abbé Coyer; elle est du vénérable patriarche'.

516. Best.D13687. CL.1813.v.401-402; G.1138.G, f.280v; S.VU.29.8; Mw.ii, f.225v. Il faut lire 'MS2 was copied from ED1' (cf. notes textuelles de Best.D13687).

517. Best.D13696: texte incomplet. CL.1813.v.402-403; G.1138.G, f.280v; S.VU.29.8; Mw.ii, f.225v. Le texte de CL.1813 est plus complet que celui des manuscrits G. et S.

518. Best.D13336. CL.1813.v.254-55, 414-15.

519. Best.D13371. CL.1813.v.256-57.

520. Best.D13706. CL.1813.v.415-17.

521. Best.D13713. CL.1813.v.417

522. Best.D13720. CL.1813.v.404-405.

523. Best.D13729. CL.1813.v.407-408.

524. Best.D13735. CL.1813.v.405-408.

Supplément à l'année 1767

525. Best.D14039. G.1138.G, ff.283r-84v; Mw.ii, ff.250r-51v.

526. Best.D13744. G.1138.G, f.285r; Mw.ii, f.254v.

527. Best.D13747: texte incomplet. G.1138.G, ff.285v-86r; Mw.ii, ff.254v-55r. Il faut lire '*a*. not on MS2' au lieu de '*a*. not on MS1' dans les

notes textuelles de Best.D13747 en référence à l'extrait de 'je suis bien aise de vous dire' jusqu'à 'qu'une esquisse assez informe'.

528. Best.D13758: texte incomplet avec variantes. G.1138.G, f.286; Mw.ii, f.255. Il faut lire '*c.* not on MS2' au lieu de '*c.* not on MS1' dans les notes textuelles de Best.D13758 en référence à l'extrait de 'Je me suis apperçu' jusqu'à 'Platon l'avez trouvé'.

529. Best.D13764: texte incomplet. CL.1813. v.408-409; G.1138.G, f.286v; Mw.ii, f.255v. Le texte de CL.1813 est plus complet que celui de G.

530. Best.D14089. G.1138.G, f.287r; Mw.ii, f.252r.

531. Best.D13767. CL.1813.v.409.

532. Best.D13778. CL.1813.v.410-12.

1er janvier 1768

533. *Vers de M. de Chabanon à M. de Voltaire.* G.1138.G, f.304r; S.VU.29.9; BHVP.3850, f.5; Mw.iii/iv, f.3v:

> J'ai volé pour vous voir des rives de la Seine
> Et l'estime et le gout de vous m'ont rapproché,
> Faible et timide aiglon sous vos ailes caché,
> J'attends que votre vol me dirige et m'entraine
> Redevenez vous même, et prenez votre essor;
> Faut-il que je vous voie encor
> Pour des songes métaphysiques
> Quitter l'illusion de nos jeux poëtiques?
> Tous vos doutes heureux valent-ils un transport?
> L'homme est un livre obscur et difficile à lire:
> On n'en connait pas la moitié.
> Qu'est ce que notre esprit? Nul ne peut me le dire;
> Mais tel qu'il est, il fait pitié.
> Il est petit, faible et pusillanime,
> Chez tant de sots dignes de nos mépris:
> J'aime à l'etudier dans vos charmants écrits,
> Il s'y peint éclatant, immortel et sublime.

534. *Epître à monsieur de Chabanon.* (M.x.391-92). G.1138.G, f.304; S.VU.29.9; BHVP.3850, f.5v; Mw.iii/iv, f.4r.

535. Best.D13787: texte incomplet. G.1138.G, f.309; S.VU.29.9; BHVP.3850, f.10; Mw.iii/iv, f.9. Cette pièce est précédée de l'annonce suivante: 'Correspondance du Patriarche de Ferney . . . fragmens de cette correspondance' (cf. commentaire de Best.D13787) qui ne figure que dans BHVP.3850, f.10r. Il faut corriger les notes textuelles de Best.D13787 en fonction de Schlobach, p.430.

536. Best.D13815. CL.1813.v.486; G.1138.G, f.309v; S.VU.29.9; BHVP.3850, f.10v; Mw.iii/iv, f.9v.

537. Best.D13817: texte incomplet. CL.1813.v.486-87; G.1138.G, ff.309v-10r; S.VU.29.9; BHVP.3850, ff.10v-11r. Mw.iii/iv, ff.9v-10r. Il faut corriger les notes textuelles de Best.D13817 afin de lire '*e*. only MS1-MS2' (cf. Schlobach, p.431).

538. *Note de la main de F. M. Grimm* (Schlobach, p.431). BHVP.3850, fiche collée entre ff.10 et 11.

539. Best.D13843: texte incomplet. G.1138.G, f.310; S.VU.29.9; BHVP.3850, f.11; Mw.iii/iv, f.10.

540. Best.D13858. CL.1813.v.487; G.1138.G, f.310v; S.VU.29.9; BHVP.3850, f.11v. Mw.iii/iv, f.10v. Il faut corriger les notes textuelles de Best.D afin de lire '*a*. not on MS1-MS2' au lieu de '*a*. not on MS1'.

541. Best.D13862: texte incomplet. CL.1813.v.487; G.1138.G, f.310v; S.VU.29.9; BHVP.3850, f.11v; Mw.iii/iv, f.10v. Il faut corriger les notes textuelles de Best.D13862 afin de lire '*a*. not on MS1-MS2.' Le texte de CL.1813 est plus complet que celui des manuscrits de G., S. et BHVP.

542. Best.D13885: texte incomplet. CL.1813.v.487-88; G.1138.G, f.310v; S.VU.29.9; BHVP.3850, f.11v; Mw.iii/iv, f.10v. Le manuscrit BK doit porter le no.4. Il faut corriger les notes textuelles de Best. D13885 en conséquence et lire 'On MS4, followed by all editions except ED2'.

15 janvier 1768

543. Best.D14625. G.1138.G, ff.318v-19r; S.VU.29.9; BHVP.3850, ff.19v-20r; Mw.iii/iv, ff.20v-21r. Grimm annonce cette pièce ainsi (G.1138.G, f.318v; BHVP.3850, f.19v):

M. Dorat vient de recueillir le plus grand nombre de ses pièces fugitives en un gros volume grand in-octavo orné de vignettes et intitule *Mes fantaisies*. Cela est bien fastidieux à lire de suite et impossible à lire d'un bout à l'autre. Ce n'est pas que ce poëte fécond n'ait une sorte de talent, une assez jolie tournure et quelque fois des vers heureux, mais il n'a point d'idée; il n'a rien dans la tête et il ne sait pas combien un poëte doit être sobre. Le moins de vers qu'on peut faire dit M. de Voltaire, est toujours le mieux. M. Dorat non seulement en fait plus des sept-huitièmes de trop, mais il a encore la faiblesse de les faire imprimer. Ses *Fantaisies* et la longue prose dont elle sont précédées rappellent à chaque page l'epigramme de Ferney:

Bon Dieu, que cet auteur est triste en sa gaieté!

(. . . .)

Ou sa maitresse ou son lecteur.

Il devient aujourd'hui très problématique que cet épigramme soit de M. de Voltaire. Cet homme illustre a même jugé a propos de la désavouer formellement dans la lettre qu'il a écrite à ce sujet à Madame Necker, le vingt-huit Décembre dernier, que je vais transcrire ici.

L'épigramme à laquelle fait allusion Grimm est attribuée à La Harpe (cf. Bengesco, iv.306 et le no.544).

544. Best.D14623. G.1138.G, f.319; S.VU.29.9; BHVP.3850, f.20; Mw.iii/iv, f.21. A la suite de cette pièce, Grimm ajoute (BHVP.3850, f.21r):

Après ces deux lettres, on serait tenté plus que jamais de regarder l'épigramme comme l'ouvrage de M. de Voltaire, mais il passe pour constant qu'elle est de M. de La Harpe, et que M. de Voltaire lui a su très mauvais gré de l'avoir débitée sous son nom. M. Dorat n'a pas osé réimprimer dans ses *Fantaisies* son *Avis* déplacé *Aux Sages*, c'est à dire à Messieurs de Voltaire et Rousseau, et il a fort adouci dans ce recueil son épître à M. de Voltaire sur la complaisance qu'il a d'écrire à tout le monde, mais il est aujourd'hui lui-même très persuadé que l'épigramme contre lui n'est pas de M. de Voltaire.

545. *La Défense de mon maître*: texte complet (M.xxvi.529-30). CLT. viii.29-30; G.1138.G, f.321r; S.VU.29.9; BHVP.3850, f.22r; Mw.iii/iv, f.23r.

546. Best.D14465. G.1138.G, f.322v; BHVP.3850, f.23v. Cette pièce est précédée de l'annonce suivante (CLT.vii.504):

M. le Marquis de Villette vient de publier son *Eloge du roi Charles V surnommé le sage* qu'il a composé l'année dernière pour concourir au prix d'éloquence de l'Académie française [. . .]. L'auteur a dédié son ouvrage à M. de Voltaire qui a du faible pour lui [. . .] Dans son épitre à M. de Voltaire, M. de Villette se moque un peu de M. Thomas. Il nous avoue aussi que c'est principalement l'ennui qui lui a mis la plume à la main suivant l'expression favorite de M. le neveu de l'abbé Bazin, mais l'ennui ne fait pas faire de belles choses comme M. de Villette le prouve par l'amplification de réthorique qu'il a publiée sous le titre d'Eloges de Charles V. Voici la réponse que M. de Voltaire a faite à l'épitre de M. de Villette, où vous sentirez qu'il ne faut pas prendre toutes les expressions au pied de la lettre. De Ferney du 4 Octobre 1767.

547. Best.D13898: texte incomplet. G.1138.G, f.323*r*; S.VU.29.9; BHVP.3850, f.24*r*; Mw.iii/iv, f.24*r*. A la suite de cette pièce, Grimm ajoute la note suivante, non reprise par Best.D13898: 'Cette femme avait été arrêtée [. . .] aucune suite' (cf. Schlobach, p.431).

548. Best.D13910: texte incomplet. G.1138.G, f.323; S.VU.29.9; BHVP.3850, f.24; Mw.iii/iv, f.24.

549. Best.D13918: texte incomplet. G.1138.G, ff.323*v*-24*r*; S.VU.29.9; BHVP.3850, ff.24*v*-25*r*; Mw.iii/iv, ff.24*v*-25*r*. Le manuscrit BK de Best.D13918 doit porter le no.4. Le manuscrit 3, Bh3850 est à corriger afin de lire 'Bh3850, ff.24*v*-25*r*'. Il faut également corriger les notes textuelles de Best.D13918 afin de lire 'MS4 and all the editions are conflations of extracts from this letter and Best.D13934.'

550. Best.D13934: texte incomplet avec variantes non retenues par Best.D. G.1138.G, f.324*r*; S.VU.29.9; BHVP.3850, f.25*r* (non signalé par Best.D); Mw.iii/iv, f.25*r*.

551. Best.D13968: texte incomplet. G.1138.G, f.324; S.VU.29.9; BHVP.3850, f.25*v* (non signalé par Best.D); Mw.iii/iv, f.25.

1er février 1768

552. *Prophétie de la Sorbonne*: texte complet (M.xxvi.527-28). G.1138.G, f.330*r*; S.VU.29.9; BHVP.3850, ff.30*v*-31*r*; Mw.iii/iv, ff.30*v*-31*r*. Grimm annonce ainsi cette pièce:

On a trouvé à l'occasion de la censure de Bélisaire par la Sorbonne dans une des caves du Chateau de Ferney le monument suivant, d'autant plus intéressant qu'à l'exception du dernier article, tous les autres se sont exactement accomplis; ce qui fait présumer que dans la plénitude des temps cet article le sera pareillement. Comme une prophétie ne peut être mieux prouvée que par un miracle toujours subsistant, celle-ci doit avoir chez tous les bons esprits le plus haut degré d'authenticité, attendu que ce n'est que par un miracle incontestable que M. Baluze qui est né en 1630 et mort en 1718 a pu composer et laisser des manuscrits en 1530, c'est à dire tout juste cent ans avant sa naissance.

553. Best.D13970: texte incomplet. G.1138.G, f.351r (1er mai 1768); S.VU.29.9; BHVP.3850, f.34r (non signalé par Best.D); Mw.iii/iv, f.34r.

554. Best.D13977: texte incomplet. G.1138.G, f.351 (1er mai 1768); S.VU.29.9; BHVP.3850, f.34r (non signalé par Best.D); Mw.iii/iv, f.34.

555. Best.D13997: texte incomplet. G.1138.G, ff.351v-352r (1er mai 1768); S.VU.29.9; BHVP.3850, f.34v (non signalé par Best.D); Mw.iii/iv, ff.34v-35r.

556. Best.D14018: texte incomplet. CL.1813.v.489-91; G.1138.G, f.352; S.VU.29.9; BHVP.3850, f.35 (non signalé par Best.D); Mw.iii/iv, f.35.

557. Best.D14020. CL.1813.v.491.

15 mars 1768

558. *Lettre de l'archevêque de Cantorbéry* (M.xxvi.577-79). G.1138.G, ff.341r-42v; S.VU.29.9; BHVP.3850, ff.42v-43v; Mw.iii/iv, ff.42r-43v.

559. Best.D14160. G.1138.G, f.343r; S.VU.29.9; BHVP.3850, f.44r (non signalé par Best.D); G.1138.G, f.108r (15 mars 1767); Mw.iii/iv, f.44r.

560. Best.D14181. G.1138.G, f.343r; S.VU.29.9; BHVP.3850, f.44r (non signalé par Best.D); G.1138.G, f.108 (15 mars 1767); Mw.iii/iv, f.44.

561. Best.D14194: texte incomplet. CL.1813.v.492-93; G.1138.G, ff.343v-44r; S.VU.29.9; BHVP.3850, f.44v (non signalé par Best.D)

G.1138.G, ff.108*v*-109*r* (15 mars 1767); Mw.iii/iv, ff.44*v*-45*r*. A 'le beau discours de l'Abbé Chauvelin', Grimm ajoute la note suivante: 'L'amphigourie débité au Parlement à l'occasion de l'expulsion des jésuites d'Espagne' (cf. Best.D14194, n.1).

562. Best.D14213. G.1138.G, f.344; S.VU.29.9; BHVP.3850, f.45*r* (non signalé par Best.D); G.1138.G, f.109 (15 mars 1767); Mw.iii/iv, f.45.

563. Best.D14215. CL.1813.v.494-95; G.1138.G, f.344*v*; S.VU.29.9; BHVP.3850, f.45*v* (non signalé par Best.D); G.1138.G, f.109*v* (15 mars 1767); Mw.iii/iv, f.45v.

15 avril 1768

564. Best.D14900. CLT.viii.49; S.VU.29.9; BHVP.3850, f.46*r*; Mw.iii/iv, f.46.

565. Best.D14246. CL.1813.v.495; S.VU.29.9; BHVP.3850, f.54*r* (non signalé par Best.D); Mw.iii/iv, f.54*r*.

566. Best.D14254: texte incomplet. S.VU.29.9; BHVP.3850, f.54*v* (non signalé par Best.D); Mw.iii/iv, f.54.

1er mai 1768

567. Best.D14904. CLT.viii.64-65; G.1138.G, ff.345*v*-46*r*; S.VU.29.9; BHVP.3850, f.55*v*; Mw.iii/iv, ff.55*v*-56*r*. La note 2 de Tourneux (CLT.viii.64) est de Grimm.

568. Best.D14975. CLT.viii.65. La note 2 de CLT.viii. 65 est erronée.

569. Best.D14268. G.1138.G, f.111*r* (15 mars 1767); S.VU.29.9; BHVP.3850, f.63*r*; Mw.iii/iv, f.63*r*. A Best.D14268, il faut ajouter 'Aimez moi toujours, et fortifiez moi contre les méchants' (cf. Schlobach, p.432.).

570. Best.D14289. G.1138.G, f.111*r* (15 mars 1767); S.VU.29.9; BHVP.3850, f.63*r*; Mw.iii/iv, f.63.

571. Best.D14299. G.1138.G, f.111*v* (15 mars 1767); S.VU.29.9; BHVP.3850, f.63*v*; Mw.iii/iv, f.63v. Il faut corriger dans 'manuscripts'

de Best.D14299 'Bh3850, f.63r' afin de lire 'Bh3850, f.63v'. D'autre part, il faut ajouter une note textuelle *b.* à l'extrait 'l'affaire de mr de Beaumont . . . C'est ce que j'ignore': '*b.* omitted on MS3' et corriger en conséquence la note textuelle *a.* de Best.D14299 (cf. Schlobach, p.432).

572. Best.D14312. G.1138.G, f.111v (15 mars 1767); S.VU.29.9; BHVP.3850, f.63v; Mw.iii/iv, f.63v. Il faut corriger dans 'manuscripts' de Best.D14312 'Bh3850, f.63r' afin de lire 'Bh3850, f.63v'.

15 mai 1768

573. Best.D14324. CL.1813.v.496 (non signalé par Best.D); G.1138.G, f.361; S.VU.29.9; BHVP.3850, f.72; Mw.iii/iv, f.72.

574. Best.D14331. G.1138.G, f.361v; S.VU.29.9; BHVP.3850, f.72v; Mw.iii/iv, f.72v. Il faut ajouter à 'editions' de Best.D14331, 'Schlobach, p.432' et aussi une note *a.* pour le passage 'Ayez la bonté, je vous prie, de faire parvenir cette lettre à m. de la Vaysse de Vidou' (cf. Schlobach, p.432).

575. Best.D14334. G.1138.G, ff.361v-62r; S.VU.29.9; BHVP.3850, ff.72v-73r; Mw.iii/iv, ff.72v-73r. Il faut corriger dans 'manuscripts' de Best.D14334 le no. 2 afin de lire 'Bh3850, ff.72v-73r'.

576. Best.D14344. G.1138.G, f.362; S.VU.29.9; BHVP.3850, f.73r (non signalé par Best.D); Mw.iii/iv, f.73.

577. Best.D14348. G.1138.G, f.362v; S.VU.29.9; BHVP.3850, f.73v; Mw.iii/iv, f.73v.

1er juin 1768

578. *La Guerre civile de Genève* (chant iv): texte complet avec variantes (M.ix.540-46). G.1138.G, ff.368v-71r; BHVP.3850, ff.79r-82v; Mw.iii/iv, ff.79r-83r.

579. Best.D14355. G.1138.G, f.107r (15 mars 1767); S.VU.29.9; BHVP.3850, f.84r. Il faut ajouter à 'editions' de Best.D14355 'Schlobach, p.433'.

580. Best.D14360. G.1138.G, f.107 (15 mars 1767); S.VU.29.9; BHVP.3850, f.84. Dans 'manuscripts' de Best.D14360, il faut corriger

'3. BK (Th.B.BK.1790)' par '4. BK (Th.B.BK.1790)', et changer en conséquence les notes textuelles afin de lire '*a* omitted on MS4'.

581. Best.D14372. G.1138.G, f.107*v* (15 mars 1767); S.VU.29.9; BHVP.3850, f.84*v*.

15 juin 1768

582. *La Guerre civile de Genève* (chant v): texte complet avec variantes (M.ix.547-52). G.1138.G, ff.376*v*-78*v*; S.VU.29.9; BHVP.3850, ff.88*r*-90*v*; Mw.iii/iv, ff.87*v*-89*v*. A la suite de cette pièce, Grimm ajoute:

On s'apperçoit aisément que ce poëme tourne court tout à coup, et que le dénouement n'en est ni préparé ni heureux. Aussi le prétendu éditeur dit qu'il donnera le sixième chant dès que l'auteur l'en aura gratifié. Au reste Madame Oudrille est un nom en l'air. M. Cramer est un homme de mérite, tres aimable, tres gai, de très bonne compagnie, mais n'est pas un gros réjoui. L'auteur a eu tort de traduire l'honnête M. Tissot comme un ivrogne, aussi a-t-il mis à sa place le nom de Bonnet, Medecin de Genève trépassé depuis quelque temps. Il a aussi travesti les autres noms des magistrats et bourgeois de Genève qui jouent un rôle dans son poëme, excepté celui du grand Covelle qui sera fameux chez la postérité tandis que c'est l'homme de la plus chétive apparence et le bourgeois le plus mal tourné qu'il y ait dans tout Genève. Il y a avant et après le poëme de *la Guerre de Genève* des prologues, des épilogues, des postscrips adressés à divers libraires qui sont d'une grande gaieté et d'une grande folie, mais l'auteur n'a pas su garder la mesure avec Jean-Jacques Rousseau qui est excessivement mal traité dans les notes.

583. Best.D14388. CL.1813.v.496-98; G.1138.G, f.110 (15 mars 1767); S.VU.29.9; BHVP.3850, f.93*r* (non signalé par Best.D); Mw.iii/iv, f.92.

584. Best.D14394. G.1138.G, f.110*v* (15 mars 1767); S.VU.29.9; BHVP.3850, f.93*v*; Mw.iii/iv, f.92*v*.

1er juillet 1768

585. Best.D15055. CLT.viii.120-21 (non signalé par Best.D); G.1138.G, f.384; S.VU.29.9; BHVP.3850, ff.97*v*-98*r*; Mw.iii/iv, ff.96*v*-97*r*.

586. *Epître à mon vaisseau*: texte complet avec variantes (M.x.395-97). G.1138.G, ff.385*r*-86*v*; S.VU.29.9; BHVP.3850, ff.98*r*-99*v*; Mw.iii/iv, ff.97*r*-98*v*.

587. Best.D15045. G.1138.G, f.386*v*; S.VU.29.9; BHVP.3850, f.99*v*;
Mw.iii/iv, f.98*v*.

588. Best.D14405: texte incomplet. G.1138.G, f.389*r*; S.VU.29.9;
BHVP.3850, f.102*r* (non signalé par Best.D); Mw.iii/iv, f.101*r*.

589. Best.D14416. G.1138.G, ff.389*v*-90*r*; S.VU.29.9; BHVP.3850,
ff.102*v*-103*r*; Mw.iii/iv, ff.101*v*-102*r*. Il faut ajouter aux 'éditions' de
Best.D14416: 'Schlobach, p.434.'

590. Best.D14428. CL.1813.v.499; G.1138.G, f.390*r*; S.VU.29.9;
BHVP.3850, f.103*r*; Mw.iii/iv, f.102*r*. Il faut corriger le MS2 de Best.
D14428 afin de lire 'Bh3850, f.103*r*'.

591. Best.D14429: texte incomplet. CL.1813.v.499-500; G.1138.G,
f.390*v*; S.VU.29.9; BHVP.3850, f.103*v*; Mw.iii/iv, f.102*v*. Il faut corriger
la note *a*. 'MS1 is limited to these passages' par 'MS1-MS2 are limited to
these passages'.

592. Best.D14434: texte incomplet. CL.1813.v.501; G.1138.G, f.390*v*;
S.VU.29.9; BHVP.3850, f.103*v*; Mw.111/iv, f.102*v*. Il faut corriger le
MS2 de Best.D14434 afin de lire 'Bh3850, f.103*v*.' Le texte de CL.1813
est plus complet que celui des manuscrits de G., S. et BHVP.

593. Best.D14437. CL.1813.v.502; G.1138.G, f.390*v*; S.VU.29.9;
BHVP.3850, f.103*v*; Mw.iii/iv, f.102*v*. Il faut corriger le MS2 de Best.
D14437 afin de lire 'Bh3850, f.103*v*'.

594. *Galimatias pindarique sur un carrousel donné par l'impératrice de
Russie* (M.viii.486-88). G.1138.G, ff.395-96*r*; S.VU.29.9; BHVP.3850,
ff.109*r*-10*r*; Mw.iii/iv, ff.108*r*-109*r*. Grimm annonce ainsi cette pièce:
'La pièce suivante nous est arrivée de Ferney depuis très peu de temps
quoique le Carrousel de Pétersbourg ne soit point de cette année'.

595. Best.D14977. G.1138.G, ff.396*v*-97*v*; S.VU.29.9; BHVP.3850,
ff.110*v*-11*v*; Mw.iii/iv, f.110.

596. Best.D14445: texte incomplet. G.1138.G, f.428*r* (15 août 1768);
S.VU.29.9; BHVP.3850, f.112*r*; Mw.iii/iv, f.111*r*.

597. Best.D14449. G.1138.G, f.428 (15 août 1768); S.VU.29.9; BHVP.3850, f.112; Mw.iii/iv, f.111.

598. Best.D14463: texte incomplet. G.1138.G, f.428*v* (15 août 1768); S.VU.29.9; BHVP.3850, f.112*v*; Mw.iii/iv, f.111*v*.

1er août 1768

599. Best.D14464: texte incomplet. G.1138.G, f.406; S.VU.29.9; BHVP.3850, f.121*r*; Mw.iii/iv, f.120. Il faut corriger le MS3 de Best. D14464 afin de lire 'Bh.3850, f.121*r*'.

600. Best.D14472. G.1138.G, f.406*v*; S.VU.29.9; BHVP.3850, f.121*v*; Mw.iii/iv, f.120*v*. Il faut corriger la note *b*. des notes textuelles de Best. D14472 afin de lire '*b*. omitted on MS3' et ajouter à 'editions': 'Schlobach, p.435'.

15 août 1768

601. Best.D14474. G.1138.G, f.417; S.VU.29.9; BHVP.3850, f.132; Mw.iii/iv, f.131.

1er septembre 1768

602. Best.D14490. G.1138.G, f.439; S.VU.29.9; BHVP.3850, f.143; Mw.iii/iv, f.142*r*.

603. Best.D14506. G.1138.G, ff.439*v*-40*r*; S.VU.29.9; BHVP.3850, ff.143*v*-44*r*; Mw.iii/iv, ff.142*v*-43*r*. Il faut corriger les notes textuelles afin de lire 'MS3 and all editions' au lieu de 'MS2 and all editions'.

604. Best.D14508. G.1138.G, f.440; S.VU.29.9; BHVP.3850, f.144; Mw.iii/iv, f.143.

605. Best.D14514. G.1138.G, f.440*v*; S.VU.29.9; BHVP.3850, f.144*v*; Mw.iii/iv, f.143*v*. A l'édition citée par Best.D, il faut ajouter: 'Schlobach, p.436'.

15 septembre 1768

606. Best.D14983: extrait, de 'Apostat comme ton héros' jusqu'à 'Pour le traduire en ridicule'. CLT.viii.177-78; G.1138.G, f.444*r*; S.VU.29.9; BHVP, 3850, f.148*r*.

607. *Remerciement d'un janséniste au saint-diacre Francois de Paris*, 'Dans un recueil divin par Montgeron formé' (M.x.584), CLT.viii.178; G.1138.G, f.444r; S.VU.29.9; BHVP.3850, f.148r.

608. Best.D15102: extrait, de 'Un pédant dont je tais le nom' jusqu'à 'Tout le contraire'. CLT.viii.178; G.1138.G, f.444; S.VU.29.9; BHVP. 3850, f.148.

609. *La charité mal reçue*, 'Un mendiant poussait des cris perçants' (M.x.584). CLT.viii.178-79. G.1138.G, f.444v; S.VU.29.9; BHVP.3850, f.148v.

610. Best.D15178: extrait, de 'Je ne prétends point oublier' jusqu'à 'Ah! monsieur, passez le premier'. CLT.viii.179; G.1138.G, f.444v; S.VU.29.9; BHVP.3850, f.148v.

611. *La Guerre civile de Genève* (chant iv): extrait, de 'Vachine a pris (je ne puis décemment)' jusqu'à 'Tout ce fatras fut de chanvre en son temps' (M.ix.544-45). G.1138.G, f.445r; S.VU.29.9; BHVP.3850, f.149r. Cette pièce est annoncée ainsi: 'Sixième remboursement [à m. de la Bletterie]. Celui là n'est pas encore échu. Il se fera dans la nouvelle édition de la *Guerre de Genève*, au chant quatrième, où le passage des brochures nouvelles se fera en ces termes.'

612. Best.D14519. G.1138.G, f.449r; S.VU.29.9; BHVP.3850, f.153r.

613. Best.D14528: texte incomplet. G.1138.G, f.449; S.VU.29.9; BHVP.3850, f.153.

614. Best.D14536. G.1138.G, f.449v; S.VU.29.9; BHVP.3850, f.153v.

615. Best.D14568. CL.1813.v.503-504.

616. Best.D14562. CL.1813.v.504-505 (non signalé par Best.D).

1er novembre 1768

617. *Enigme sur le mot tête à perruque*, 'A la ville ainsi qu'en province'. CLT.viii.203; G.1138.G, ff.453v-54r; BHVP.3850, ff.157v-58r.

618. Best.D14587: texte incomplet. G.1138.G, f.458; S.VU.29.9; BHVP.3850, f.162; Mw.iii/iv, f.152. Il faut corriger les notes textuelles de Best.D14587 afin de lire '*c.* not MS3' au lieu de '*c.* not MS2'. Cf. Schlobach, p.437 (non signalé par Best.D).

619. Best.D14603. G.1138.G, f.458*v*; S.VU.29.9; BHVP.3850, f.162*v*; Mw.iii/iv, f.152*v*.

620. Best.D14624. G.1138.G, f.458*v*; S.VU.29.9; BHVP.3850, f.162*v*; Mw.iii/iv, f.152*v*.

621. Best.D14663. CL.1813.v.538-40.

622. Best.D14674.CL.1813.v.540.

623. Best.D14688. CL.1813.v.541-42.

624. Best.D14700. CL.1813.v.542-44.

625. Best.D14708. CL.1813.v.544. Nous avons placé ici les pièces 621-25 quoiqu'elles figurent uniquement dans CL.1813 sans indication de date.

15 décembre 1768

626. Best.D14738. G.1138.G, f.469; BHVP.3850, f.173; Mw.iii/iv, f.157. Cf. Schlobach, p.438 (non signalé par Best.D).

1er janvier 1769

627. Best.D14743. G.1138.H, f.11*r*; BHVP.3851, f.11*r*; Mw.iii/iv, f.174*r*. Il faut corriger MS2 de Best.D14743 afin de lire 'Bh3851, f.11*r*' au lieu de 'Bh3850, f.113'.

628. Best.D14766. G.1138.H, ff.11*r*-12*r*. BHVP.3851, ff.11*r*-12*r*; Mw.iii/iv, ff.174*r*-75*r*. Il faut corriger MS2 de Best.D14766 afin de lire 'Bh3851, f.11*r*-12*r*'.

629. Best.D14771. G.1138.H, f.12; BHVP.3851, f.12; Mw.iii/iv, f.175.

630. Best.D14775. G.1138.H, f.12*v*; BHVP.3851, f.12*v*; Mw.iii/iv, f.175*v*.

15 janvier 1769

631. Best.D14801. G.1138.H, f.21*r*; BHVP.3851, f.21*r*; Mw.iii/iv, f.162*r* (15 décembre 1768).

632. Best.D14803. G.1138.H, f.21; BHVP.3851, f.21; Mw.iii/iv, f.162 (15 décembre 1768).

633. Best.D14805. G.1138.H, f.21*v*; BHVP.3851, f.21*v*; Mw.iii/iv, f.162*v* (15 décembre 1768).

1er février 1769

634. *Vers à m. de Voltaire par m. Saurin*, 'Esprit vaste, profond, et le plus grand peut-être'. CLT.viii.268; G.1138.H, f.30; BHVP.3851, f.30; Mw.iii/iv, f.192; G.(ii)1265, f.37; Dresde R69, f.35 (cf. Best. D15395, n.1).

635. Best.D15395. CLT.viii.268-69; G.1138.H, ff.30*v*-31*r*; BHVP. 3851, ff.30*v*-31*r*; Mw.iii/iv, ff.192*v*-93*r*; G.(ii)1265, ff.37*v*-38*r*; Dresde R69, ff.35*v*-36*r*.

636. Best.D14811. G.1138.H, f.34*r*; BHVP.3851, f.34*r*; Mw.iii/iv, f.196*r*. Il faut corriger MS2 de Best.D14811 afin de lire 'Bh.3851, f.34*r*' au lieu de 'Bh.3851, f.34v'.

637. Best.D14831. G.1138.H, f.34*r*; BHVP.3851, f.34*r*; Mw.iii/iv, f.196*r*.

638. Best.D14850. G.1138.H, f.34; BHVP.3851, f.34; Mw.iii/iv, f.196.

639. Best.D14847. G.1138.H, f.34*v*; BHVP.3851, f.34*v*; Mw.iii/iv, f.196*v*. Il manque 'Schlobach, p.443' au commentaire de Best.D14847.

15 février 1769

640. *Epitaphe de mme Du Châtelet*, 'L'univers a perdu la sublime Emilie' (M.x.544). CLT.viii.277; G.1138.H, f.35*v*; BHVP.3851, f.35*v*.

641. *Epitaphe de mme Du Châtelet*. G.1138.H, f.35*v*; BHVP.3851, f.35*v*:

> Ci-git pour s'être fait faire
> Est enfin dans le monument

Lorsqu'on la vit philosophant
Clairaut fournissait la matière,
Voltaire y mêlait l'agrément;
Dans un voyage de Cithère
Saint-Lambert lui fit un enfant
Ci-git qui pour s'être fait faire
Est enfin dans le monument.

Nous insérons ici cette épitaphe relative à la mort de mme Du Châtelet quoiqu'elle ne soit évidemment pas de Voltaire.

642. Best.D8395: extrait, de 'Ressusciter est sans doute un grand cas' jusqu'à 'Que deux plaisirs et surtout deux miracles'. G.1138.H, f.41*v*; BHVP.3851, f.41*v*; Mw.iii/iv, f.203*v*; S.VU.29.10; G.(ii)1265, f.47*v*. A la suite de cette pièce, Grimm ajoute: 'On avait mandé au Patriarche des deux bruits qui avaient couru l'un de sa mort, l'autre qu'il allait venir passer deux mois à Paris.'

643. Best.D14852. G.1138.H, f.45*r*; BHVP.3851, f.45*r*; Mw.iii/iv, f.207*r*.

644. Best.D14865. G.1138.H, f.45; BHVP.3851, f.45; Mw.iii/iv, f.207.

1er mars 1769
645. Best.D14861. G.1138.H, f.54; BHVP.3851, f.54; Mw.iii/iv, f.216. A la suite de cette pièce, Grimm ajoute: 'Rien n'est plus vrai . . . plus problématique' (cf. Schlobach, p.445).

646. Best.D14860. G.1138.H, f.54*v*; BHVP.3851, f.54*v*; Mw.iii/iv, f.216*v*. A la suite de cette pièce, Grimm ajoute: 'Tournure aussi ingénieuse . . . qu'on sollicite' (cf. Schlobach, p.446).

15 mars 1769
647. *Epître à Boileau:* texte complet avec variantes (M.x.397-402). G.1138.H, ff.64*r*-66*r*; BHVP.3851, ff.64*r*-66*r*; Mw.iii/iv, ff.226*r*-28*r*; G.(ii)1265, ff.68-70*r*; Dresde R69, ff.48-50*r*.

648. Best.D13228: texte complet. G.1138.H, f.66; BHVP.3851, f.66; Mw.iii/iv, f.228; G.(ii)1265, f.70; Dresde R69, f.50. A 'la déclaration du roi'*, Grimm ajoute la note suivante:* 'Nous attendons encore cette déclaration et je crois que nous attendrons longtemps.'

649. Best.D14875. G.1138.H, f.69*r*; BHVP.3851, f.69*r*; Mw.iii/iv, f.231*r*.

650. Best.D14882. G.1138.H, f.69; BHVP.3851, f.69; Mw.iii/iv, f.231. Il faut corriger MS2 de Best.D14882 afin de lire 'Bh.3851, f.69' au lieu de 'Bh.3851, f.19'.

651. Best.D14896. BHVP.3851, f.69*v*; Mw.iii/iv, f.231*v*.

1er avril 1769

652. *Epître à l'auteur du livre des Trois imposteurs*, 'Insipide écrivain, qui crois à tes lecteurs' (M.x.402-405). G.1138.H, f.73*r*-74*v*; S.VU.29.9 (non classé); BHVP.3851, ff.72*r*-73*v*, 77*r*-78*v*; Mw.iii/iv, ff.232*r*-33*r*, 239*r*-40*v*; G.(ii)1265, ff.76*r*-77*v*; Dresde R69, ff.60*r*-61*v*. Grimm annonce ainsi cette pièce: 'Il faut que l'auteur des Trois Imposteurs ait voulu faire maison nette, et réformer le maître avec les valets. C'est ce qui a ranimé le zèle du patriarche de Ferney comme vous allez voir en lisant la nouvelle épitre qu'il vient de nous envoyer.'

653. Best.D14907. G.1138.H, f.78; BHVP.3851, f.82; Mw.iii/iv, f.244. A 'Le correspondant'* et à 'je suis plus instruit que personne de cette affaire'**, Grimm ajoute respectivement les notes suivantes: *'M. le Duc de Choiseul' et **'Il n'est guère possible d'être plus mal instruit' (cf. Schlobach, p.448).

654. Best.D14940. G.1138.H, ff.78*v*-79*r*; BHVP.3851, ff.82*v*-83*r*; Mw.iii/iv, ff.244*v*-45*r*. Il faut corriger MS2 de Best.D14940 afin de lire 'Bh.3851' au lieu de 'Bh.38051'.

655. Best.D14936. G.1138.H, f.79; BHVP.3851, f.83; Mw.iii/iv, f.245.

15 avril 1769

656. *Epître à monsieur de Saint-Lambert*, 'Chantre des vrais plaisirs, harmonieux émule' (M.x.405-408). G.1138.H, ff.83*v*-84*v*; BHVP.3851, ff.87*v*-88*v*, 70*r*-71*r*; S.VU.29.9 (non classé); Mw.iii/iv, ff.234*r*-35*r*, 249*v*-50*v*; G.(ii)1265, ff.84*v*-85*v*; Dresde R69, ff.68*v*-69*v*. A la suite de cette épitre, Grimm ajoute: 'Cette épitre était datée du 23 mars et le Patriarche y avait ajouté de sa main ces mots: *extremmum*. En effet elle a pensé être le chant du cygne et [CLT.viii.332: le Patriarche s'est trouvé incommodé d'une fièvre qui l'a un peu affaibli]'.

657. Best.D14945. G.1138.H, f.92*v*; BHVP.3851, f.96*r*; Mw.iii/iv, f.163*r* (15 décembre 1768). Il faut corriger MS2 de Best.D14945 afin de lire 'Bh.3851, f.96*r*'.

658. Best.D14956. G.1138.H, f.92; BHVP.3851, f.96; Mw.iii/iv, f.163 (15 décembre 1768). A 'tout le cas dont il s'agit', Grimm ajoute la note: 'Malgré ces argumens ... que ce fait historique' (cf. Schlobach, p.450).

659. Best.D14966. G.1138.H, f.92*v*; BHVP.3851, f.96*v*; Mw.iii/iv, f.163*v* (15 décembre 1768). A 'craindre de faire ce que l'on a fait', Grimm ajoute la note: 'Il est question de la cérémonie ... épitres du Patriarche' (cf. Schlobach, p.450).

15 novembre 1769

660. Best.D15985. G.1138.H, f.116; BHVP.3851, f.121*r* (texte daté du 29 octobre 1769); Mw.iii/iv, f.309; G.(ii) 1265, f.116.

1er décembre 1769

661. Best.D15898. CLT.viii.390-91; G.1138.H, f.122*r*; BHVP.3851, f.127*r*; Mw.iii/iv, f.315*r*; G.(ii)1265, f.112*r*.

1er mars 1770

662. Best.D16142. CLT.viii.474; G.1138.H, f.227*v* (15 mars 1770); BHVP.3853, f.59*v*; n.a.f.12961, f.202*v*; Mw.v, f.59*v*; G.(ii)1266, f.59*v*. Le texte des manuscrits et de CLT est corrompu.

15 mars 1770

663. Best.D16088. G.1138.H, f.244*v*; BHVP.3853, f.76*v*; Mw.v, f.76*r*; G.(ii)1266, f.76*v*. A 'Je me trompe fort ou le nom de l'auteur commence par une L.', Grimm ajoute la note suivante: 'Il est question de l'ouvrage de M. l'Abbé Galiani qui n'avait jamais rien écrit en français, et que par conséquent le Patriarche ne pouvait deviner. Il portait vraisemblablement ses idées sur Linguet.'

664. Best.D16137. CLT.viii.476; G.1138.H, f.244*v*; BHVP.3853, f.76*v*; Mw.v, f.77*r*; G.(ii)1266, f.76*v*.

1er avril 1770

665. Best.D16140: extrait, de 'Tu viens de prendre la besace' jusqu'à

'Ou plus d'un autel il aura'. CLT.viii.484; G.1138.H, f.247r; S.VU. 29.10; BHVP.3853, f.79v; n.a.f.12961, f.208v; G.(ii)1266, f.79v.

666. *Stances à monsieur Saurin* (M.viii.535-36). CLT.viii.484-85; G.1138.H, f.248r; S.VU.29.10; BHVP.3853, f.80r; n.a.f.12961, ff.208v-209r; Mw.v, f.80r; G.(ii)1266, f.80r. A 'l'abbé Terré', Grimm ajoute la note suivante: 'On ne connait pas ce nom en France. Il n'a rien de commun avec M. l'abbé Terray, Contrôleur Général, qui ne rime pas a délivré. *Note du copiste.*'

667. *Stances à madame la duchesse de Choiseul sur la fondation de Versoy*: texte incomplet (M.viii.534-35). G.1138.H, f.249; S.VU.29.10; BHVP. 3853, f.81; Mw.v, f.81r; G.(ii)1266, f.81. Grimm annonce ainsi cette pièce:

[CLT.viii.486: voilà un assez beau sujet de tableau pour le découpeur Huber!] Quant aux vers des deux académiciens, il n'est personne qui n'ait senti la différence de ton, de facilite et d'harmonie dans les deux pièces. M. de Voltaire vient d'adresser les vers suivants au sujet de la Ville de Versoi que la France compte faire bâtir sur les bords du lac de Genève près de la ville de ce nom. On doute que cette ville soit bâtie et habitée de sitot.

A 'Et nous n'avons point de maisons', Grimm ajoute la note suivante: 'Tous ceux qui ont eu l'occasion de voir Madame la Duchesse de Choiseul et de se former une idée de ses vertus et de ses emmérites qualités réciteront avec toute la ferveur possible ce dernier couplet.'

668. Best.D9757: texte daté du 22 avril 1761. G.1138.H, f.252v-53r; S.VU.29.10; BHVP.3853, f.84v; Mw.v, ff.84v-85r; G.(ii)1266, ff.84v-85r.

669. Best.D9776. G.1138.H, f.253; S.VU.29.10; BHVP.3853, f.85; Mw.v, f.85r; (G.(ii)1266, f.85.

15 avril 1770

670. *Michaut et Michel* (par Condorcet; cf. Bengesco, ii.XI et iv.288-89). G.1138.H, ff.261v-62r; S.VU.29.10; BHVP.3853, ff.93v-94r; n.a.f.12961, ff.212v-13r; Mw.v, ff.93v-94r; G.(ii)1266, ff.93v-94r:

J'ai eu l'honneur de vous dire un mot en passant d'un poëme intitulé Michaut et Michelle composé à l'honneur d'un Sénat infiniment auguste par ces prétentions et très respectable par la manière dont il sait les soutenir contre les

petits et les faibles qui oseraient les révoquer en doute. Voici un morceau qui
en est échappé et qui court depuis quelque temps à Paris. On y reconnait le
gout de l'auteur pour flatter quelques uns des principaux personnages de ce
Sénat; on voit aussi que c'est un jeune homme de Soixante seize ans qui n'a pas
encore eu le temps de faire beaucoup de vers.

Fragment

On distinguait dans la cohorte noire

. . . .

En inventant le baillon de Lalli.

Je ne sais si ce Michaut dont il est question dans ce fragment et qui parait avoir
fourni son nom au poëme est le conseiller Michau de Montblin, de la première
des Enquêtes. Depuis que le Roi a dit dans la dernière séance de la Cour des
Pairs, *Je suis de l'avis de Monsieur Michau*, ce mot a passé en proverbe et dans
tous les ordres de citoyens, on entend dire à tout propos et à tout instant *Je
suis de l'avis de Monsieur Michau*. Tant le Français aime à être de l'avis de son
maître, de sorte que M. Michau est devenu en quinze jours de temps un très
célèbre personnage.

671. *Les choses utiles et agréables* (cf.Bengesco, ii.399-404). G.1138.H,
f.263r; S.VU.29.10; BHVP.3853, f.95r; Mw.v, f.95r; G.(ii)1266, f.95r.

J'ai eu l'honneur de vous parler du second tome des *Choses utiles et agréables*,
nous avons vu depuis le premier volume de ce recueil qui ne contient rien de
nouveau. La première piece est la *Canonisation de Saint Cucufin*, capucin,
facétie tres plaisante du Patriarche que vous connaissez. On lit ensuite un
roman édifiant de l'année dernière intitulé *Lettres d'Amabed*. Apres quoi on
voit l'*Histoire de la Félicité*, petit roman de l'abbé de Voisenon qui a été
imprimé il y a plus de quinze ans et qu'on fait reparaitre ici. Cela n'est pas
grand chose, mais cela se lit avec plaisir. J'ai eu l'honneur de vous rendre compte
de la *Lettre à l'Archevêque de Lyon* sur le prêt d'argent qui suit immédiatement.
Ensuite on trouve la *Relation de la mort du Chevalier de la Barre*, trop faible
monument de cet événement déplorable. Dans ce morceau la crainte et les
menaces ont émoussé la plume de l'avocat de l'humanité. On lit ensuite le
Diner du Comte de Boulainvilliers, qui eut un si grand succès il y a deux ans
lorsqu'il nous fut envoyé pour étrennes, et enfin des *Pensées détachées de M.
l'abbé de Saint Pierre*, que vous avez vues aussi séparément.

15 mai 1770

672. *Stances à madame Necker*, 'Quelle étrange idée est venue' (M.viii.
537). G.1138.H, ff.277v-78r; S.VU.29.10; BHVP.3853, ff.109v-10r;
Mw.v, f.112r; G.(ii)1266, f.109v. Grimm annonce ainsi cette pièce:
'Madame Necker s'était chargée d'annoncer à M. de Voltaire la résolution

de la Cour des Pairs du dix-sept avril dernier, il vient de lui faire la réponse suivante'. Il faut noter que les vers de Voltaire ont été envoyés à mme Necker le 13 avril 1770 (cf. Best.D16289); en conséquence l'indication de Grimm selon laquelle mme Necker aurait annoncé le projet à Voltaire, le 17 avril, est impossible. A la suite des vers de Voltaire, Grimm précise: 'Le patriarche aurait peut-être bien fait de ne pas se rappeler la prétention de Jean-Jacques Rousseau dans cette circonstance, tout comme les Pairs de la Philosophie auraient bien fait de s'oublier dans l'inscription de la statue qu'ils comptent ériger à la gloire du premier homme du siècle. Mais puisque celui-ci nous rappelle le nom de Jean-Jacques Rousseau, il faut dire, que cet homme célèbre se trouve depuis quelque temps à Lyon.'

1er juin 1770

673. Best.D16355. CLT.ix.45-46; G.1138.H, f.289*v*; S.VU.29.10; BHVP.3858, f.121*v*; Mw.v, f.121*v*; G.(ii)1266, f.121v.

15 juin 1770

674. Best.D16368. G.1138.H, ff.296*v*, 299*r*; S.VU.29.10; BHVP. 3853, ff.130*v*-31*r*; G.(ii)1266, ff.130*v*-31*r*.

675. Best.D16380. CLT.ix.60-61; G.1138.H, f.299; S.VU.29.10; BHVP.3853, f.131; G.(ii)1266, ff.131*v*-32*r*.

676. *Vers à m. de Voltaire sur la tragédie des Guèbres ou la tolérance par m. l'abbé de Voisenon*, 'De vos vers l'éloquence aisée' (Claude Henri de Fusée de Voisenon, *Œuvres complettes* (Paris 1781), iii.333-34). G. 1138.H, f.300; SVU.29.10; BHVP.3853, f.132; G.(ii)1266, f.132.

677. CLT.ix.62; G.1138.H, ff.300*v*-301*r*; BHVP.3853, ff.132*v*-33*r*; G.(ii)1266, ff.132*v*-33*v*:

Il nous est venu de la manufacture de Ferney une très petite feuille en six petites pages précieuse à conserver. Elle a pour titre: *Traduction du poème de Jean Plokoff, Conseiller de Holstein, sur les affaires présentes*. Les affaires présentes sont la guerre que la Russie soutient contre l'Empire ottoman. Le conseiller et poète Plokoff conseille bien, mais vraisemblablement, il aura à faire à des sourds. Il exhorte les puissances de l'Europe à profiter des succès des armes de Russie pour chasser les barbares turcs des contrées usurpées jadis sur l'empire romain, et les renvoyer dans les déserts d'Arabie. Cette entreprise, paraît aujourd'hui aussi aisée qu'elle serait glorieuse et à jamais mémorable. Ce serait la plus grande révolution depuis la découverte du nouveau monde, il en naîtrait un nouveau siècle, et le siècle de Catherine remettrait le génie et les arts en possession des provinces sur lesquelles ils ont régné du temps de Periclès et du grand Alexandre. Le conseiller Plokoff fait voir les avantages que la maison d'Autriche et les autres puissances pourraient trouver dans cette révolution. Son poème n'a que douze strophes qui sont écrites avec une grande élévation et dans la prose la plus noble et la plus harmonieuse. Cette prétendue traduction est en un mot un des plus beaux morceaux que le patriarche ait fait depuis quelque temps; c'est le chant d'un cygne de soixante-seize ans qui a conservé tout le feu de sa première jeunesse: malheureusement, cette sublime exhortation a une croisade de gloire et d'honneur pour effacer le souvenir de tant de croisades absurdes et funestes à l'Europe, ne fera aucune impression sur les puissances. Nous sommes incapables de rien entreprendre pour la véritable gloire, pour l'avantage réel du genre humain. Nous sommes en Europe une foule de grandes nations très respectables à en juger par notre morgue et notre vanité qui ne sont pas petites; celui qui nous traiterait en polisson passerait mal son temps: cependant nos cabinets les plus estimés ne savent que se conduire d'après leurs petites jalousies secrètes, que calculer leurs petits intérêts et leurs petits profits mercantils, et l'histoire de leur noble science se réduit tout juste à ce que nous voyons pratiquer un jour de marché aux Halles d'où la défiance et la petite ruse bannissent toute idée de grandeur et toute association pour un but honnête. Nous avons encore reçu de Ferney une autre feuille bien dissemblable de la précédente [ce sont des *Anecdotes sur Fréron*].

15 juillet 1770

678. Best.D16431. CLT.ix.88-89; G.1138.H, f.316r; BHVP.3853, f.148r; G.(ii)1266, f.148r.

679. Best.D16540. CLT.ix.90-91 (texte daté du 10 juillet 1770); G.1138.H, ff.316v-17r; BHVP.3853, ff.148v-49r; G.(ii)1266, ff.148v-49r.

680. [*double filet*] TRADUCTION / *Du Poëme de* JEAN PLOKOF, con- / *seiller de Holstein, Sur les affaires* / *présentes.* / In-8° de 7 pages + 1 page blanche non chiffrée, s.l.n.d. BHVP.3853, ff.152*bis*, 152*ter*, 163r-64r.

681. Best.D16492. CLT.ix.98-99; G.1138.H, f.320; BHVP.3853, f.152; G.(ii)1266, f.152.

682. Best.D16552. G.1138.H, f.325*r*; BHVP.3853, f.157*r*; Mw.v, f.137*r*; G.(ii)1266, f.157*r*.

683. Claude-Joseph Dorat, 'Un jeune homme bouillant invectivait Voltaire' (cf. Best.D16563, n.5). CLT.ix.104; G.1138.H, f.326*r*; BHVP.3853, f.158*r*; G.(ii)1266, f.158*r*.

684. G.1138.H, f.330*r*; BHVP.3853, f.162*r*; G.(ii)1266, f.162*r*:

Romans nouveaux. Le mendiant boiteux, ou les aventures d'Ambroise Gwinett, balayeur du pavé de Spring-garden. D'après des notes écrites de sa main. Par M. L. Castihon. Deux parties in octavo. Le héros de ce roman commence par ou d'autres finissent, il est pendu; mais heureusement il est mal pendu, et cette petite opération ne l'empêche pas de vivre jusqu'à l'extrême vieillesse dans une extrême indigence, après avoir parcouru tout le globe et avoir eu l'oreille coupée dans un endroit, la jambe dans une autre, la bastonade et autres agrémens dans plusieurs. Vous voyez que le chanceux Ambroise Gwinett n'est qu'une espèce de Candide anglais, mais malheureusement son historien Castihon n'est pas une espèce de patriarche de Ferney.

15 octobre 1770

685. *Les Deux siècles* (M.x.157-61). G.1138.H, ff.348*r*-49*v*; S.VU.29.10; BHVP.3853, ff.184*r*-85*v*; n.a.f. 12961, ff.219*r*-20*v*; Mw.v, ff.146*r*-47*v*; G.(ii)1266, ff.180*r*-81*v*. A 'Siècle où je vis briller un un suivi d'un quatre', Grimm ajoute la note suivante: 'Cette espèce d'enigme veut dire que l'auteur a vécu cinq ans le siècle précédent.' Après avoir annoncé cette pièce ainsi: 'Nous venons de recevoir de Ferney la pièce que je vais transcrire ici. Vous y trouverez beaucoup d'humeur, et elle ne vous en paraitra pas meilleure. On peut dire que le Patriarche y est parti du pied gauche et que toute son allure s'en est ressentie, aussi le premier vers est un des moins heureux qu'il lui soient échappés', Grimm ajoutera à la suite: 'Je ne retiens de toute cette pièce que les six derniers vers qui renferment un sens moral. Il est certain que la volière ne change guère de maître inpunément, et que le règne des lézards approche; mais en ce moment-ci, malgré la négligence des gens du nouveau maître, il s'est conservé dans la volière encore quelques oiseaux d'un précieux ramage, quoiqu'en dise celui qui vit briller un un avec un quatre il y a soixante-dix ans.'

686. Best.D16686. CLT.ix.141-42; G.1138.H, ff.349*v*-50*r*; S.VU.29.10; BHVP.3853, ff.185*v*-86*r*; n.a.f.12961, ff.220*r*-21*v*; Mw.v, ff.147*v*-48*r*; G.(ii)1266, ff.181*v*-82*r*.

687. *Nouvelle requête au roi en son conseil par les habitants de Long-chaumois, Morez, Morbier, Bellefontaine, Les Rousses et Bois-d'Amont, etc., en Franche-Comté* (M.xxviii.369-70). CLT.ix.143-44: G.1138.H, ff.350*r*-51*r*; S.VU.29.10; BHVP.3853, ff.186*r*-87*r*; n.a.f.12961, f.221; Mw.v, ff.148*r*-49*r*; G.(ii)1266, ff.182*r*-83*r*.

1er novembre 1770
688. *Le Père Nicodème et Jeannot* (M.x.162-66); G.1138.H, ff.356*v*-58*r*; S.VU.29.10; BHVP.3853, ff.192*v*-94*r*; n.a.f.12961, ff.225*v*-27*r*; Mw.v, ff.154*v*-55*r*; G.(ii)1266, ff.188*v*-90*r*. Grimm annonce ainsi cette pièce: 'Dialogue edifiant fraichement arrivé de Ferney'.

15 novembre 1770
689. *Epître au roi de la Chine*: texte incomplet avec variantes (M.x.412-21). G.1138.H, ff.362*r*-64*r*; BHVP.3853, ff.198*r*-200*r*; BHVP.3855, ff.33*r*-39*r* (3e édition in-8; cf. Bengesco, i.345); Mw.v, ff.160*r*-62*r*; G.(ii)1266, ff.194*v*-96*r*. Grimm annonce ainsi cette pièce: 'Vous vous rappelez l'Eloge de la Ville de Moukden et l'ode sur le thé, deux poëmes de l'Empereur de la Chine actuellement et sans doute glorieusement régnant, dont on a publié la traduction il y a environ 5 ou 6 mois. Ces poëmes ont donné occasion à M. de Voltaire d'adresser à sa Majesté Impériale les Titres que vous allez lire.'

690. Best.D16667 (commentaire). CLT.ix.164-65; G.1138.H, f.365; BHVP.3853, f.201; G.(ii)1266, f.197.

691. Best.D16693. CLT.ix.166-67; G.1138.H, f.366; BHVP.3853, f.202; Mw.v, f.164*r*, G.(ii)1266, f.198.

692. Best.D16666. CLT.ix.167-69; G.1138.H, ff.366*v*-67*r*; BHVP. 3853, ff.202*v*-203*r*; Mw.v, ff.164*v*-65*r*; G.(ii)1266, ff.198*v*-99*r*.

1er décembre 1770
693. *Réponse de l'Empereur de la Chine au patriarche d'occident*, 'Le grand Roi de la Chine au grand Tien' (par La Harpe). CLT.ix.176; G.1138.H, ff.371*v*-72*r*; BHVP.3853, ff.207*v*-208*r*; G.(ii)1266, ff.203*v*-204*r*.

694. Best.D16735. CLT.ix.177; G.1138.H, f.372; BHVP.3853, f.208; Mw.v, ff.169*v*-70*r*; G.(ii)1266, f.204.

15 décembre 1770

695. *Questions sur l'Encyclopédie*, 'Chine': extrait, de 'De la simple vertu salutaire interprète' jusqu'à 'Cependant on le crut, et même en son pays' (M.xviii.151). CLT.ix.193; G.1138.H, f.389*v*; BHVP.3853, f.225*v*; G.(ii)1266, f.221*v*.

1er janvier 1771

696. *Chanson sur l'air de la Baronne*, 'Votre patronne'. CLT.ix.225; G.1138.I, f.8*v*; BHVP.3855, ff.8*v*-9*r*; Mw.vi, ff.8*v*-9*r*; G.(ii)1267, f.8*v*. Cette pièce est de Boufflers (cf. Bengesco, iv.307).

696A. *A madame de Boufflers qui s'appelait Madeleine*, 'Votre patronne en son temps savait plaire' (M.x.532). CLT.ix.285; G.1138.I, f.9*r*; BHVP.3855, f.9*r*; Mw.vi, f.9*r*; G.(ii)1267, f.9*r*.

697. Best.D16811: texte incomplet. CLT.ix.219-20; G.1138.I, ff.13*v*-14*r*; BHVP.3855, ff.13*v*-14*r*; Mw.vi, ff.13*v*-14*r*; G.(ii)1267, ff.13*v*-14*r*. A la suite de cette pièce, Grimm ajoute:

Vous remarquerez que M. de Voltaire a changé la respectueuse reconnaissance de M. le Comte de Ferney en tous les sentiments qu'il doit au Secrétaire du Parnasse. Quant à moi, ma paix est faite avec ce polisson, puisque nous lui devons cette lettre charmante qui ne se ressent pas de la différence de 1694 à 1695, et que son impertinence nous a valu cet éclaircissement intéressant sur ce qui s'est passe entre M. le Comte de Ferney et Melle Ch... de la comédie de Marseille. Si j'avais le talent de la poésie; je ne manquerais pas d'adresser à Melle Ch... une épitre de consolation sur le peu d'effet qu'elle a fait sur le coeur de M. le Comte.

1er février 1771

698. *Epître de Bénaldaki à Caramoufiée, femme de Giafar le Barmécide* (M.x.440-41). G.1138.I, ff.37*v*-38*r*; BHVP.3855, ff.44*v*-45*r*; Mw.vi, ff.36*v*-37*r*; G.(ii)1267, ff.37*v*-38*r*. A la suite de cette pièce, Grimm ajoute:

Ces vers ont été adressés par M. de Voltaire à Madame la Duchesse de Choiseul à Chanteloup. On lit dans la bibliothèque orientale que la Grand Visir Giafar le Barmécide ayant été disgracié par son calife, un poëte que Giafar avait comblé de bienfaits chanta ses louanges de rue en rue à Bagdad. Le Calife

177

impatienté de ces chants fit venir le poëte et lui en demanda raison. Barmécide m'a comblé de bien, répondit le poëte, comment ne chanterais-je pas ses louanges? Eh bien, dit le Calife, je vais t'en combler aussi, afin que tu chantes les miennes; et il lui fit donner un superbe vase d'or. O Barmécide, s'écria le poëte; c'est encore à toi que je dois même les bienfaits du commandeur des Croyans.

1er mars 1771

699. *Epître au roi de Danemark, Christian VII sur la liberté de la presse accordée dans tous ses états*: texte complet avec variantes (M.x.421-27). G.1138.I, ff.45r-47r; BHVP.3855, ff.52r-54r; Mw.vi, ff.44r-46r; G.(ii)1267, ff.45r-47r.

15 mars 1771

700. *Les Castrats.* CLT.ix.264-67; G.1138.I, ff.56r-57v; BHVP.3855, ff.63r-64v; Mw.vi, ff.55r-56v; G.(ii)1267, ff.56r-57v. Ces vers sont de Charles Bordes (cf. Bengesco, i.202).

701. *Epître au roi de Danemark*: extrait, de 'La voix des gens de bien nous suffit pour confondre' jusqu'à 'C'est au savant d'instruire, et non pas au bourreau' (M.x.424-25, n.4). CLT.ix.271; G.1138.I, f.58r; BHVP.3855, f.65r; Mw.vi, f.57r; G.(ii)1267), f.58r.

1er avril 1771

702. Best.D15488. CLT.ix.281-82; G.1138.I, ff.66v-67r; S.VU.29.10; BHVP.3855, ff.73v-74r; Mw.vi, ff.65r-66r; G.(ii)1267, ff.66r-67r.

703. 'On dit que je tombe en jeunesse' (cf. Bengesco, iv.308). CLT.ix. 285; G.1138.I, f.68r; S.VU.29.10; BHVP.3855, f.75r, G.(ii)1267, f.68r.

704. 'En tibi / Dignum lapide Voltarium'. CLT.ix.286; G.1138.I, f.68v; S.VU.29.10; BHVP.3855, f.75v; G.(ii)1267, f.68v.

705. 'Honnêteté française sur le même sujet'. CLT.ix.287; G.1138.I, f.69r; S.VU.29.10; BHVP.3855, f.76r; G.(ii)1267, f.69r.

706. *Sermon du papa Nicolas Charisteski, prononcé dans l'Eglise de Ste-Toleranski, village de Lithuanie, le jour de Sainte Epiphanie.* In-8°, 8 pages, s.l.n.d. (cf. Bengesco, ii.268). BHVP.3855, ff.80r-83r.

1er juillet 1771

707. *Epître à monsieur d'Alembert* (M.x.428-34). G.1138.I, ff.105*v*-106*v*; S.VU.29.10; BHVP.3855, ff.117*v*-18*v*; Mw.vi, ff.105*r*-106*r*; G.(ii)1267, f.106.

15 juillet 1771

708. *Epître à l'impératrice de Russie, Catherine II* (M.x.435-38). G.1138.I, ff.115*v*-16*v*; S.VU.29.10; BHVP.3855, ff.127*v*-28*v*; Mw.vi, ff.114-15*v*; G.(ii)1267, ff.115*v*-16*r*.

1er août 1771

709. *Epître au roi de Suède* (M.x.438-39). G.1138.I, ff.119*v*-20*r*; S.VU. 29.10; BHVP.3855, ff.131*v*-32*r*; Mw.vi, ff.118*v*-19*r*; G.(ii)1267, ff.119*v*-20*r*.

15 août 1771

710. *Ode pindarique à propos de la guerre présente en Grèce*: texte complet avec variantes (M.viii.491-93). G.1138.I, ff.123*v*-24*v*; S.VU.29.10; BHVP.3855, ff.135*v*-36*v*; Mw.vi, ff.122*v*-23*r*; G.(ii)1267, ff.123*v*-24*v*.

1er janvier 1772

711. Best.D17381: texte complet avec variantes, daté du 12 novembre 1771. G.1138.I, f.196; S.VU.29.10; BHVP.3856, f.8; Mw.vii, f.206*r*; G.(ii)1268, f.8.

15 janvier 1772

712. Best.D17444. G.1138.I, f.209*r*; S.VU.29.10; BHVP.3855, f.21*r*; Mw.vii, f.197*r*; G.(ii)1268, f.21*r*.

1er février 1772

713. Best.D17554. CLT.ix.445-46; G.1138.I, f.218*r*; BHVP.3856, f.30*r*; Mw.vii, f.184*r*; G.(ii)1268, ff.29*v*-30*r*.

714. Best.D17484. CLT.ix.447 (texte incomplet); G.1138.I, f.218*v*; BHVP.3856, f.30*v*; Mw.vii, f.184*v*; G.(ii)1268, f.30*v*.

15 mars 1772

715. *Couplet à madame Cramer*, 'Mars l'enlève au séminaire' (M.x.578). CLT.ix.476-77; G.1138.I, f.244; S.VU.29.10; BHVP.3856, f.60; Mw.vii, f.162*r*; G.(ii)1268, f.56*v*.

15 avril 1772

716. *Lettre de m. de Voltaire à un de ses confrères de l'Académie.* In-8°, 7 pages, s.l.n.d. (cf. Bengesco, ii.274-75). BHVP.3856, ff.41r-44r. C'est à propos de cette pièce que Grimm écrit dans la livraison du 15 avril 1772 (manquante dans les manuscrits): 'M. de Voltaire a écrit à un de ses confrères de l'Académie, au sujet de cet *inclément Clément*, une lettre que vous trouverez a la suite de ces feuilles' (CLT.ix.486). La note 1 de Tourneux (CLT.ix.486) renvoyant à une lettre à Chabanon du 6 février est à rejeter.

1er mai 1772

717. *La Bégueule: conte moral, par le révérend père Nonotte, Jésuite, prédicateur ordinaire du roi* (M.x.50-56). G.1138.I, ff.261r-63v; S.VU. 29.10; BHVP.3856, ff.77r-79r; Mw.vii, ff.139r-41v; G.(ii)1268), ff.73r-75v. Grimm annonce ainsi cette pièce: 'Le morceau que vous allez lire vient d'arriver tout fraichement de Ferney'.

718. *Envoi à madame de Florian* (M.x.56). G.1138.I, f.264r; S.VU.29.10; BHVP.3856, f.79r; Mw.vii, f.142r; G.(ii)1268, f.76r. Grimm annonce ainsi cette pièce: '[CLT.ix.507: après avoir sollicité et obtenu les dispenses du seigneur patriarche.] Il faut être au fait de cette historique pour entendre les vers que le seigneur Patriarche a adressés à la nouvelle Madame de Florian.'

15 juin 1772

719. *Les Lois de Minos.* G.1138.I, ff.267r-72r; S.VU.29.10; BHVP. 3856, ff.82v-87r; G.(ii)1268, ff.79r-84r.

[CLT.ix.508: et n'a pu obtenir la permission de plaider la cause de l'humanité sur le théâtre des Tuileries.] Le hasard m'ayant procuré l'occasion d'entendre une lecture de la tragédie des *lois de Minos* et même d'en obtenir quelques fragments, j'ai cru que vous seriez bien aise d'en voir ici une esquisse, d'autant que l'auteur parait vouloir la garder dans son portefeuille, dans l'espérance peut-être d'obtenir la faveur de la représentation lorsque le zele dévorant de M. l'Archevêque pour le maintien des sacrifices humains se sera un peu calmé.

    La scene, comme j'ai eu l'honneur de vous le dire, est dans l'isle de Crete dans le parvis du temple de Jupiter a Gortine. Le sujet et la fable sont absolument de l'invention du poëte, et ce n'est pas ce que j'en estime le plus: pour plusieurs raisons à moi connues je soutiens que les sujets et les personnages des tragédies doivent être historiques, et qu'on ne doit même s'écarter de l'histoire que dans des circonstances de peu de conséquence. Les personnages de la pièce sont Teucer, Roi de Crete, Astérie, captive, Azémon vieillard de Cydonie. Datame et ses compagnons du même pays. Pharès, grand sacrificateur de Gortine. Mérione et Dictime, Arcontes de Crete. Et puis des prêtres et la suite du Roi. Pour peu qu'on connoisse le génie tragique de M. de Voltaire, je prétends que sur cette simple liste des acteurs on doit deviner toute la fable, toute la conduite et jusqu'au dénouement de sa nouvelle tragédie.

Acte premier

On voit le Pontife Pharès avec les sacrificateurs à droite. Teucer couvert d'une couronne à rayons est à gauche, entouré des Arcontes et du Sénat de la Crête ainsi que de sa cour. Pharès ouvre la scène par un discours adressé au Roi et à toute l'assemblée. La religion et la loi demandent tous les sept ans le sacrifice d'une victime humaine. L'époque de ce sacrifice est arrivée. La victime même est désignée. C'est Astérie, une des captives qu'on a faites dans le cours de la guerre contre les Cydoniens. Pharès insiste sur la nécessité de ce sacrifice. Son discours est celui d'un prêtre furieux et fanatique. Le Roi lui répond en philosophe. Il a eu le malheur de perdre pendant cette longue et funeste guerre et sa femme et sa fille encore enfant; mais il ne veut pas que le sang humain coule pour apaiser leurs manes. Cette opposition entraine une discussion entre le Roi et le Grand Prêtre, pendant laquelle Astérie s'avance. On lui annonce son sort. On prononce l'arrêt qui va s'exécuter. Elle le reçoit avec tranquillité, en philosophe ferme et résignée. Teucer la prend sous sa protection contre l'arrêt sanguinaire du Grand Prêtre. Mais l'Arconte Mérione, antiroyaliste et dévot, se déclare pour les loix. Pharès fait sentir au Roi combien son opposition est vaine ici et il s'apprête à le lui prouver par le fait, en commandant qu'on traine la victime au pied de l'autel, lorsqu'un héros arrive avec le caducée à la main pour proposer au Roi la paix de la part des Cydoniens. Cet incident fait différer le sacrifice d'Astérie que Pharès se promet bien d'accomplir avant la fin du jour. On va délibérer sur cette proposition. Lorsque Pharès et ses sacrificateurs ont défilé, lorsque la captive a été ramenée, et que la suite du Roi et le Sénat se sont dispersés Teucer reste seul avec l'Arconte Dictime. Celui ci ressemble au Roi, il est aussi humain et philosophe que son collegue est fanatique. Il déplore avec Teucer la barbarie et la superstition des peuples dont l'ambition des grands se sert pour croiser les vues sages et salutaires de leur Roi. Vous voyez que c'est à Crete tout comme partout ailleurs.

Acte second

On voit sur le devant l'Arconte Dictime avec des gardes, et dans le fond Datame et d'autres Cydoniens chargés de traiter de la paix. Datame la propose avec autant de franchise que de fierté. Il annonce l'arrivée d'Azémon, un de leurs chefs, retardé par le poids des années. Ce vieillard respectable est chargé de conclure la paix. Datame en attendant apporte la rançon d'Astérie: La liberté de cette captive est un article essentiel du traité. Plus de paix, si elle n'est pas rendue. Il demande en conséquence à voir le Roi dont on vante l'humanité. On lui promet une audience. Il y a dans cette scène, si je m'en souviens bien, une vigoureuse sortie contre Minos et ses loix.

La scène suivante se passe entre Teucer et l'Arconte Dictime. Le Roi lui apprend que la cabale de Pharès l'emporte, que ce prêtre cruel insiste plus que jamais sur la nécessité du sacrifice. Dictime conseille au Roi de chercher de l'appui parmi les Cydoniens pour fortifier son parti trop faible. Conseil assez singulier et assez inattendu de la part d'un Arconte. Aussi le Roi lui observe-t-il que cette démarche rendrait la guerre civile inévitable. Avant tout il veut s'occuper du salut d'Astérie. Il craint qu'elle ne lui soit incessamment enlevée. Il la fait venir.

L'entretien d'Astérie avec Teucer se passe en présence de Dictime. Le Roi l'assure qu'il la protégera contre toute violence, qu'il la fera rendre à son pays, à son père qui va venir, à Datame qui est ici. Ce Datame c'est son époux; il allait l'être du moins, quand Astérie fut enlevée par les Crétois. Après ces consolations Teucer la fait reconduire dans la tour, et l'Arconte Mérione survient.

Celui-ci attaché, comme nous l'avons dit, à l'ancien culte, fait entendre au Roi que ce n'est pas par préjugé, mais qu'il faut céder au préjugé par prudence, et ne pas irriter inconsidérément la superstition du peuple et l'ambition d'un pontife.

TEUCER

Je vois qu'il vous gouverne et qu'il sait vous instruire.
Vous m'apportez son ordre, et pensez me séduire.

MÉRIONE

Je vous donne un conseil.

TEUCER

             Je n'en ai pas besoin.

MÉRIONE

Tout monarque en reçoit.

TEUCER

             Epargnez vous ce soin.
Je sais prendre sans vous conseil de ma justice.

MÉRIONE

Elle peut sous vos pas creuser un précipice.
Croyez moi; je vous parle au nom de tout l'état,
Du Pontife suprême, et surtout du Sénat.

TEUCER

Il est trop factieux.

MÉRIONE

Il partage l'empire.

TEUCER

Sa jalouse fierté trop souvent le déchire.

MÉRIONE

S'il est fier et jaloux, voulez-vous l'irriter?

TEUCER

Un joug est nécessaire.

MÉRIONE

                     Il ne peut en porter.

TEUCER

Sachez qu'il est encor des ames élevées,
Il est des vieux soldats dont les mains éprouvées,
Ayant fait tomber Troie, ont de la force assez
Pour soutenir ce trône et ces murs menacés.

MÉRIONE

Vous hazardez beaucoup.

TEUCER

                  Je le sais; mais peut être
Tous les grands ne sont pas les rivaux de leur maitre;
Tous n'opposeront pas une triste tiédeur
A ces généreux soins qu'exige ma grandeur.

MÉRIONE

Ils redoutent d'un Roi la grandeur despotique.

TEUCER

Qu'ils redoutent plutôt la licence anarchique.
Elle est plus odieuse, elle a plus de danger.

MÉRIONE

Ils soutiennent leur droit; rien ne peut les changer.

TEUCER

Quoi? le Sénat rejette une loi juste et Sainte?

MÉRIONE

Oui; si vous prétendez l'emporter par contrainte,
Et forcer des esprits qu'il faut persuader.
La prudence et le temps pourront tout accorder.

TEUCER

Que le prudent me quitte, et le brave me suive.
Il est temps que je regne et non pas que je vive.

MÉRIONE

Regnez, mais ménagez les peuples et les grands.

TEUCER

Qu'ils ne me bravent point. Sachez que je prétends
Etre impunément juste et vous apprendre à l'être.
Si vous ne m'imitez, respectez votre maître ...
Et nous, allons, Dictime, assembler vos amis,
S'il en reste à des rois insultés et trahis.

En vérité on croirait assister à une conférence entre le Roi de Suède, le Sénateur Funk ou le Sénateur Kalling.

Acte troisième

On voit Datame avec ses Cydoniens. Ils attendent l'audience publique. En attendant ils réfléchissent sur la pompe et la célébrité de ces lieux détestés.

Que tous ces monumens vantés dans tant d'écrits,
Quand on les voit de près, inspirent de mépris!
Cher Datame, est-il vrai qu'en ces pourpres funestes
On n'offre que du sang aux puissances célestes?
Est-il vrai que ces Grecs en tous lieux renommés
Ont immolés des Grecs aux dieux qu'ils ont formés?
La nature à ce point serait-elle égarée?

Au reste le salut d'Astérie est tout. Pour la délivrer les Cydoniens sont résolus de rendre tous les esclaves faits pendant la guerre, et la paix en dépend.

Au milieu de ces discours un Cydonien arrive et leur apprend le destin d'Astérie; elle va être immolée. Datame tombe dans le dernier désespoir. Il est, sans le savoir, proche de la tour qui renferme tout ce qu'il a de plus cher au monde. Tandis qu'il remplit l'air de ses cris, la voix d'Astérie perce à travers les murs de sa prison. Datame arrête! ... Datame, cher époux! ... Bientôt Astérie sort de la tour, escortée par la garde de Teucer à qui il est ordonné de la transférer dans un autre lieu où le Roi espère la garantir avec plus de succès contre la fureur des prêtres et du peuple. Mais Datame qui ne connait pas les desseins du Roi, imagine qu'on ne tire son amante de sa prison que pour la trainer à l'autel, et ne prenant conseil que de son courage dans un moment si affreux, il fond avec les siens sur la garde pour lui arracher Astérie.

Dans cet instant Dictime arrive par un autre côté. Mais ne pouvant se douter des projets de Datame, il ne s'y oppose pas, il ne les prévient pas: au contraire, ses voeux sont pour le succès des Cydoniens. Qu'ils sortent en paix de la Crète. Qu'ils emmènent cette victime trop chère. Bientôt le bruit des armes le désabuse. Teucer accourt et l'instruit du nouveau malheur qui met le comble à l'infortune Astérie. Ce qui devait assurer son salut est devenu l'instrument de sa perte. Datame par une erreur fatale vient d'attaquer la garde qui devait sauver son amante. Ce choc imprévu a mis les armes à la main à tous les Crétois. Datame et Astérie sont pris. Les prêtres, le sénat, le peuple, tout est réuni pour demander leur mort à grands cris. Datame a violé lui-même la sainteté de son caractère. Il ne reste plus au Roi ni pouvoir ni prétexte pour s'opposer à la volonté des prêtres et du peuple.

Tandis qu'il expose tous ces malheurs, un héraut arrive et les confirme. On va sacrifier Astérie. Le Sénat est assemblé, et n'attend que la présence du Roi pour juger Datame. Cependant le malheureux père d'Astérie vient d'arriver et demande à grands cris audience. Teucer consent de lui accorder cette consolation inutile.

> Je n'en avais cherché que dans mes vains projets
> De régler mes états, d'instruire mes sujets,
> Et de civiliser l'agreste Cydonie.
> Du ciel qui conduit tout, la puissance infinie
> Réserve, je le vois pour de plus heureux temps
> Le jour trop différé de ces grands changemens.
> Le monde avec lenteur marche vers la Sagesse,
> Et la nuit des erreurs est encor sur la Grèce.
> Les dieux me sont témoins que si j'avais voulu
> Exercer sur la Crète un empire absolu,
> C'eût été pour sauver ma triste république
> D'une loi détestable et d'un joug tyrannique.
> Que je vous porte envie, ô rois trop fortunés,
> Vous qui faites le bien dès que vous l'ordonnez!
> Rien ne peut captiver votre main bienfaisante;
> Vous n'avez qu'à parler, et la terre est contente.

Acte Quatrième

Azémon parait seul. Il ne sait pas encore le malheur qui l'attend ici. Il se plaint de l'abandon où on le laisse.

> Datame devant moi ne s'est point présenté.
> On n'offre aucun asyle à ma caducité.
> Il n'en est point ainsi dans notre Cydonie;
> Mais l'hospitalité loin des Cours est bannie.

Teucer arrive précédé du héraut qui avait annoncé l'arrivée d'Azémon. Le Roi plaint ce malheureux vieillard avec beaucoup de noblesse.

> Ton peuple a massacré ma fille avec sa mère;
> Tu ressens comme moi la douleur d'être père:
> Va quiconque a vécu dut apprendre à souffrir.

Mais la perte d'Astérie est devenue inévitable et la guerre recommence. Azémon instruit du malheur d'Astérie et de Datame, insiste et dit que dès qu'on saura la rançon qu'il apporte, tout le monde s'intéressera à la conservation d'Astérie. Le Roi n'est pas seulement curieux de connaître cette rançon: il répond simplement à Azémon:

> Cesse de t'abuser. Remporte les présens.
> Puissent les dieux plus doux consoler tes vieux ans!
> Mon père, à tes foyers j'aurai soin qu'on te guide.

Dictime survient suivi d'un détachement de gardes. Il conjure le Roi de quitter ces lieux qui vont être ensanglantés par un sacrifice humain. Teucer presse Azémon de s'enfuir au plus vite et de se dérober à cet horrible spectacle. Deux Cydoniens apportent une cassette couverte de lames d'or. C'est la rançon qu'Azémon a promise. On ouvre la cassette. Teucer regarde en frémissant. Astérie est sa fille.

AZÉMON

> Ces gages, ces écrits, témoins de son destin,
> Ce pyrope éclatant qui brillait sur sa mère,

(Il tire un écrin de la cassette et la donne à Teucer.)

> Quand le sort des combats à nous deux si contraire
> T'enleva ton épouse et qu'il la fit périr,
> Voilà cette rançon que je venais t'offrir.

Les transports de Teucer sont proportionnés à la grandeur de cette découverte. Il enfonce la porte. Le temple s'ouvre. On entend la trompette. On voit Pharès entouré de sacrificateurs. Astérie à genoux au pied de l'autel, et le bucher enflammé dans l'enfoncement. Pharès la hache à la main est prêt à frapper la victime.

TEUCER

> Ah, qu'est-ce que je vois!
> Ma fille! . . .

PHARÈS

> Qu'elle meure!

TEUCER, *en s'élançant sur l'autel.*

> Arrête! Qu'elle vive!

Astérie est délivrée. Pharès avec sa séquelle est obligé de reculer. Il se livre à des imprécations et des menaces horribles. La reconnaissance d'Astérie et de son père se fait. Elle demande Datame. Le Roi ordonne qu'on l'amène. Mais Dictime lui observe que la faction opposée environne déjà Pharès au fond du temple; qu'elle reçoit ses ordres; que le fanatisme du peuple et l'ambition des grands feront triompher Pharès et prévaloir ses desseins sanguinaires sur les desseins généreux et humains du Roi; que Datame est entre leurs mains; qu'il va servir de victime et être égorgé. Dans cette extrémité Teucer confie sa fille et le vieillard au héraut sur la fidélité duquel il peut compter, il court avec Dictime, délivrer Datame.

Azémon reste seul avec Astérie, et finit cette scène turbulente par un acte de dévotion.

> O toi, divinité qui régis la nature,
> Tu n'as pas foudroyé cette demeure impure

Qu'on ose nommer temple, et qu'avec tant d'horreur
Du sang des nations on souille en ton honneur!
C'est dans ces lieux cruels, dans ce repaire infame
Qu'on allait immoler Astérie et Datame!
Providence éternelle, as-tu veillé sur eux?
Leur as-tu préparé des destins plus heureux?
Nous n'avons point d'autels où le faible t'implore.
Dans nos bois, dans nos champs, je te vois, je t'adore.
Ton temple est, comme toi, dans l'univers entier.
Je n'ai rien à t'offrir, rien à sacrifier.
C'est toi qui donnes tout. Ciel protège une vie
Qu'à celle de Datame, hélas! j'avais unie.

ASTÉRIE *à Azémon*
S'il nous faut périr tous, si tel est notre sort,
Nous savons, vous et moi, comme on brave la mort.
Vous me l'avez appris, vous gouvernez mon âme;
Et je mourrai du moins entre vous et Datame.

Acte Cinquième

Teucer parait suivi d'Azémon, de Mérione et du héraut. Il dépêche celui-ci
aux révoltés. Il est las de tant d'audace et d'attentats. Il conseille à l'orgueilleux
Mérione de se ranger à son devoir ou de combattre contre lui. Mérione lui
répond qu'il est prêt de le défendre ainsi que sa fille, mais non de servir ses vues
pour établir le despotisme. Teucer lui ordonne d'aller se ranger du côté de ses
ennemis.

Allez donc, j'aime mieux combattre un ennemi
Que de me défier d'un infidèle ami.

Mérione sort suivi des siens, et le Roi sort lui-même par un autre côté, après
avoir rassuré Azémon. Astérie entourée de gardes vient joindre le vieillard.
Elle craint pour son père, pour son amant, pour Azémon même qui craint
pour elle. Elle dit:

Ah, si mes faibles mains avaient du moins des armes,
J'irais, j'imiterais ces compagnes de Mars
Qui des murs d'Ilion défendaient les remparts,
Que Teucer admira sur le Troyen rivage;
Pour de plus chers objets j'aurais plus de courage.

Au milieu de ces alarmes Datame accourt et fait le récit de ce qui vient de se
passer. Teucer l'a délivré de ses fers ainsi que les autres Cydoniens, et ils ont
tous combattu pour soutenir l'autorité du Roi et le garantir des efforts impies
du fanatisme. Mérione et la plupart des grands révoltés ont péri les armes à la
main. Datame a forcé lui-même le temple et tué de sa main le farouche Pharès
au pied de l'autel.

187

> De ma juste vengeance et d'amour transporté,
> J'ai trainé jusqu'à toi son corps ensanglanté.
> Tu peux le voir, tu peux jouir de ta victime.

Astérie apperçoit en effet le corps sanglant du Pontife fanatique. Après tant de succès inespérés, Datame n'est pas plus tranquille. Il n'est plus de bonheur pour lui. Les grands de Crète ne permettront jamais l'hymen de la fille du Roi avec un soldat.

AZÉMON

> Va, généreux Soldat,
> Astérie est ta femme ou Teucer est ingrat.

DATAME

> La main d'une princesse
> Ne peut favoriser qu'un prince de la Grèce;
> Voilà leurs loix, leurs moeurs.

Astérie les a en horreur. Elle jure d'être à Datame, de le préférer à tout avec ses déserts, même, s'il le faut, en dépit de son père. Teucer parait à la tête de ses troupes, et en embrassant sa fille, il lui crie:

> Ton père te le donne,
> Il est à toi: nos loix se taisent devant lui.

ASTERIE

> Seigneur, vous êtes juste.

TEUCER

> Oui, tout change aujourd'hui.

Il ordonne qu'on mette le feu à ce temple impie et souillé. Il déclare Datame son héritier et époux d'Astérie. Il raconte à sa fille le reste de l'histoire.

> Le peuple en apprenant de qui vous êtes née,
> En détestant la loi qui vous a condamnée,
> Eperdu, consterné, rentré dans son devoir,
> Abandonne à son prince un absolu pouvoir.
> Braves Cydoniens, goutez des jours prosperes,
> Libres ainsi que moi, ne soyez que mes freres.
> Aimez les loix, les arts, ils vous rendront heureux.
> Honte du genre humain, sacrifices affreux,
> Périsse pour jamais votre indigne mémoire.
> Et qu'aucun monument n'en conserve l'histoire!
> Nobles, soyez soumis et gardez vos honneurs
> Prêtres et grands et peuple, adoucissez vos moeurs.
> Servez dieu désormais dans un plus digne temple,
> Et que la Grèce instruite imite votre exemple.

AZÉMON
Demidieu sur la terre! ô grand homme! ô grand roi!
Règne, règne à jamais sur mon peuple et sur moi.
[CLT.ix.508: On croirait qu'on a résolu d'abolir le pouvoir].

720. *Les Cabales* (M.x.177-86). G.1138.I, ff.273r-75r; S.VU.29.10;
BHVP.3856, ff.87v-90r; Mw.vii, ff.123r-25v; G.(ii)1268, ff.84v-87r.
Grimm annonce ainsi cette pièce: 'Je vais fournir le contingent en pièces
fugitives qui nous est arrivé cet ordinaire de Ferney'.

1er juillet 1772
721. *Les Systèmes* (M.x.167-76). G.1138.I, ff.284v-86r; S.VU.29.10;
BHVP.3856, ff.99v-101r; Mw.vii, ff.110v-12r; G.(ii)1268, ff.96v-98r.
Grimm annonce ainsi cette pièce: '[CLT.x.6: et les agréments, dont
nous voyons à tout instant les preuves nouvelles.] Vous allez lire la
production qui vient d'arriver de Ferney cet ordinaire.'

15 août 1772
722. *Essai sur les probabilités en fait de justice.* G.1138.I, ff.320v-21r;
BHVP.3856, ff.135v-36r; S.VU.29.10; Mw.vii, ff.83v-84r; G.(ii)1268,
ff.132r-33r:

[CLT.x.41: On pourrait même dire que sa discussion est aussi ennuyeuse
qu'elle parait mal raisonnée.]
Je ne m'arrêterai qu'à un seul de ses argumens qui ne vous séduira pas en
faveur de la logique de l'avocat. Lorsqu'on demanda à la famille prêteuse de
quelle manière le prêt s'est effectué, elle dit que le jeune homme, petit-fils de la
vieille, a porté cette somme de cent mille écus en or chez M. de Morangies en
treize voyages consécutifs, en une seule matinée, un tel jour. M. de Voltaire se
moque beaucoup de cet expédient, et le trouve hors de toute vraisemblance.
Il dit qu'il faut être fou de faire environ cinq lieues en allées et venues, lorsqu'on
pouvait aisément transporter toute la somme à la fois dans un fiacre. Mais
quand on considère que M. de Morangies, faisant cet emprunt à l'insçu de ses
créanciers, avait le plus grand intérêt à leur en dérober la connaissance, on
cesse de s'étonner de cet expédient et du soin avec lequel il écartait ses gens, en
recommandant au jeune homme de monter toujours par le second escalier qui
le conduisait directement au cabinet de l'emprunteur, sans passer par l'anti-
chambre. Je dis plus: un juge pénétrant, au lieu de traiter l'histoire des treize
voyages comme un conte absurde, en sera frappé comme d'un fort indice
contre M. de Morangies. Car si le jeune homme était un imposteur, il n'aurait
jamais imaginé les treize voyages, lorsqu'il pouvait dire si simplement: Vous

convenez que vous êtes venu chez moi pour m'apporter votre billet de cent mille écus, et que je vous ai donné alors douze cents francs que vous avez emportés dans votre cabriolet; et moi je vous soutiens que c'est cent mille écus en or que j'ai mis et que vous avez emportés dans votre cabriolet. Au lieu d'une version si simple, le jeune homme et ses ayant cause auraient imaginé les treize voyages, et par une fatalité bien étrange il se trouve que M. de Morangies ne peut prouver ni qu'il soit sorti dans cette matinée, ni qu'il ait reçu aucune visite, ni que son portier ait gardé sa porte, ni que son laquais se soit trouvé dans son cabinet; par une fatalité inconcevable M. de Morangies est obligé de convenir qu'au jour des treize voyages, il a passé toute la matinée seul chez lui! Le menteur, sans aucune nécessité, s'exposerait à se voir confondu par son adversaire que mille circonstances auraient dû favoriser pour prouver sans replique la fausseté des treize voyages! Avec la permission du Patriarche et malgré sa logique, je dirai: Le jeune homme a fait les treize voyages parce qu'il le dit. S'il était menteur, il n'aurait jamais été assez bête pour fabriquer une histoire dont il y avait à parier cent contre un que M. de Morangies établirait la fausseté sur des preuves incontestables. Je ne dis pas que les treize voyages soient une preuve contre M. de Morangies, mais bien loin de fournir une présomption contre ses adversaires, ils me paraissent un fort indice et peut-être de tous les indices le plus terrible contre lui. [CLT.x.41: On attribue au Patriarche un autre écrit composé il y a deux ans en faveur du divorce].

1er septembre 1772

723. *Ode sur l'anniversaire de la Saint-Barthélémy, pour l'année 1772* (M.viii.494-95). G.1138.I, ff.327v-28r; S.VU.29.10; BHVP.3856, ff.142v-43r; Mw.vii, ff.69v-70r; G.(ii)1268, ff.139v-140r.

724. Best.D17859. G.1138.I, f.329v; S.VU.29.10; BHVP.3856, f.144v; Mw.vii, f.71v; G.(ii)1268, f.141v. A 'Tronchin car il n'est pas venu me voir', Grimm ajoute la note suivante: 'Dans une course de quinze jours qu'il vient de faire à Genève'.

15 septembre 1772

725. S.VU.29.10; BHVP3856, f.155r; Mw.vii, f.62v; G.(ii)1268, f.152v: '[CLT.x.60: mais je crois que l'on continuera de lire la *Henriade* en français.] Dans le même temps le vieux Piron, de quelques années plus âgé que le Patriarche, vient de lui décocher l'épigramme suivante: Sur l'auteur dont l'épiderme . . . [cf. Piron, *Œuvres* (Paris 1857), p.320]. C'est une grande consolation pour les ennemis de M. de Voltaire de lui dire qu'après sa mort sa gloire s'évaporera comme la rosée du matin. Ils voudraient bien en être surs, ils ne lui diraient pas si souvent.'

1er octobre 1772

726. *Ode à la louange de Voltaire, prononcée par mademoiselle Clairon, au pied de sa statue, en 1772.* BHVP.3856, ff.162*v*-63*r*; S.VU.29.10; Mw.vii. ff.47*v*-48*r*; G.(ii)1268, f.159*v*.

[CLT.x.72: ce qui la rend un peu longue et pesante.] Si le poëte en exposant les différentes personnes que M. de Voltaire a entassées sur sa tête, s'était permis quelques écarts, si à l'occasion de la Henriade, il avait perdu tout à coup son héros de vue pour peindre avec toute la force de la poésie les fureurs de la Ligue, si la catastrophe de l'infortuné Calas l'eût rendu terrible à ses juges féroces et coupables, si dans un autre accès il se fut transporté dans l'asyle de son héros, au pied des Alpes, et qu'il l'eût peint dans sa retraite, secourant le pauvre, défendant l'innocent, préparant au milieu du repos et de la paix, la révolution la plus salutaire que le genre humain ait encore éprouvée, en alongeant son ode par deux ou trois écarts de cette espèce, il l'aurait rendue plus courte, elle aurait été plus variée et il aurait mieux approché de la marge de Pindare qui ne s'accoutume pas d'une allure uniforme et méthodique. Telle qu'elle est, j'aurais été bien aise de consigner cette ode dans ces feuilles, mais l'auteur n'en donne pas de copie, il ne l'a même pas envoyée au patriarche qui en est le héros, de peur que celui-ci ne fut tenté de la faire imprimer, ce qui serait infailliblement arrivé. Ainsi cet hommage restera encore quelque temps inconnu *propter metium judacorum.* [CLT.x.72: Lorsque l'auteur eut achevé son ode].

727. Best.D17936: extrait, de 'La maison de Mlle Clairon' jusqu'à 'et à la grande prêtresse'. CLT.x.73; BHVP.3856, f.163*v*; S.VU.29.10; G.(ii)1268, f.160*r*.

728. *Vers à mademoiselle Clairon*, 'Les talents, l'esprit, le génie' (M.x. 590-91). CLT.x.73-74; BHVP.3856, f.163*v*; S.VU.29.10; Mw.vii, f.48*v*; G.(ii)1268, f.160*r*.

729. Best.D17924. CLT.x.74; BHVP.3856, f.164*r*; S.VU.29.10; Mw.vii, f.49*r*; G.(ii)1268, f.161*r*.

730. *Epître au roi de Suède, Gustave III* (M.x.447-48). BHVP.3856, f.164; S.VU.29.10; Mw.vii, f.49; G.(ii)1268, ff.161*r*-62*r*.

15 octobre 1772

731. *Epître à Horace*, 'Toujours ami des vers, et du diable poussé' (M.x.441-47). G.1138.I, ff.335*r*-38*r*; S.VU.29.10; BHVP.3856, ff.172*r*-75*r*; Mw.vii, ff.36*r*-38*r*; G.(ii)1268, ff.169*r*-72*r*.

1er novembre 1772

732. *Vers à m. de Voltaire sur son apothéose chez mademoiselle Clairon,*
'Grand peintre, aimable sage et sublime écrivain'. G.1138.I, f.351r;
S.VU.29.10; BHVP.3856, f.188r; Mw.vii, f.29r; G.(ii)1268, f.185r.
Selon les *Mémoires secrets* (31 janvier 1773), vi.270, ces vers seraient de
'L'Abbé Lilas, Ex-Jésuite, à M. de Voltaire, au sujet de son apothéose
chez melle Clairon'. Grimm annonce ainsi cette pièce:

Mademoiselle Clairon a beaucoup d'ennemis et aussi souvent qu'elle a donné
au public quelque occasion de parler d'elle, ses ennemis l'ont saisie pour lui
donner des marques de leur attention. Comme le Mercure de France a rendu
compte de l'apothéose de M. de Voltaire et de l'espèce de dédicace de l'ode de
M. Marmontel qui s'est faite chez cette célèbre actrice, on a vu courir les vers
suivants qui sont bien d'un ennemi mais qui ne sont pas d'un poëte.

733. Best.D17988. CLT.x.97-98; G.1138.I, f.353; S.VU.29.10; BHVP.
3856, f.190; Mw.vii, f.31; G.(ii)1268, f.187.

15 novembre 1772
734. Best.D7870. CLT.x.103-104; G.1138.I, ff.361v-62r; S.VU.19.10;
BHVP.3856, ff.198v-99r; Mw.vii, ff.17v-18r; G.(ii)1268, ff.195v-96r.

735. *Seconde lettre à m. de Voltaire,* 'Monsieur, une indisposition . . .'
CLT.x.104-106; G.1138.I, ff.362r-63r; BHVP.3856, ff.199r-200r;
S.VU.29.10; Mw.vii, ff.18v-19r; G.(ii)1268, ff.196r-97r. Il s'agit en fait
d'une lettre d'Helvétius à de Bure (voir D. W. Smith *et al,* 'La correspondance d'Helvétius', *Dix-huitième siècle* (1973), v.359, no.408).

1er décembre 1772
736. Best.D18027. G.1138.I, f.370; S.VU.29.10; BHVP.3856, f.207;
Mw.vii, f.6v; G.(ii)1268, f.204. Grimm annonce ainsi cette pièce:

Vous avez vu la lettre par laquelle M. Huber a remercié M. de Voltaire de la
mention honorable qu'il a faite de lui dans son épitre à Horace, en le priant
très poliment et très gaiement de ne pas le fourrer dans ses brochures. Le
Patriarche qui ne laisse jamais aucune lettre sans réponse, quoiqu'il n'ait
jamais rien à répondre, lui a répondu par la lettre que vous allez lire.

Janvier 1773
737. Best.D18098. G.1138.I, f.389; S.VU.29.11; BHVP.3857, f.7;
Mw.viii, f.186; G.(ii)1269, f.6.

738. *Lettre de m. de Montesquieu de St Seurin, du 11 février 1749* (cf. *Correspondance de Montesquieu* (Paris 1914), ii.116-17). G.1138.I, ff.394*v*-95*r*; S.VU.29.11; BHVP.3857, ff.21*v*-22*r*; G.(ii)1269, ff.20*v*-22*r*.

[CLT.x.165: Ainsi ces papiers, qu'on assure être en très grand nombre, ne pouvaient guère tomber en plus mauvaises mains.] Je viens de parler des préventions des grands esprits. On a accusé M. de Voltaire d'avoir attaqué par une secrète jalousie les ouvrages du Président de Montesquieu; eh bien celui-ci par le même motif élevait Crebillon jusqu'aux nues dans l'espérance de détacher quelques rayons de la gloire de M. de Voltaire.

Vous en trouverez la preuve dans la lettre suivante qu'on a trouvée dans les papiers de M. Helvétius. Une mauvaise pièce de Crébillon, son Catilina, en faveur de laquelle Madame de Pompadour ameuta toute la cour, pour lui procurer un succès passable et surtout pour mortifier M. de Voltaire, et qui malgré la plus puissante cabale, n'a jamais osé reparaître et est entièrement oubliee depuis plus de vingt ans . . .

Février 1773

739. *Epître à monsieur Pigalle,* 'Cher Phidias, votre statue' (M.x.410-12). G.1138.I, f.407; S.VU.29.11; BHVP.3857, f.34; Mw.viii, f.167, G.(ii)1269, f.33. A la suite de cette pièce, Grimm ajoute:

On voit par ces vers que le Patriarche voudrait bien engager Phidias Pigalle à drapper sa statue; mais quoique les poëtes et les philosophes grecs n'allassent pas nuds, et que cela soit encore plus ridicule dans nos climats froids, il n'est pas possible de faire entendre raison la dessus au Phidias français, qui, ne sachant pas draper, s'est entêté à nous donner la carcasse d'un vieil ivrogne qui lui a servi de modèle, pour le corps du chantre immortel de Henri iv.

740. BHVP.3858, f.16*v*:

[CLT.x.190-91: Le Maréchal lui donne la lettre de Ferney à lire tout haut, sans l'avoir regardée, et le lecteur s'arrête trop tard. La belle Raucourt tombe évanouie . . .] Cette lettre de M. de Voltaire a donné lieu à une aventure très désagréable pour Melle Rocour et qui fait beaucoup de bruit. Le Maréchal de Richelieu était chez un fermier général avec cette jeune débutante; on demanda au Maréchal la lettre de M. de Voltaire; il fouilla dans ses poches et en tira une qu'il donna à lire au marquis de Ximenès; il s'y trouvait à peu près cette phrase: 'Je vous félicite M. le Maréchal sur votre nouvelle conquête, vous avés Melle Rocour, on la dit très jolie, elle sort des mains d'un riche négociant de Lion etc.'. A ces mots Melle Rocour jette des hauts cris et tombe presque de faiblesse.

On eut toutes les peines du monde à la consoler. Sa mère était furieuse, et tous les assistants fort embarrassés. On ne croit pas que la lecture de la lettre soit une pure méprise.

Mars 1773

741. *L'Ame de Voltaire*, par M. Dorat. (cf. A. Lebois, *La mort chrétienne de monsieur de Voltaire* (Paris 1960), pp. 25-26.) G.1138.I, ff.424r-25r; S.VU. 29.11; BHVP.3857, ff.51r-52r; Mw.viii, ff.154r-55r; G.(ii)1269, ff.50r-51v.

> L'auteur de Mahomet allait quitter la vie;
>> La mort sur ce brillant fanal
>> Etendait sa main rembrunie,
>> Et balançant le trait fatal,
> Se sentait désarmée à l'aspect du Génie.
>> Dans un costume assez plaisant
> Les moines d'alentour accourent à la file.
>> L'un curieux de présenter son huile,
> Veut oindre à tout hazard l'illustre agonisant,
> Et l'autre lui glisser quelques mots d'évangile.
> Voyant qu'au bout de tout l'esprit ne sert à rien,
>> Madame Denis se console;
> Le Père Adam récitant le symbole,
> Veillant près du pécheur, l'ennuyant pour son bien
>> Lui montre au ciel sa grâce écrite,
>> Et lui conseille en bon Jésuite
> De s'arranger pour mourir en chrétien.
> Malgré les soins du Père et les pleurs de la nièce,
> Et trente Capucins qui près de la maison
>> Très humblement rodent sans cesse
>> En marmotant quelque oraison,
>> Pour que l'Antéchrist se confesse,
>> Donne un peu dans l'attrition
>> Et dise du bien de la messe.
> Malgré Zaïre et Mérope et Brutus,
>> Malgré l'Histoire universelle,
>> Zadig, l'Ingénu, la Pucelle,
> Tant d'ouvrage charmans où le goût étincelle
> Et qu'on lit et relit après les avoir lus,
>> Voltaire meurt. Ce bruit dans sa retraite
> En mille accens plaintifs est déjà prolongé.
> La Renommée en deuil va l'apprendre au Clergé.

L'écho du Jura le répète.
Il meurt, et son âme, en sortant
Pure comme un rayon échapé d'un nuage,
Est sans délai confisquée au paysage
Par un Esprit subtil qui guettait cet instant.
Tout à coup le lutin traversa l'athmosphère,
De monde en monde il s'élance, il bondit
A travers des flots de lumière,
Et son assurance enhardit
L'âme fluette de Voltaire
Qu'un pareil trajet étourdit.
Ils abordent bientôt une terre étrangère,
Asyle éblouissant des bienheureux esprits.
Ils voudraient pénétrer, mais un gardien sévère
Leur ferme brusquement les célestes parvis
Ouvrez, c'est un élu, c'est l'auteur de Candide,
Il écrira sur les plaisirs du ciel,
De la béatitude il remplira le vuide,
Et persifflera Gabriel,
Il vous amusera. Qu'entends-je! Quel blasphême!
Dit le Saint courroucé. Quoi? Voltaire, lui-même,
Près de l'agneau sans tache et du Père éternel!
Cours lui chercher un gite au fond du noir empire.
Pierre à peine a parlé, le follet se retire.
Il voit des royaumes nouveaux,
D'immenses souterrains, des régions funèbres,
Les vastes profondeurs du séjour des ténèbres.
La petite âme a peur et croit voir le chaos.
On la descend enfin sur ce bord formidable
Où roulent des vagues de feu.
Tiens, dit le guide au monarque effroyable,
Je t'apporte un trésor, un esprit bien coupable,
Digne de la fournaise et des honneurs du lieu.
Va, fuis, répond le Souverain des ombres,
Ouvrant la griffe et répandant l'effroi.
Je ne veux point aux manoirs sombres
De diable plus diable que moi
Je connais celui ci, j'ai pris soin de l'instruire,
Et son talent doit m'être cher;
Mais tout serait par lui détruit dans mon empire,
Il me gâterait mon enfer
En forçant les damnés à rire.

Envoi
Pardonne moi; je n'ai rêvé ta mort
Que lorsqu'on a cessé de trembler pour ta vie,
Et tu montras toujours trop de philosophie,
Pour craindre de si loin le coup tardif du sort.
          Mais si de toi quelque jour il dispose,
Puisse au moins arriver tout ce que je prédis.
          Puisses-tu trouver porte close
          En enfer comme en paradis:
          Nous y gagnerons quelque chose.
Renvoyé du Ténare et du ciel descendu,
          Le tout, comme on sait, pour ta gloire,
          Sans doute alors tu nous seras rendu;
Car je ne te crois point friand du purgatoire.

742. Best.D18170: texte incomplet. G.1138.I, ff.425r-26r; S.VU.29.11; BHVP.3857, ff.52r-53r; Mw.viii, ff.155r-56r; G.(ii)1269, ff.51r-52r.

743. Best.D18252. G.1138.I, f.426; S.VU.29.11; BHVP.3857, f.53; Mw.viii, f.156; G.(ii)1269, f.52.

Avril 1773
744. Best.D18327. G.1138.I, f.449r; S.VU.29.11; BHVP.3857, f.76r; Mw.viii, f.149r; G.(ii)1269, f.75r.

Mai 1773
745. *Chanson sur la statue de m. de Voltaire par m. Pigalle*, 'Voici l'auteur de l'Ingénu'. CLT.x.238 (avril 1773); *Mémoires secrets*, vi.311; G.1138.I, f.467v; S.VU.29.11; BHVP.3857, f.94v; Mw.viii, f.133v; G.(ii)1269, f.93v.

Août 1773
746. Best.D18456. CLT.x.277; G.1138.I, f.512r; S.VU.29.11; BHVP. 3857, f.139r; Mw.viii, f.84r; G.(ii)1269, ff.141v-42r.

Septembre 1773
747. *Epître à monsieur Marmontel* (M.x.448-50). G.1138.I, ff.519v-20v; S.VU.29.11; BHVP.3857, ff.146v-47v; BHVP.3859, ff.29r-30r; Mw.viii, ff.59v-60v; G.(ii)1269, ff.149v-50v.

748. *Réponse de m. de Marmontel*, 'Ainsi par vous tout s'embellit' (cf. *Œuvres complètes de Marmontel* (Paris 1819-1820), x.446-48). G.1138.I, ff.520v-22r; S.VU.29.11; BHVP.3857, ff.147v-49r; BHVP. 3859, ff.30v-32r; Mw.viii, ff.60v-62r; G.(ii)1269, ff.150v-52r.

749. *Le Taureau blanc*. G.1138.I, f.522v; S.VU.29.11; BHVP.3857, f.149v; Mw.viii, f.62v; G.(ii)1269, f.152v.

Le Chevalier de Chatellux a rapporté un Conte manuscrit de M. de Voltaire; on y voit le roi Nabucodonosor changé en taureau blanc à qui un sage d'Egypte donne un grand festin où par politesse il ne fait servir ni alloyau ni pièce de bœuf. On y voit encore des prêtres d'Egypte qui après la mort du bœuf apis marchent en pompe et chantent avec une musique qui élève l'ame et qui la ravit.

> Notre bœuf est au tombeaux;
> Nous honorons un plus beau

Il est tout rempli de choses aussi gaies et aussi folles.

Novembre 1773

750. *Le Taureau blanc* (ch.i-iii): texte complet avec variantes (M.xxi. 483-93). G.1138.I, ff.556r-60v; S.VU.29.11; BHVP.3857, ff.182r-86r; Mw.viii, ff.31r-35v; G.(ii)1269, ff.186r-90v.

751. *La Tactique* (M.x.187-94). G.1138.I, ff.561r-63r; S.VU.29.11; BHVP.3857, ff.187r-89r; BHVP.3859, ff.23r-26r; Mw.viii, ff.36r-38r; G.(ii)1269, ff.191r-93r.

Décembre 1773

752. *Le Taureau blanc* (ch.iv-vii): texte complet avec variantes (M.xxi. 493-504). G.1138.I, ff.574r-79r; S.VU.29.11; BHVP.3857, ff.200r-205r. Mw.viii, ff.11r-16r; G.(ii)1269, ff.204r-10r. Meister annonce ainsi cette pièce: 'Nous avons été promptement rassurés sur le dernier accident de M. de Voltaire qui n'a eu aucune suite fâcheuse, il est parfaitement rétabli et nous pouvons sans regret continuer de lire son Conte et nous livrer à la gaité que cet ouvrage original inspire.'

753. *Vers de m. de Guibert qui était allé chez m. de Voltaire et qui n'avait pu le voir; madame Denis l'avait retenu à dîner.* G.1138.I, f.579v; S.VU. 29.11; BHVP.3857, f.205v; Mw.viii, f.16v; G.(ii)1269, f.210v.

> Je dinais chez Voltaire, et Voltaire au repas
> N'étant point, je me crus sans plaisir et sans vie.

>　Révérend, dis-je, alors au Père Adam tout bas,
>　Dans ce temple, c'est donc comme à l'Eucharistie?
>　On l'adore, on le mange et on ne le voit pas.

754. *Impromptu de m. l'abbé Gordon à m. de Voltaire au sujet d'un point de théologie sur lequel ils n'étaient pas d'accord.* G.1131.I, f.579*v*; S.VU. 29.11; BHVP.3857, f.205*v*; Mw.viii, f.16*v*; G.(ii)1269, f.210*v*.

>　Puisque cet univers est si mal ordonné
>　La puissance de Dieu n'est donc pas infinie?
>　Mais il a créé ton genie
>　Son pouvoir n'est donc pas borné.

755. Best.D18679. CL.1812. ii.513-15; G.1138.I, f.580*r*; S.VU.29.11; BHVP.3857, f.206*r*; Mw.viii, f.17*r*; G.(ii)1269, f.211*r*.

Janvier 1774

756. *Stances à madame Lullin, de Genève,* 'Hé quoi! vous êtes étonnée' (M.viii.539-40). G.1138.K, ff.6*v*-7*r*; S.VU.29.11; BHVP.3860, ff.6*v*-7*r*; Mw.ix, ff.6*v*-7*r*; Z.i, ff.3*v*-4*r*.

757. *Le Taureau blanc* (ch.viii-xi): texte complet avec variantes (M.xxi.504-12). G.1138.K, ff.13*r*-16*r*; S.VU.29.11; BHVP.3860, ff.13*r*-16*r*; Mw.ix, ff.13*r*-16*r*.

Février 1774

758. *Le Baron d'Otrante* (M.vi.571-92). G.1138.K, ff.29*r*-36*r*; S.VU. 29.11; BHVP.3860, ff.29*r*-36*r*; Mw.ix, ff.29*r*-36*r*; Z.i, ff.25*r*-32*v*. Meister annonce ainsi cette pièce:
L'Education d'un Prince, Opéra comique de M. de Voltaire. Ce petit ouvrage avait été demandé à M. de Voltaire par un compositeur italien le sieur Bianchi qui vient d'arriver depuis peu dans ce pays-ci. Il y a toute apparence qu'il ne pourra jamais être joué ni même imprimé; mais nous nous sommes faits une loi de recueillir avec empressement tout ce qui échappe de la plume de cet homme célèbre, et l'on trouvera encore dans ce nouveau poème plusieurs traits dignes de sa touche inimitable.

Mars 1774

759. *Epître à Ninon de l'Enclos, par m. le comte de Schouwalof, chambellan de l'impératrice de Russie.* CLT.x.391-94; G.1138.K, ff.53*v*-55*v*; S.VU.29.11; BHVP.3860, ff.53*v*-55*v*; Mw.ix, ff.53*v*-55*r*; Z.i, ff.63*v*-65*v*.

A la date du 25 mars 1774, on trouve dans le manuscrit BHVP.3861, (ff.13, 13 *bis*) qui est un exemplaire de la *Correspondance* de Suard, le commentaire suivant:

On a envoyé de Genève l'épître ci-jointe de M. le Comte de Schouvaloff que tout le monde attribue à M. de Voltaire. En effet il est étonnant qu'un Russe fasse à Pétersbourg d'aussi beaux vers et il est bien plus étonnant encore qu'il les fasse dans une manière qui ressemble si fort à M. de Voltaire, car il y en a cent qui ont son cachet. Il serait moins extraordinaire de faire mieux que de faire comme lui; on n'imite pas en poésie comme en peinture le stile d'un grand maître. Il est vrai que M. de Voltaire est fort loué dans cet épître, mais cette objection paroit faible. On peut cependant répondre que ce même comte de Schouvaloff a déjà fait imprimer de jolis vers d'une tournure assez semblable, qu'il a beaucoup vécu à Paris et qu'on voit qu'il est pénétré des ouvrages de M. de Voltaire. Mon opinion est qu'il a fait le fond de l'épître, qu'il l'a envoyée à M. de Voltaire qui en a trouvé le cadre heureux, l'a corrigée et y a inséré beaucoup de vers.

760. Best.D18720. G.1138.K, f.66; S.VU.29.11; BHVP.3860, f.66; Mw.ix, f.66; Z.i, f.51*v*.

Avril 1774

761. *Dialogue de Pégase et du vieillard* (M.x.195-206). G.1138.K, ff.86*v*-89*r*; S.VU.29.11; BHVP.3860, ff.86*v*-89*r*; Mw.ix, ff.86*v*-89*r*; Z.i, ff.84*v*-87*r*.

762. Best.D18871. G.1138.K, ff.89*v*-90*r*; S.VU.29.11; BHVP.3860, ff.89*v*-90*r*; Mw.ix, ff.89*v*-90*r*; Z.i, ff.87*v*-88*r*.

Juin 1774

763. *Épitre à m. de Voltaire en lui envoyant la Rosière*, 'Naguère, je vous vis galoper sur Pégase' (par Alexandre Frédéric Jacques Masson, marquis de Pezay) (*Mercure de France* (septembre 1774) p.15). G.1138.K, ff.130*v*-31*v*; S.VU.29.11; BHVP.3860, ff.130*v*-31*v*; Mw.ix, ff.130*v*-31*v*; Z.i, ff.133*v*-34*v*.

Août 1774

764. *Discours en vers sur l'homme*, 'De l'envie': extrait, de 'On peut à Despréaux pardonner la satire' jusqu'à 'Qui fatigue l'oreille et qui blesse les yeux' (M.ix.395). CLT.x.473; G.1138.K, f.158*v*; S.VU.29.11; BHVP.3860, f.159; Mw.ix, f.158*v*; Z.i, ff.161*v*-62*r*.

765. Best.D19017: texte daté du 3 juillet 1774. S.VU.29.11; BHVP.3860, f.167; Mw.ix, f.166; Z.i, f.169.

Septembre 1774

766. *Au révérend père en dieu messire Jean de Beauvais* (M.xxix.309-13). CL.1812. iii.174-79 (août 1774); G.1138.K, ff.173*v*-75*r*, 505*r*-506*v*; S.VU.29.11; BHVP.3860, ff.174*v*-75*r*; BHVP.3861, ff.75*r*-78*r*; Mw.ix, ff.173*v*-75*r*; Z.i, ff.176*v*-78*r*.

767. *De l'Encyclopédie* (M.xxix.325-27). CL.1812.iii.191-94 (août 1774); G.1138.K, ff.178*v*-79*r*; S.VU.29.11; BHVP.3860, ff.179*v*-80*v*; BHVP.3861, ff.78*r*-80*v*; Mw.ix, ff.178*v*-79*v*; Z.i, f.181*v*-82*v*.

Octobre 1774

768. *Le Pauvre diable:* extrait, de 'Gresset doué du double privilège' jusqu'à 'Et dans le monde un homme de collège' (M.x.549). CLT.x.507; G.1138.K, f.200*v*; S.VU.29.11; BHVP.3860, f.201*v*; Mw.ix, f.200*v*; Z.i, f.203*v*.

Novembre 1774

769. *Epître de Robert Covelle à m. de Voltaire, en remerciement d'un contrat de trois cents livres de rente.* G.1138.K, ff.216*v*-17*r*; S.VU.29.11; BHVP.3860, ff.218*v*-19*v*; Mw.ix, ff.216*r*-17*v*; Z.i, ff.216*v*-17*v*.

> A moi chétif trois cents livres de rente!
> Ô bon Voltaire! ainsi par tes bienfaits,
> Lorsque mes jours coulaient sans nulle attente,
> Tu pensais donc à combler mes souhaits!
> A mon secours (il faut que je le dise)
> Fort à propos ta main vient se prêter.
> De ne rien faire ayant fait l'entreprise,
> Mesquinement je pouvais végéter;
> Et c'est ton coeur, ton bon coeur secourable
> Qui réjouit le reste de mes ans:
> Car, entre nous, n'ayant que six cents francs
> De compte fait, c'était après la table
> Tirer l'andrille. En ajoûter trois cents . . .
> Je puis compter à présent neuf cents francs!
> Avec cela je dois en conscience
> Te consacrer le tiers de mon loisir.

Mais, un seul tiers? . . . Non, non, à mon désir
Ce n'est assez pour tant de bienfaisance;
La méditer sera tout mon plaisir.
A te bénir je veux passer mes veilles,
De tes travaux admirer les merveilles,
Dire en mon coeur: Voltaire fut savant,
Il fut sublime, en tout genre il fut rare;
Mais par dessus, ce qui vaut bien autant
Il fut humain, tout en lui le déclare.
L'Envie en vain se déchaina longtemps
Et sur ton chef fit siffler les serpens.
Qu'en reste-t-il? aujourd'hui l'on déteste
Le noir poison de ses sales accens;
Le monstre fuit et la gloire te reste.

Qu'étais-je moi pour oser espérer
Les doux effets de la munificence?
Pauvre Robert! ton nom dans le silence
Allait périr lorsque pour t'en tirer
Vint le conflit de certaine aventure
Tenant de près à l'humaine nature.
Or admirez à quoi tient le talent!
J'étais petit soudain je me vis grand.
Poëte, Orateur, tout fut de la partie.
A m'élever chacun fit de son mieux.
D'un grand succès leur peine fut suivie:
Avec dépens je gagnai les enjeux.

Toi même aussi, pour égayer ta lyre,
Dans l'univers tu fis briller mon nom.
Je vis le monde approuver d'un sourire
Mon doux penchant à fornication.
Ah, le bon temps! Mais, Dieux qu'il passe vite!
A peine a-t-on joui quelques instans,
Qu'Amour s'envole et pour jamais nous quitte.
Plus de beaux jours, plus d'aimables printemps.
Pour toi, grand homme, il fit seul des miracles;
En te formant il dompta les obstacles
Et te doua d'un immortel cerveau
Tel on te vit au printemps de ta vie,
Tel au déclin: c'est le même pinceau,
Même enjouement, même ton d'harmonie
Fasse le ciel que mon cher bienfaiteur
Jusqu'à cent ans conserve ce bonheur.

Meister annonce ainsi cette pièce: 'La malice et l'envie attribuent la pièce que l'on va lire à M. de Voltaire. Il faut avouer qu'il est difficile de s'empêcher d'être du nombre de ces coupables, mais il faut bien se garder d'en convenir.'

Décembre 1774
770. Best.D19219. G.1138.K, ff.240v-41r; S.VU.29.11; BHVP.3860, ff.241v-42r; Mw.ix, ff.239v-40r; Z.i, f.229.

Janvier 1775
771. Best.D19235. *Correspondance littéraire, [. . .] pendant une partie des années 1775-1776, et pendant les années 1782 à 1790 [. . .]*, éd. Suard (Paris 1813), i.8-9; G.1138.K, ff.251v-52r; S.VU.29.12; BHVP. 3862, ff.8v-9r; Mw.x, ff.7v-8r; Z.ii, f.53v et ff.3v-4r.

Mars 1775
772. *Epître au comte de Tressan, sur ces pestes publiques qu'on appelle philosophes* (par Michel de Cubières-Palmézeaux; cf.Best.D19362, n.1, D19397). G.1138.K, ff.294r-97v; S.VU.29.12; BHVP.3862, ff.53v-56v; Mw.x, ff.50r-53r; Z.ii, ff.91r-94r.

Mai 1775
773. *Le Dimanche ou les filles de Minée* (M.x.60-67). G.1138.K, ff.326v-30v; S.VU.29.12; BHVP.3862, ff.77v-81v; BHVP.3864, ff.60r-66v; Mw.x, ff.82v-86v; Z.ii, ff.123v-27v.

774. *Lettre à m. d'Alembert* (1775). G.1138.K, f.334; S.VU.29.12; BHVP.3862, f.85; Mw.x, f.90; Z.ii, f.131:

L'auteur de cette feuille nous apprend qu'il est incessamment octogénaire et qu'il n'a pas été content des Eloges de La Fontaine qui ont concouru pour le prix de l'Académie de Marseille. Il propose un nouveau prix sur le même sujet pour l'année 1776 dont il prie Messieurs les quarante de vouloir bien être juges. Les conditions qu'il exige du panégyrique qui doit être couronné sont que l'on ne dise point, premièrement que La Fontaine n'a rien inventé, que que l'on ne répond à aucun poëte de quelque rang qu'il soit, assez jaloux pour lui refuser le titre de poëte, qu'enfin l'on apporte sur le champ La Fontaine et qu'on ne le loue que par lui, sans ambition de pensée et d'esprit. etc. Il y a dit-on, six cent livres consignées pour ce prix chez Maître Monnet, Notaire rue Montmartre. L'Académie n'a point répondu à ce pamphlet, et il y a grande apparence que les six cents livres resteront à l'anonyme. Ce se sera pas du moins à M. de Voltaire qu'on les enverra pour la petite diatribe imprimée à la suite des *Filles de Minée*. La Fontaine y est jugé plus rigoureusement qu'il ne l'a jamais été. Il n'en est pas moins vrai que ce petit morceau renferme plusieurs anecdotes assez curieuses sur la querelle de La Fontaine et de Lulli, qui nuisit infiniment au poëte dans l'esprit de Louis XIV.

775. *Vers à monsieur le Chevalier de Chastellux*, 'Dans ma jeunesse, avec caprice' (M.x.594). G.1138.K, f.338*v*; S.VU.29.12; BHVP.3862, f.88*v*; Mw.x, f.94*v*; Z.ii, f.135*v*.

Août 1775
776. G.1138.K, f.400*r*; BHVP.3862, f.142*r*; Mw.x, f.146*r*; Z.ii, f.188*r*: '[CLT.xi.116: et je n'ai dit que ce que je pense; ainsi, je n'en compte pas moins sur vos bontés.] Pour donner une idée de la manière et de la versification de M. Gilbert nous nous contenterons de citer la tirade contre M. de Voltaire 'Sous peine d'être un sot, nul plaisant téméraire... Que par ses défauts mêmes il fait encor séduire.' Cf. Nicolas Joseph Laurent Gilbert, *Le Dix-huitième siècle, satire à M. Fréron* (Amsterdam 1776), p.17.

Septembre 1775
777. *Le Temps présent, par m. Joseph Laffichard* (M.x.207-209). G.1138.G, ff.612*v*-16*v*; G.1138.K, ff.404*v*-405*r*;S.VU.29.12; BHVP. 3862, ff.146*v*-47*v*; Mw.x, ff.150*v*-51*r*; Z.ii, ff.192*v*, 217*r*.

778. Best.D19668: texte incomplet daté du 15 septembre 1775. G.1138.K, ff.415*v*-16*r*; S.VU.29.12; BHVP.3862, ff.157*v*-58*r*; Z.ii, ff.227*v*-28*r*.

779. Best.D19682. G.1138.K, f.416; S.VU.29.12; BHVP.3862, f.158; Z.ii, f.228.

Novembre 1775
780. Best.D19783: extrait, de 'Ici gît ou plutôt frétille' jusqu'à 'Comme un cadet de famille'. CLT.xi.150; G.1138.K, f.439; S.VU.29.12; BHVP.3862, f.180*v*; Mw.x, f.177*v*; Z.ii, f.239*v*.

Décembre 1775
781. Best.D19829*a*. G.1138.K, f.460; S.VU.29.12; BHVP.3862, f.209; Mw.x, f.197; Z.ii, f.254.

Janvier 1776

782. *Sésostris*: texte complet avec variantes (M.x.68-70). G.1138.L, ff.13r-14r; BHVP.3863, ff.13r-14r; Mw.xi, ff.13r-14r; G.(ii)1270, ff.13r-14r; Z.iii, ff.9r-10r.

Février 1776

783. Best.D19974: texte complet avec variantes. CLT.xi.369-70 (novembre 1776); G.1138.L, ff.28v-29r; BHVP.3863, ff.28v-29r; Ars.4978, f.29r; Mw.xi, f.28v; G.(ii)1270, ff.28v-29r; Z.ii, ff.35v-36r; Z.iii, f.21v.

Mars 1776

784. *Remontrances du pays de Gex au roi* (M.xxx.341-44). G.1138.L, ff.38r-39r; BHVP.3863, ff.38r-39r; Mw.xi, ff.38r-39r; G.(ii)1270, ff.38r-39r; Z.iii, ff.28r-29r.

785. Best.D20040. G.1138.L, ff.47r-49r; BHVP.3863, ff.47r-48r; BHVP.3864, f.38; Mw.xi, f.47; G.(ii)1270, ff.47r-48r; Z.iii, f.59.

786. Best.D20014: texte incomplet. CLT.xi.223-24; G.1138.L, ff.49v-50r; BHVP.3863, ff.49v-50r; Mw.xi, f.49; G.(ii)1270, f.49; Z.iii, f.61.

Avril 1776

787. *Les Finances* (M.x.57-59). BHVP.3863, ff.63v-64v; Mw.xi, ff.61r-62r; G.(ii)1270, ff.63v-64v; Z.iii, ff.43r-44r.

Mai 1776

788. *Satire, au comte de***, par m. Robbé de Beauveset, 1776*: extrait, de 'Léger poète, il est fort à ma guise' jusqu'à 'Original; partout il a son maître'. CLT.xi.256-57; BHVP.3863, f.80bis r; G.(ii)1270, f.74r; Z.iii, f.57r; Ups. F.523:3, ff.373r-74r.

789. *Epître à un homme* (M.x.451-53). BHVP.3863, ff.87v-88r; Ars. 4978, ff.40v-41r; Mw.xi, ff.78v-79r; G.(ii)1270, ff.81v-82r; Z.iii, f.63r.

790. *Vers à madame de Florian, qui voulait que l'auteur vécut longtemps,* 'Vous voulez arrêter mon âme fugitive' (M.x.597). BHVP.3863, f.88r; Mw.xi, f.79v; G.(ii)1270, f.82r; Z.iii, f.63r.

791. *Vers à monsieur Lekain* (M.x.596). G.1138.L, ff.63*v*-64*r* (juin 1776); BHVP.3863, f.105*r*; Mw.xi, f.96*r* (juin 1776); G.(ii)1270, ff.98*r*-99*r*; Z.iii, ff.77*v*-78*r*.

Juin 1776

792. Best.D20220. G.1138.L, ff.64*v*-65*v*; BHVP.3863, f.106; Ars.4978, f.45; Mw.xi, f.97; G.(ii)1270, f.100; Z.iii, f.78*v*.

Juillet 1776

793. *Lettres de M. de Voltaire à l'Académie française, lues dans cette Académie, à la solennité de la Saint-Louis, le 25 auguste 1776*: texte incomplet, de 'Messieurs, Le Cardinal de Richelieu, le grand Corneille' jusqu'à 'sur le théâtre des hommes et des femmes qu'on étrangle, des crocheteurs, des sorciers et des bouffons' (M.xxx.348-68). G.1138.L, ff.75*v*-79*v*; BHVP.3863, ff.116*v*-20*v*; Mw.xi, ff.107*v*-11*v*; G.(ii)1270, ff.110*v*-14*v*; Z.iii, ff.85*v*-89*v*.

794. *Vers de m. de Voltaire pour la fête donnée par monsieur au roi et à la reine dans sa maison de Brunoy et pour être récités par une bohémienne ou par un chasseur.* CL.1812.iii.255; G.1138.L, f.109*v*; BHVP.3863, f.150*v*; Mw.xi, f.141*r*; G.(ii)1270, f.144.

> Aspirer au parfait bonheur
> Est une parfaite chimère.
> Il est toujours bon qu'on l'espère,
> C'est bien assez pour notre coeur.
>
> A la chasse et dans les amours
> Le plaisir est dans la poursuite;
> On court après, il prend la fuite,
> Il vous échappe tous les jours.
>
> Mortels, si la félicité
> N'est pas votre partage,
> En ce lieu du monde écarté
> Contemplez du moins son image.
>
> Vous voyez l'aimable assemblage
> De la vertu de la beauté,
> L'esprit, la grâce, la gaîté,
> Et tout cela dans le bel âge.

> Qui pourrait en avoir autant
> Et dont le coeur serait sensible,
> N'aurait partout le bien possible,
> Mais il devrait être content.

Cette pièce n'a pas été reprise dans Moland. Pourtant elle apparaît dans la liste de Vauger (Best.D.app.161) sous la rubrique 'Autres morceaux qui manquent: Des vers sur le bonheur pour une fête donnée à Brunoi, à mʳ frère du Roi, en 1776'.

Octobre 1776

795. *Épître à madame Necker*, 'J'étais nonchalamment tapi' (M.x.453-54). G.1138.L, ff.123v-24r; BHVP.3863, ff.164v-65r; Mw.xi, ff.155v-56r; G.(ii)1270, f.158.

Novembre 1776

796. *Le Temple du goût*: extrait, de 'Dieu préserve du verbiage' jusqu'à 'Dans un fatras de beau langage' (M.viii.561). CLT.xi.378; G.1138.L, f.149r; BHVP.3863, f.189r; Mw.xi, f.181r; G.(ii)1270, f.187r.

Février 1777

797. Best.D20522. CLT.xi.425-26; G.1138.L, f.208; BHVP.3864, f.34; Mw.xii, ff.32v-33r; G.(ii)1271, f.34.

Août 1777

798. *Vers de m. le Marquis de Villette à M. de Voltaire qui lui avait envoyé une montre d'or à répétition et à quantième, ornée de son portrait de sa manufacture de Ferney. De Paris le 15 août 1777*, 'Je la reçois cette machine' (cf. Villette, *Œuvres complètes* (1788), pp.299-301). G.1138.L, ff.279r-80r; Mw.xii, ff.130r-31r, G.(ii)1271, ff.143r-44r.

799. *Épître à monsieur le marquis de Villette*, 'Mon Dieu! que vos rimes en *ine*' (M.x.454-55). G.1138.L, f.280; Mw.xii, f.131; G.(ii)1271, f.144.

Septembre 1777

800. *Stances de m. de Voltaire sur l'alliance renouvelée entre la France et les cantons helvétiques, jurée dans l'église de Soleure, le 25 Auguste 1777* (M.viii.543-44). G.1138.L, f.306; Mw.xii, f.157; G.(ii)1271, f.171v.

801. G.1138.L, f.307*r*; Mw.xii, f.158*r*, G.(ii)1271, f.172.

Un Chrétien contre six Juifs. A la Haye, aux dépens des libraires. Un volume in-octavo.

Ce chrétien, c'est M. de Voltaire; les six juifs, ce sont l'auteur des Lettres publiées en 1771 sous le nom de trois juifs de Hollande, et celui d'un autre ouvrage imprimé à Paris l'année derniere sous le nom de trois Juifs du Portugal.

L'objet du Chrétien de Ferney y est de justifier les petites libertes qu'il s'est permises sur le Peuple de Dieu, à l'exemple de Saint Jérome et de quelques autres Pères de l'Eglise. On doit donc s'attendre à trouver dans ce livre beaucoup de choses qu'on a déja vues ailleurs. L'auteur l'avoue lui-même; mais nous connaissons peu de controverses chrétiennes qui soient écrites avec autant de gaieté. Cet un persifflage désolant pour ces messieurs et fort plaisant pour tout lecteur qui ne s'intéresse ni aux Juifs du temps présent ni aux Juifs du temps passé.

802. G.1138.L, f.308*r*-10*v*; Mw.xii, ff.159*r*-161*v*. (cf. M.xxx.533-86.)

Le Prix de la Justice et de l'Humanité. A Londres, c'est à dire a Genève. Brochure in octavo.

Un particulier qui veut se soustraire à la reconnaissance publique en cachant son nom a fait parvenir à la Société économique de Berne un prix de cinquante louis d'or neufs en faveur du meilleur Mémoire sur les moyens de réformer la jurisprudence criminelle. Un autre inconnu ajoute cinquante louis d'or au prix proposé, afin que la Société puisse a son gré l'augmenter ou donner des accessit. L'auteur de ce dernier trait de bienfaisance propose ses doutes à ceux qui voudront concourir. C'est le sujet de la brochure que nous avons l'honneur de vous annoncer et où, l'on découvre aisément à chaque page le style inimitable du solitaire de Ferney, qui a quatre-vingt quatre ans conserve tout le feu de son génie, toute l'activité de son ame et ne cesse de faire de bonnes œuvres et de charmans ouvrages.

'Après avoir bien senti, dit M. de Voltaire, la difficulté presque insurmontable de composer un bon code criminel, je supplie ceux qui entreprendront cette tâche pénible de m'éclairer sur les délits auxquels la misérable nature humaine est le plus sujette. Un état bien policé ne doit-il pas les prévenir autant qu'il est possible avant de penser à les punir?

Le vol, le filoutage, le larcin, étant d'ordinaire les crimes des pauvres, et les lois ayant été faites par les riches, ne croyez-vous pas que tous les gouvernements qui sont entre les mains des riches doivent, commencer par essayer de détruire la mendicité, au lieu de guetter les occasions de la livrer aux bourreaux? Dans les grands états, on pend les petits voleurs, comme on sait: le vol domestique est puni et non empêché par la potence. . . . Je n'ai plus qu'a me taire, j'aurais trop à dire. On a pendu à Londres, cette année 1777, le plus fameux prédicateur d'Angleterre, nommé Dodd, convaincu d'avoir volé trois mille livres sterling par un crime de faux. Toutes ses dévotes [. . .] Il a été utile à sa patrie tant qu'il a vécu. Punissez, mais ne punissez pas [. . .] d'arracher la vie à votre semblable, à qui Dieu l'a donnée. Des citoyens vous crient: un brutal [. . .] que cette vaste partie du monde n'est plus barbare. Peuples qui, en cultivant les hautes sciences [. . .] autrefois rougir les Grecs. Voyez s'il n'est pas nécessaire [. . .] l'on tue un chien enragé. Je ne propose pas l'encouragement du meurtre, mais le moyen de le punir sans un meurtre nouveau. Il faut réparer le dommage, la mort ne répare rien, Du duel. Ne parlerez-vous point [. . .] qui ne sont pas leurs enfants.

M. de Voltaire parcourt ensuite les différens genres de crime et de supplices. Il s'élève avec sa vivacité ordinaire contre l'intolérance en matiere de religion. Il condamne ces loix qui ont été publiées à différentes époques en France contre les hérétiques, mais il avoue qu'elles sont fort mitigées par les moeurs et qu'on s'est bien relâché surtout depuis que l'Impératrice de toutes les Russies, souveraine de douze cent mille lieues quarrées, a écrit de sa main à la tête de ses loix, en présence des deputés de trente nations et de trente religions: *La faute la plus nuisible serait l'intolérance.* L'antiquité n'avait jamais imaginé [. . .] l'apothéose de la philosophie.

Parmi plusieurs persécutions rappellées dans l'article des procès criminels pour des disputes de l'école, on a point oublié l'histoire malheureuse du poëte Théophile, qui sur l'accusation du Père Garasse fut renfermé longtemps dans le cachot de Ravaillac pour avoir glissé dans je ne sais quelle pièce de poésie ces trois vers [. . .] Etend ses bras jusqu'à la Chine, etc. Notre auteur, après avoir proposé ses idées sur les délits et les peines, entreprend d'examiner la nature des preuves légales et la maniere de les acquérir. En relevant les défauts grossiers de la jurisprudence française et ses funestes effets, il la compare avec celle d'Angleterre. La première, dit-il, parait dirigée pour la perte des citoyens, la seconde pour leur sauvegarde. Il cite une foule d'exemples d'innocens trainés au supplice dans les différentes provinces de la France, tandis que dans la Capitale trois ou quatre cents mille hommes oisifs, après s'être occupés des convulsions pendant vingt ans, disputent gaiement sur un wauxhall, sur un opéra comique, sur de doubles croches.

L'ame juste et compatissante du philosophe se soulève avec indignation contre l'usage cruel de la torture. Puisqu'il est encore des peuples chrétiens [. . .] adopté cette legislation? Notre auteur rappelle les deux cas terribles de Langlade et de Lebrun, rapportés dans les *Causes célèbres,* qui, dans l'angoisse des tourmens, tous deux innocens se déclarerent coupables et subirent la mort. 'Je ne conçois pas, dit-il comment les infortunés juges qui les condamnerent purent être encore assez hardis pour ordonner la question dans d'autres procès criminels et comment Louis XIV le souffrit. Mais un roi a-t-il le temps de songer à ces menus détails d'horreurs au milieu de ses fêtes, de ses conquêtes et de ses maitresses? Daignez-vous en occuper, Louis XVI, vous qui n'avez aucune de ces distractions!'

M. de Voltaire termine cette brochure interessante par engager ceux qui travailleront au plan d'un nouveau code criminel de suivre l'exemple que le roi de France a donné à son avènement [. . .] Profitez de ces momens; peut être ils seront courts.

803. *Epître à monsieur le marquis de Villette, sur son mariage,* 'Fleuve heureux du Léthé, j'allais passer ton onde' (M.x.455-56). G.1138.L, ff.310v-11v; Mw.xii, f.162v; G.(ii)1271, ff.176v-77r. Meister annonce cette unique pièce ainsi:

M. le Marquis de Villette, un de nos plus aimables roués ayant cherché long-temps en vain de l'innocence et des moeurs dans les coulisses de la Comédie, dans les foyers de l'Opéra et dans toutes les provinces voisines s'est avisé enfin d'en aller chercher au pied des montagnes de la Suisse. C'est à Ferney qu'il a trouvé ce rare trésor, et c'est M. de Voltaire qui a determiné son choix en faveur de Mademoiselle de Varicour, jeune demoiselle sans fortune mais d'une naissance assez distinguée et dont l'éducation a été dirigée par les soins de Madame Denis. M. de Villette est connu à Paris par des goûts si étrange-ment opposés au mariage, qu'il est difficile de ne pas regarder la résolution qu'il vient de prendre comme un miracle et comme un des plus beaux miracles qu'ait fait M. de Voltaire. Voici deux Epitres qui conserveront sans doute à jamais le souvenir d'une si merveilleuse conversion.

Octobre 1777

804. Best.D20843. CLT.xii.4-5; G.1138.L, ff.321v-22r; Mw.xii, ff.172v-173r; G.(ii)1271, ff.186v-87r.

805. *Vers sur le mariage de monsieur le marquis de Villette,* 'Il est vrai que le dieu d'amour' (M.x.600). CLT.xii.20; G.1138.L, f.330r; G.(ii) 1271, f.194v.

Novembre 1777

806. *Couplet de madame la maréchale de Luxembourg, sur un groupe représentant Voltaire.* CLT.xii.24-25; G.1138.L, f.347r; Mw.xii. f.190r; G.(ii)1271, f.212r.

Décembre 1777

807. *A monsieur le comte de*** au sujet de l'impératrice reine,* 'Marc-Aurèle, autrefois des princes le modèle' (M.x.567). G1138L, f.370r; Mw.xii, f.213r; G.(ii)1271, f.235r.

808. Best.D20972: extrait, de 'Voltaire n'ira point à Paris' jusqu'à 'finirait jamais'. CLT.xii.33-34; G.1138.L, ff.370*v*- 71*r*; Mw.xii, ff.213*v*-14*r*; G.(ii)1271, ff.235*v*-36*v*.

Janvier 1778

809. *Bouts-rimés pour la princesse Isabelle de Parme*, 'Un simple soliveau me tient lieu d'architrave' (par Dalmas, cf. Bengesco, iv.308). CLT.xii. 199-200 (janvier 1779); G.1138.M, ff.15*v*-16*r*; Mw.xiii, ff.15*v*-16*r*.

Février 1778

810. *Vers à monsieur Pigalle*, 'Le roi connaît votre talent' (M.x.600). CLT.xii.56; G.1138.M, f.33*v*; Mw.xiii, f.34*v*; G.(ii)1272, f.33*v*.

811. *Réponse de monsieur Voltaire à un évêque de bonne compagnie*, 'J'ai reçu votre mandement'. CLT.xii.56; G.1138.M, f.33*v*; Mw.xiii, f.35*r*; G.(ii)1272, f.33*v*.

812. *Epigramme sur la confession de Voltaire*, 'Voltaire et Lattaignant, d'humeur gentille' (par Marchand, avocat, selon G.). CLT.xii.57, n.1; *Mémoires et anecdotes pour servir à l'histoire de Voltaire* (Liège 1780), pp.130-31; G.1138.M, f.34*r*; Mw.xiii, f.35*v*.

813. *Autres impromptus de monsieur Marchand, avocat.* G.1138.M, f.34*v*; Mw.xii, f.36*r*. 'Admirez d'Arouet la bizarre planète / Il naquit chez Ninon et mourut chez Villette.'

814. *Vers de monsieur de La Harpe*, 'Quels sont ces objets ravissans' (*Œuvres* (Paris 1821), xi.34). G.1138.M, f.34*v*.

Mars 1778

815. *Mémoires de Lekain, précédés de réflexions sur cet acteur et sur l'art théâtral* par m. Talma, 'Faits particuliers sur ma première liaison avec m. de Voltaire', (Paris 1825), pp.420 sqq. G.1138.M, ff.50*v*-51*v*.

816. *Le Retour de m. de Voltaire à Paris*, 'Dialogue entre un Français et un Anglais, attribué à M. le Comte de Schowallow, auteur de l'*Epitre à Ninon*'. G.1138.M, ff.57*r*-59*r*. On connaît deux éditions de ce texte: *Le Retour de m. de Voltaire à Paris*, s.l.n.d., in-8° (B.N. Z. Bengesco 748) et *Le Retour de m. de Voltaire à Paris*, nouvelle édition, à Peters-

bourg le 1er avril 1778 (B.N. Z Bengesco 749: le titre porte en plus
'Dialogue entre un François et un Anglois'). A la suite de cette pièce,
Meister ajoute (G.1138.M, ff.60*v*-61*r*):

Pour l'explication de quelques passages du Dialogue entre un Anglois et un
François, il ne sera pas inutile sans doute de remarquer que M. de Beauregard
qui a eu l'honneur de prêcher ce Carême devant leurs Majestés s'est permis de
faire une sortie des plus violentes contre les philosophes et la philosophie en
général et nommément contre leur chef; cet homme que le génie le plus
universel, les talens les plus rares, n'ont que trop élevés au dessus de son siècle,
et qui n'a pas craint de déshonorer des dons si précieux par l'abus le plus
profane et le plus impie; contre cet homme qui depuis longtemps est l'idole de
la nation, reçoit aujourd'hui les hommages d'un culte presque public, et les
reçoit au sein de la Capitale dans une maison plus infame et plus souillée que
Sodome et Gomorrhe. C'est quinze jours ou trois semaines après la confession
faite au Père Gauthier chez M. de Villette où M. de Voltaire demeure encore,
que de la chaire la plus auguste on a lancé des accusations aussi directes, des
anathêmes aussi odieux. Quelque Sainte, quelque charitable que puisse avoir
été l'intention de M. l'Abbé de Beauregard, son éloquence a paru mêlée de
trop de fiel, de trop d'inepties et de trop d'extravagances pour laisser de fortes
impressions. Il lui est même échappé plusieurs traits d'une naiveté si familière
qu'on n'a pu s'empêcher d'y sourire, malgré le respect que devait inspirer et la
gravité de son ministère et la ferveur de son zèle. Un des plus grands crimes
qu'il ait osé reprocher, à la philosophie, c'est de ne faire aucun cas de la
chasteté dans les femmes et de la regarder comme la vertu la moins propre aux
usages de la société. C'est donc vrai qu'il y aura des Garasses, des Anitus dans
tous les temps sans doute, mais on peut espérer du moins que leur puissance et
leur crédit diminueront toujours en raison du progrès que l'on doit attendre
des connaissances et des lumieres de notre âge.

817. *Irène*. G.1138.M, ff.61*v*-65*r*:

Ce n'est point un examen critique de la tragédie de M. de Voltaire que nous
voulons entreprendre ici; la conduite générale de la pièce a déja été indiquée
dans une de nos précédentes feuilles. Nous nous bornons presque uniquement dans celle-ci à transcrire les morceaux qui ont pu faire le plus d'effet au
théatre; et ne vaut-il pas mieux en effet recueillir quelques beaux vers que toutes
ces observation oiseuses qui n'ont pu échapper à personne? Si nous donnons à
cet extrait plus d'étendue que de coutume, c'est que l'ouvrage même ne pourra
guere être imprimé que dans cinq ou Six mois, l'auteur ayant le projet d'y
faire encore plusieurs changemens considérables avant de le laisser paraître. Il
compte réunir dans le même volume *Irène, Agathocle* et le *Droit du Seigneur*

réduit en trois actes. Il y joindra peutêtre un nouvel *Atrée* dont le plan l'occupe depuis longtemps et ce sera son théatre octogénaire.

Acte premier.

La scène est dans le palais des Empereurs de Byzance. Irène frappée de la sombre inquiétude qui regne autour d'elle cherche vainement à en pénétrer la cause. Les soupçons, la jalousie de Nicéphore, son tyran plutôt que son époux lui rappellent plus vivement le souvenir de ses malheurs passés, et ce souvenir dont elle s'entretient avec Zoë, prépare par ses efforts l'exposition du sujet. Ce Nicéphore usurpa comme on sait l'empire et pour se maintenir plus surement dans son usurpation il força les parens d'Irène à lui donner leur fille. Cette malheureuse Princesse était elle-même du sang de Comnenes dépouillés par lui et dès son enfance elle avait été promise au jeune Alexis que sa naissance destinait au trône des Césars. C'est Irène qui parle.

> L'intérêt de l'Etat ce prétexte inventé
> Pour trahir sa promesse avec impunité,
> Ce fantôme effrayant subjugua ma famille.
> Ma mère à son orgueil sacrifia sa fille.
> Du bandeau des Césars on crut cacher mes pleurs,
> On para mes chagrins de l'éclat des grandeurs. . . .

Memnon, Capitaine des Gardes, apprend à l'Impératrice qu'Alexis est aux portes de Byzance. C'est la nouvelle de ce retour inattendu qui cause à Nicéphore de si vives alarmes. Alexis parait bientôt lui même. Son amour s'exhale en plaintes et en regrets. Qu'il gouverne, dit-il à Nicéphore.

> Qu'il gouverne, s'il peut, de sa tremblante main
> Ces débris malheureux de l'Empire romain,
> Qu'aux campagnes de Thrace, aux murs de Trébisonde
> Transporte Constantin pour le malheur du monde,
> Et que j'ai défendus moins pour lui que pour vous.
> Qu'il règne, s'il le faut, je n'en suis point jaloux;
> Je le suis de vous seule, et jamais mon courage
> Ne lui pardonnera votre indigne esclavage.

Quelle est la résolution que peut former Irène dans ces circonstances? Que prétendez-vous faire? lui dit Zoë.

IRÈNE

> Garder à mon époux ma foi pure et sincere,
> Dompter ma passion, si son feu allumé
> Renaissait dans ce coeur autrefois enflammé,
> Demeurer de mes sens maitresse souveraine;
> Si la force est possible à la faiblesse humaine,
> Ne point combattre en vain mon devoir et mon sort,
> Et ne déshonorer ni mes jours ni ma mort.

Acte Second

Memnon, las d'obéir au tyran, ne conserva sa place auprès de lui que pour assurer aux Comnènes le moyen de rentrer dans les droits qu'on osa leur ravir. Il encourage lui même Alexis à se venger de Nicéphore et à remonter sur le trône de ses ancêtres.

> Dans ce palais sanglant, séjour des homicides
> Les révolutions furent toujours rapides.
> Vingt fois il a suffi pour changer tout l'Etat
> De la voix d'un pontife ou du cri d'un soldat. . .
> Nous avons vu passer ces ombres fugitives,
> Fantômes d'Empereurs élevés sur nos rives,
> Tombant du haut du trône en l'éternel oubli
> Où leur nom d'un moment se perd enseveli.

Nicéphore vient demander compte au jeune Prince de l'audace avec laquelle il a prévenu son ordre en reparaissant à Byzance sans son aveu. Il veut l'exiler de nouveau.

ALEXIS
> Vous ne m'ôterez point un droit inviolable,
> Que la loi de l'Etat ne ravit qu'au coupable.

NICÉPHORE
> Vous osez le prétendre?

ALEXIS
> Un simple citoyen
> L'oserait, le devrait, et mon droit est le sien.

On a pensé peutêtre aux lettres de cachet et l'on a fort applaudi. Nicéphore irrité de tant de résistance, appelle ses gardes, remet à Memnon un écrit qui doit décider du sort d'Alexis et se retire. Memnon sans regarder cet écrit fatal le dépose entre les mains du Prince.

ALEXIS
> Il a signé ma mort!

MEMNON
> Il a signé la sienne.

Irène survient. Alexis cherche à calmer son trouble mais la soif d'assurer sa vengeance l'entraine bientôt loin d'elle. Seule, Irène adresse au ciel cette priere touchante.

> . . . O Dieu, qui m'as fait naitre,
> Conduis mes pas, soutiens cette faible raison,
> Rends la vie à ce coeur qui meurt de son poison,
> Rends la paix à l'empire aussi bien qu'à moi-même
> Conserve mon époux. Commande que je l'aime.
> Tu sais tout, tu peux tout. Les malheureux humains
> Sont les vils instrumens de tes divines mains.

213

> Dans ce désordre affreux veille sur Nicéphore,
> Et quand pour mon époux mon désespoir t'implore
> Si d'autres sentimens me sont encor permis,
> Dieu qui sait pardonner, veille sur Alexis!

Acte troisième

Léonce, le père d'Irène, dégouté de la Cour et retiré depuis plusieurs années dans un monastère de Saint Basile, apprend au fond de sa solitude quels troubles, quelles factions viennent d'agiter l'empire. Il quitte sa retraite pour voler au secours de sa fille.

> Si vous avez perdu dans ce combat funeste
> Un empire, un époux, que la vertu vous reste.
> J'ai vu trop de Césars en ce sanglant séjour
> De ce trône avili renversés tour à tour.
> Celui de Dieu, ma fille est seul inébranlable.

Memnon ne tarde pas à confirmer cette vérité par un autre exemple. Il vient annoncer à l'Impératrice la mort de Nicéphore comme le plus doux triomphe dont Alexis pût lui offrir l'hommage.

> Alexis est vainqueur et Nicéphore est mort.
> Madame, Alexis règne à ses voeux tout conspire . . .
> Pardonnez si sa bouche en ce même moment
> Ne vous annonce pas ce grand événement.

Alors Léonce rappelle à sa fille l'usage antique et sacré qui ordonne aux filles des Empereurs de prendre le voile et de s'enfermer dans un couvent. Il lui peint les visibles douceurs de ces Saintes retraites et lui rappelle toutes les dispositions qu'elle fait porter . . . Qu'Alexis pour jamais soit oublié de vous!

> IRÈNE
> Quand je dois l'oublier, pourquoi m'en parlez vous?

A peine a-t-elle prononcé le serment par lequel elle s'engage à suivre son père aux autels, qu'Alexis parait lui même à ses yeux.

> Ce sang sauvait le vôtre, et vous m'en punissez!
> A tant d'ingratitude aurais-je dû m'attendre?

> IRÈNE
> Nicéphore au tombeau me retient asservie,
> Et sa mort nous sépare encor plus que sa vie . . .

> ALEXIS
> Bientôt on s'accoutume à des maitres nouveaux,
> On adore en tremblant leur puissance établie.
> Qu'on sache gouverner, Madame, et tout s'oublie.

Acte quatrième.

> IRÈNE *à* ZOË
> Tout ce que peut tenter une faible mortelle

Pour se punir soi-même et pour régner sur elle
Je l'ai fait, tu le sais. Je porte encor mes pleurs
Au Dieu dont la bonté change, dit-on, les coeurs.
Il n'a point exaucé mes plaintes assidues,
Il repousse mes mains vers son trône étendues ...

Elle est prête à sortir avec son père qui doit la conduire au temple où le pontife l'attend pour recevoir ses voeux. Alexis survient et l'oblige à rentrer dans son appartement et retient Léonce.

LÉONCE

Je n'ai point déserté ma retraite profonde
Pour livrer mes vieux ans aux intrigues du monde
Aux passions des grands, à leurs voeux emportés.
Je ne puis qu'annoncer de dures vérités.
Qui ne sert que Son Dieu n'en a point d'autre à dire.
Je vous parle en Son nom comme au nom de l'Empire
Vous êtes aveugle, je dois vous découvrir
Le crime et les dangers où vous allez courir ...

ALEXIS

Tendre père d'Irène, hélas! Soyez mon père.
D'un juge sans pitié quittez le caractère.
Ne sacrifiez point et votre fille et moi
Aux superstitions qui vous servent de loi. ...
Tant de sévérité n'est point dans la nature.
D'un affreux préjugé laissez-là l'imposture;
Cessez. ...

LÉONCE

Dans quelle erreur votre esprit est plongé!
La voix de l'univers est-elle un préjugé?

ALEXIS

Vous disputez, Léonce, et moi je suis sensible.

LÉONCE

Je le suis comme vous. Le ciel est inflexible.

ALEXIS

Vous le faites parler. Vous me forcez, cruel,
A combattre à la fois et mon père et le ciel.
Plus de sang va couler pour cette injuste Irène
Que n'en a répandu l'ambition Romaine.
La main qui vous sauva n'a plus qu'à se venger.
Je détruirai ce temple où l'on m'ose outrager.
Je briserai l'autel défendu par vous même,
Cet autel en tout temps rival du diadême,
Ce fatal instrument de tant de passions,

Chargé par nos aïeux de l'or des nations,
Cimenté de leur sang, entouré de rapines.
Vous me verrez ingrat, sur ces vastes ruines
De l'hymen qu'on réprouve allumer les flambeaux
Au milieu des débris, du sang et des tombeaux.

LÉONCE

Voilà donc les horreurs où la grandeur suprême
Alors qu'elle est sans frein s'abandonne elle-même!
Je vous plains de régner.

ALEXIS

                    Je me suis emporté,
Je le sens, j'en rougis; mais votre cruauté
Tranquille en me frappant, barbare avec étude,
Insulte avec plus d'art et porte un coup plus rude.
Retirez-vous, fuyez!

LÉONCE

                    J'attendrai donc, Seigneur,
Que l'équité m'appelle et parle à votre coeur.

ALEXIS

Non, vous n'attendrez point. Décidez tout à l'heure
S'il faut que je me venge ou s'il faut que je meure.

LÉONCE

Voilà mon sein, vous dis-je, et je l'offre à vos coups,
Respectez mon devoir, il est plus fort que vous.
Zoë revient de la part d'Irène.
L'Impératrice en pleurs vous conjure à genoux
De ne point écouter un imprudent courroux,
De la laisser remplir ces devoirs déplorables
Que des maitres sacrés jugent inviolables.

ALEXIS

Des maitres où je suis! J'ai cru n'en avoir plus.
. . . . . . Gardes qu'on veille à cette porte,
Et que de cette enceinte aucun mortel ne sorte.
(*à Memnon*)
Que cet ardent pontife au palais soit gardé;
Un autre plus soumis par mon ordre est mandé
Qui sera plus docile à ma voix souveraine.
Constantin, Théodore en ont trouvé sans peine.
Plus criminels que moi dans ce même séjour
Les cruels n'avaient pas l'excuse de l'amour.

Acte cinquième

Alexis et Zoë—Irène va paraitre. Je la vois dit Zoë, s'avancer vers ce secret détour.

ALEXIS
C'est elle même, ô ciel!

ZOÉ
A la terre attachée,
Sa vue à notre aspect s'égare effarouchée.
Elle avance vers vous, mais sans vous regarder.
Je ne sais quelle horreur semble la posséder.

Cette situation, quoique fort mal rendue par Madame Vestriss, a toujours paru d'un effet très pathétique; elle rappelle ce beau vers de Virgile, *Gallida morte futura*. Irène supplie Alexis de ramener auprès d'elle le vertueux Léonce.

Sur mon sort avec vous que sa bouche prononce.

Après avoir éloigné sur ce prétexte Alexis, elle paraît plus tranquille. Elle ordonne à Zoë de la laisser seule quelques instans. Abandonnée à elle même, tremblante, égarée, elle fait quelques pas.

Nature, honneur, devoir, religion sacrée,
Vous me parlez encore, et mon ame enivrée
Suspend à votre voix ses voeux irrésolus.
(*Elle revient*)
Si mon amant parait je ne vous entends plus.
Dieu que je veux servir et que pourtant j'outrage,
Pourquoi m'as-tu livrée à ce cruel orage?
Contre un faible roseau pourquoi veux-tu t'armer?
Qu'ai-je fait? Tu le sais, tout mon crime est d'aimer.
(*Elle s'assied*)
Malgré mon repentir, malgré ta loi suprême,
Tu vois que mon amant l'emporte sur toi-même,
Il règne, il t'a vaincu dans mes sens obscurcis
(*Elle se relève*)
Eh bien! voilà mon coeur, c'est là qu'est Alexis!
Je le venge de lui, je te le sacrifie.
Je n'y puis renoncer qu'en m'arrachant la vie.

Elle se tue: son père et son amant reparaissent dans cet instant cruel, elle expire dans leurs bras et la toile tombe.

Quelque médiocrement, quelque mal que la pièce ait été jouée elle n'a pas laissé de faire une sensation très vive, et nous ne connaissons point de pièce nouvelle où l'on trouve un fond d'intérêt plus touchant, des passions plus dramatiques, des effets mieux préparés, des vers plus doux et plus sensibles. Que la mort de Nicéphore arrive trop tôt ou trop tard; que la manière dont on vient l'annoncer à Irène paraisse un peu brusque, pour ne pas dire pis; que la pièce languisse, si vous voulez, au troisième acte; que les prétextes dont se sert Irène pour éloigner son amant et sa confidente au moment où elle va se tuer, que les motifs mêmes de cette résolution manquent de vraisemblance et de vérité, tous ces défauts ne détruisent point l'effet théâtral du caractère de Léonce et d'Alexis, de celui de Memnon, ils détruisent encore moins l'intérêt qu'inspire la situation d'Irène, combattue entre l'amour et la religion, entre son père et son amant devenu le meurtrier de son époux. Dans l'exécution de plusieurs scènes, et surtout dans les beaux développemens de celle d'Alexis et de Léonce au quatrième acte, il n'y a personne qui ne connait encore la force et le coloris brillant du peintre immortel d'Orosmane et d'Alzire.

Il ne faut point oublier ici que si la pièce a été écoutée en général avec une sorte de respect pour son auteur, ce respect n'a pas été celui d'une indulgence aveugle. Il y a eu dans plusieurs endroits de légers murmures. M. le Comte d'Argental en a été si alarmé, qu'il a cru devoir se charger de concert avec M. de la Harpe et M. de Thibouville de retoucher ces endroits à la seconde représentation. Le courroux, l'indignation de M. de Voltaire lorsqu'il a été instruit du zèle indiscret de ses amis, n'est pas imaginable. Tout l'orage a éclaté sur la tête du pauvre M. d'Argental. Il n'est point de secret qui ne lui soit échappé dans sa colère, il n'est point d'injure qu'il ne lui ait dite en face. *C'est un sot qui m'excède depuis quarante ans! . . . Mais ce que vous m'avez fait là on ne le ferait pas à un fils de Barthe. . . Et M.* Barthe était présent—Mon Dieu! lui répondait l'Ambassadeur de Parme tout contrit, vous allez cracher le sang!—*Eh morbleu! j'aime mieux cracher le sang que de cracher des bétises.*—La brouillerie a duré quelques jours, on s'est renvoyé réciproquement lettres et portraits; mais grace aux négociations de Madame Denis tous s'est arrangé et l'on a fini par le raccommodement le plus tendre.

Amantium ira amoris integratio est.

Supplément au mois de mars 1778

818. *Vers à monsieur le marquis de Saint-Marc,* 'Vous daignez couronner, aux jeux de Melpomène' (M.x.601-602). CL.1812.iv.183; G.1138.M, f.70v; Mw.xiii, f.123v.

819. *Vers à madame Hébert,* 'Je perdais tout mon sang, vous l'avez conservé' (M.x.601). CL.1812.iv.184; G.1138.M, f.70v; Mw.xiii, f.123v.

820. *Vers du marquis de Saint-Marc à Voltaire,* 'Aux yeux de Paris enchantés' (M.vii.322). CLT.xii.71-72; G.1138.M, f.72v.

Avril 1778

821. *Epître à monsieur le prince de Ligne,* 'Prince dont le charmant

esprit' (M.x.456-57). CL.1812.iv.196; G.1138.M, ff.75*v*-76*r*; G.(ii)1272, ff.75*v*-76*r*.

822. *Epître à monsieur le marquis de Villette: les adieux du vieillard* (M.x.457-58). CL.1812.iv.196-97; G.1138.M, f.76; G.(ii)1272, f.76.

823. *Réponse aux adieux de m. de Voltaire par monsieur le marquis de Villette*, 'Quand la ville et la cour vous portent leur hommage' (Villette, *Œuvres complètes* (1788), pp.317-18). G.1138.M, f.76*v*; G.(ii)1272, f.76*v*.

824. *Impromptu de monsieur de La Dixmerie*, 'Qu'au seul nom de l'illustre frère'. CLT.xii.85; G.1138.M, f.86*v*.

825. *Copie de la profession de foi de monsieur de Voltaire* (M.i.421-22). CLT.xii.87-88; G.1138.M, f.87*r*; Mw.xiv, f.107*r*; G.(ii)1272, f.87*r*.

826. Best.D21091. CLT.xii.88-89; G.1138.M, f.87; Mw.xiv, f.107; G.(ii)1272, f.87.

827. Best.D21092. CLT.xii.89-90; G.1138.M, ff.87*v*-88*r*; Mw.xiv, ff.107*v*-108*r*; G.(ii)1272, ff.87*v*-88*r*.

828. Best.D21136. CL.1812.iv.207-208; G.1138.M, f.90; Mw.xiv, f.110.

Juin 1778

829. *Elégie sur la mort de monsieur de Voltaire par monsieur de Chabanon*, 'De l'asyle champêtre où je vis retiré' (*Vers sur Voltaire* (s.l.n.d.), 14 pages, in-8°, pp.3-6). G.1138.M, ff.120*r*-21*v*; Mw.xiii, ff.85*r*-86*v*.

830. *Vers de madame la marquise de Boufflers*, 'Dieu fait bien ce qu'il fait'. CLT.xii.116; G.1138.M, f.121*v*; Mw.xii, f.86*v*.

831. *Epitaphe de monsieur de Voltaire faite il y a plusieurs années par J.-J. Rousseau*, 'Plus bel esprit que beau génie'. CLT.xii.120; G.1138.M, f.130*r*; Mw.xii, f.95*r*.

Juillet 1778

832. *Vers sur la mort de monsieur de Voltaire par monsieur Lebrun*, 'O Parnasse! frémis de douleurs et d'effroi'. CLT.xii.130; G.1138.M, f.142*r*; Mw.xiii, f.107*r*.

Août 1778

833. G.1138.M, f.176:

[CLT.xii.159: d'attendre le jugement de la postérité pour se voir vengé de cette injustice.] L'hommage dont l'amitié de m. d'Alembert a prétendu honorer la cendre de Voltaire n'a pas été épargné par la critique. Il y a plus d'orgueil et de vanité, dit-on, que de respect et de sensibilité à faire en son nom, ce qu'il fallait laisser faire à l'Académie ou ne point faire du tout. Ce n'est point à un ami qu'il convient d'ériger aux manes du grand homme le monument que lui devaient les lettres, la patrie et l'humanité. Six cents francs donnés par M. d'Alembert ajoutent peu de choses au prix de la médaille académique, et ceux qui seraient dignes de l'obtenir pourraient bien ne se trouver fort honorés d'être obligés de vingt-cinq louis à la magnificence de M. le Secrétaire perpétuel. N'eût-on pas mieux rempli l'objet qu'on s'était proposé, en substituant à la médaille envisagée une médaille consacrée à la mémoire de Voltaire et en admettant, pour cette fois seulement, au concours tous ceux qui auraient osé se présenter étrangers ou nationaux sans en excepter les académiciens même qui auraient préféré l'honneur d'entrer en lice à celui d'être les juges du combat? Il y a lieu de croire qu'on a point laissé ignorer à M. d'Alembert l'effet que produisaient dans le monde ses libéralités académiques, et c'est sans doute pour appaiser les clameurs de l'envie qu'il a fait imprimer dans le *Journal de Paris* que c'est feue Madame Geoffrin sa digne et respectable amie qui partage avec lui l'honneur de l'hommage rendu à la mémoire de M. de Voltaire. Elle avait laissé en mourant à M. d'Alembert une rente de douze cents livres dont il a cru que la première année ne pouvait être employée à un plus noble usage qu'à honorer la mémoire de son illustre ami.

Les personnes qui se souviennent que M. l'Abbé Morellet a dit dans son *Portrait historique de Madame Geoffrin* que cette somme de douze cents livres avait été donnée à M. d'Alembert pour de bonnes oeuvres, doutent encore si l'usage académique auquel le légataire a jugé à propos de la consacrer cette année remplit parfaitement les vues de la testataire. L'honnête homme qui obtiendra la somme d'onze cents francs, instruit de cette anecdote ne se croira-t-il pas obligé en conscience à faire aux pauvres la restitution des 600# de Madame Geoffrin? ... Mais ce n'est pas de tout cela dont il faut se mettre en peine.

Septembre 1778

834. *Portrait de Voltaire par monsieur Dorat,* 'Raphaël pour le trait, Rubens par la couleur' (*Mémoires secrets,* xii.150-51 et *Mémoires et anecdotes pour servir à l'histoire de Voltaire,* pp.76-77). G.1138.M, f.191; Mw.xiii, f.156r.

Novembre 1778

835. *Vers adressés à madame la comtesse de Boufflers par monsieur de Voltaire*, 'Aimable fille d'une mère'. CLT.xii.176; G.1138.M, f.218v; Mw.xiii, f.186v. Tourneux (CLT.xii.176, n.1) et Bengesco (iv.308) précisent que cette pièce est de Pons de Verdun.

Décembre 1778

836. G.1138.M, ff.246v-47r:

[CLT.xii.187: que le tribut de notre admiration et de notre reconnaissance.] Le F. Abbé Cordier a prononcé de même un discours relatif à la cérémonie de cette réception. Le F. Changeux, l'un des Orateurs de la Loge a demandé la parole et a dit:

Vous savez, mes frères, que c'est presque toujours sous les voiles de l'allégorie que nous aimons, comme les anciens, à nous exprimer. Je me servirai donc de ce langage pour vous féliciter de l'inimaginable avantage que vous avez de compter parmis vos Frères ce grand homme que vous venez d'initier à nos mystères. Je vous aurai fait sentir votre bonheur et votre gloire si je parviens à le peindre.

Fable
Le Figuier et l'Aubépine
Un figuier avant son feuillage
Voyait déjà de fruits couronner son branchage.
Près de lui l'aubépine était
Qui de ses fleurs se pavanait.
Triste figuier s'écria-t-elle
Où sont tes fleurs? L'autre lui dit: la belle
Où sont tes fruits? De mes brillans attraits
Je suis content. Eh bien, restons en paix
Garde ta superbe parure
Elle suffit à tes désirs
Les solides présens que m'a fait la nature
Conviennent à mes goûts et j'en fais mes plaisirs.
Sous le voile de cette fable
J'ai représenté les savants
L'un est austère et plein de sens,
Un autre est léger, mais aimable
La nature en mère équitable
Presque toujours entre eux partage les talens.
Le plus chéri de ses enfans
Voltaire réunit l'utile à l'agréable.

[CLT.xii.187: Les Frères de la Dixmerie, Garnier, Grouvelle, Echard, etc. ont demandé la parole, et ont lu les pièces de vers qu'il serait trop long de rapporter ici,] mais qui ont été annexées à la planche à tracer, nous rapporterons seulement un quatrain maçonnique du Frère de la Dixmerie:

Qu'au seul nom de l'illustre Frère
Tout maçon triomphe aujourd'hui!
S'il recoit de nous la lumière
L'univers la reçoit de lui.

[CLT.xii.187-88: Le Frère nouvellement reçu a témoigné [. . .] et que toute la loge a vu avec une extrême satisfaction.] Le F. Bernier, Graveur Général des Chancelleries de France et de la Monnaie de Paris, et Membre de la loge a présenté deux portraits en médailles de Crébillon et de Belloy. [CLT.xii.188: Après que les diverses lectures ont été terminées].

Février 1779

837. *Epitaphe de Voltaire faite par une dame de Lausanne*, 'Ci-gît l'enfant gâté du monde qu'il gâta'. CLT.xii.218; G.1138.M, f.291*r*; Mw.xiv, f.36*r*.

Mars 1779

838. G.1138.M, f.300; Mw.xiv, f.45; G.(ii)1273, f.47; Z.iv, f.49:

[CLT.xii.229: *Optime! Thomas! Optime!*] Le seul genre où l'éloquent secrétaire de M. Ducis paraisse donner à M. de Voltaire le premier rang sans réserves et sans regret est celui des poésies légères qu'on appelle de société. 'Ce qui le caractérise, dit-il, dans ces sortes d'ouvrages, ce n'est pas seulement la précision [. . .] il leur avait montré les Indes, quoiqu'il ne les eut pas conquises.' L'extrait que nous venons de faire du Discours prononcé par M. Ducis est déja trop étendu pour nous permettre encore de faire des réflexions sur celui de m. l'abbé de Randonvilliers dont on ne put entendre que les vingt premières lignes . . .

Voir 'Discours prononcé dans l'Académie française le jeudi 4 mars 1779, par m. Ducis qui succédait à Voltaire' (Jean-Francois Ducis, *Œuvres* (Paris 1839), pp.1-16.)

839. G.1138.M, ff.301*v*-302*v*; Mw.xiv, ff.46*v*-47*v*; G(ii)1272, ff.48*v*-49*v*; Z.iv, f.51:
'[CLT.xii.230: C'est M. Saurin qui a terminé cette longue séance, consacrée presque toute entière à l'éloge de M. de Voltaire, par quelques vers adressés à son ombre.] Les voici: "O toi, dont la Muse immortelle".' Cf. *Journal encyclopédique* (avril 1779), pp.339-41.

Mai 1779

840. *Remarques sur quelques passages de m. de Voltaire concernant le chapitre des finances dans le Testament politique qui porte le nom du cardinal de Richelieu,* par M. Prévot, de Genève. G.1138.M, ff.317*v*-19*r*; G.(ii) 1273, ff.64*v*-65*r*; Z.iv, ff.58*v*-59*r*.

841. *Agathocle.* G.1138.M, ff.364*v*-65*v*; G.(ii)1273, ff.110*v*-12*v*; Z.iv, ff.110*v*-12*v*. Les amenuisements des marges de fond sur le microfilm que nous avons utilisé ne permet pas de donner un texte cohérent du compte rendu de cette pièce de Voltaire, en addition à CLT.xii.262.

842. *Discours prononcé par m. Brizard avant la représentation d'Agathocle le 31 mai* (M.vii.392-93). G.1138.M, ff.363*v*-64*r*; Mw.xiv, ff.130*v*-31*v*; G.(ii)1273, f.110; Z.iv, f.110.

Juillet 1779

843. *Vers faits à Sellières sur le tombeau de m. de Voltaire* par M. le Marquis de Villette, 'Le voilà ce grand Homme, accablé par la gloire' (Villette, *Œuvres complètes* (1788), pp.318-19). G.1138.M, f.390; Mw.xiv, f.158; G.(ii)1273, f.136; Z.iv, f.136; Ups. F523:3, f.379.

844. *Fragmens d'une épître à Voltaire, qui vient d'obtenir l'accessit au jugement de l'Académie française,* par M. André de Murville (cf. *Epître à Voltaire, pièce qui a obtenu l'accessit au jugement de l'Académie Françoise en 1779 par M. de Murville* (Paris 1779), 15 pages, in-8°). G.1138.M, ff.404*v*-406*r*; Mw.xix, f.174*v*; G.(ii)1273, ff.150*v*-52*r*; Z.iv, ff.150*v*-52*r*.

845. Best.D21140: extrait, de 'Muses, que pensiez-vous quand la mort' jusqu'à 'Celui dont on ne peut approcher de ta vie'. G.1138.M, f.406*v*; Mw.xix, f.175*r*; G.(ii)1273, ff.152*v*-53*r*; Z.iv, ff.152*v*-53*r*.

846. Best.D21144. G.1138.M, ff.406*v*-407*r*; Mw.xix, f.175*r*; G.(ii)1273, f.153*r*; Z.iv, f.153*r*. Meister annonce ainsi cette pièce: 'Un descendant de cet Antoine Dumoustier, M. Dumont la Fond, Capitaine d'Artillerie, ayant envoyé à M. de Voltaire cette pièce de vers, en reçut la lettre qui suit datée de Paris du 27 avril.'

Novembre 1779

847. Best.D2268: extrait, de 'Jadis au nom de l'Eternel' jusqu'à 'Que le diable emporte Michel'. CL.1812.v.200; G.1138.M, f.476*r*; Mw.xiv, f.224*v*; G.(ii)1273, f.218*v*; Z.iv, f.216*v*.

848. *Ode à l'impératrice de Russie, sur les honneurs qu'elle rend à la mémoire de m. de Voltaire*, par m. le marquis de Villette: texte complet avec variantes (Villette, *Œuvres complètes* (1788), pp.339-42). G.1138.N, ff.51v-52v; Mw.xv, ff.47r-49r; G.(ii)1274, f.49v; Z.v, f.50v; W., f.48v.

849. *Vers de m. de Villette à m. de La Harpe, après avoir lu son éloge de Voltaire*, 'Plus grand que l'auteur de Cinna' (Villette, *Œuvres complètes* (1788), p.320). G.1138.N, f.53r; Mw.xv, f.49r; G.(ii)1274, f.51r; Z.v, f.52r; W., f.50r.

850. *Lettres de m. de Burigny, de l'Académie royale des inscriptions et belles lettres, à m. l'abbé Mercier, abbé de St. Léger de Soissons, ancien bibliothécaire de Sainte-Geneviève etc., sur les démêlés de m. de Voltaire avec m. de Saint-Hyacinthe, dans laquelle on trouvera des anecdotes littéraires et quelques lettres de messieurs de Voltaire et de Saint-Hyacinthe.* Brochure in-8°. G.1138.N, f.56; Mw.xv, f.52; G.(ii)1274, f.54; Z.v, f.55; W., f.53:

On ne comprend pas trop quelle utilité l'on peut trouver à rappeller au public toutes les circonstances d'une dispute oubliée depuis longtemps, et qui fait assurément fort peu d'honneur à la mémoire de M. de Voltaire et à celle de M. de Saint-Hyacinthe; (*) mais on ne peut s'empêcher d'admirer la bon-hommie, l'exactitude et l'impartialité respectueuse avec laquelle M. de Burigny s'est cru obligé à quatre-vingt huit ans de transmettre à la postérité le tort et les ridicules de deux hommes de lettres dont il s'honore d'avoir été l'ami. Se serait-il proposé de donner quelque consolation ou quelque encouragement aux auteurs de nos jours qui sans avoir les mêmes titres à l'admiration publique ne craignent point d'exposer par la même conduite, par les mêmes procédés, l'honneur des Lettres et de la Philosophie dont ils font profession? N'est-ce pas, en effet, une anecdote tout-à-fait intéressante à savoir pour quelques-uns de nos beaux esprits, que Voltaire le grand Voltaire lui-même fut traité indigne-ment à Londres par un officier français nommé Beauregard, que cette facheuse aventure fut si publique, que dans le temps on appellait les cannes fortes des *Voltaire* pour les distinguer des cannes de roseau, et qu'au lieu de dire donner des coups de cannes ou des coups de batons, on disait *Voltériser?*

(*) L'auteur du *Chef d'œuvre d'un Inconnu*, de la *Déification du Docteur Masso*, des *Recherches philosophiques sur la Nécessité de s'assurer soi-même de la Vérité.*

851. Best.D7258. G.1138.N, f.56v; Mw.xv, f.52; G.(ii)1274, f.54v; Z.v, f.55v; W., f.53v.

Avril 1780

852. G.1138.N, ff.72r-73v; Mw.xv, f.68; G.(ii)1274, ff.73r-74v; Z.v, ff.79r-80r; W., ff.69r-70v:

[CLT.xii.389: De l'avis de l'auteur lui-même, cet éloge est ce qu'il a jamais écrit de mieux en prose, et le public paraît fort disposé à l'en croire, au moins cette fois-ci, sur parole.] Le discours que nous avons l'honneur de vous annoncer est divisé en trois parties. On parcourt dans la première la longue suite des ouvrages qui ont rempli la vie de M. de Voltaire, dans la seconde on parle de l'influence qu'il a eue sur son siècle; on considère dans la troisième les époques les plus intéressantes de sa destinée. Cette première partie qui suppose des discussions d'une sagacité peu commune, d'un goût très fin, très sûr, nous a paru encore pleine de chaleur et de nouvement; ce n'est pas probablement celle qui a couté le plus à M. de la Harpe, et c'est cependant celle qui laisse le moins à désirer. Les idées répandues dans la seconde ont plutôt l'air d'avoir été recueillies dans la société que d'être le fruit des méditations de l'auteur, et elles ne sont ni assez étendues, ni assez approfondies. Il y a dans la troisième plusieurs tableaux d'une touche forte et sensible, des traits d'une véritable éloquence. On peut trouver plus de sévérité que de justice dans la manière dont M. de la Harpe a jugé Crébillon; le trouvera-t-on beaucoup équitable, lorsqu'en fixant les quatre époques du génie dramatique de M. de Voltaire, après avoir remarqué qu'*Oedipe* fut le moment de sa naissance, *Zaïre* celui de sa force, *Mérope* celui de sa maturité, il décide que c'est à *Tancrède* qu'il a fini? Comment oublie-t-il entièrement les *Scythes*, le *Triumvirat*, *Sophonisbe*, et surtout cette *Olympie*, qui soutenue au théâtre du talent sublime de Mademoiselle Clairon semblait égaler ses premiers chefs-d'oeuvre?

Un des morceaux les plus saillans du nouvel éloge de M. de la Harpe, c'est sans contredit le parallèle du style de Racine avec celui de Voltaire. Nous en avions déjà été frappés à la lecture qu'il en fit à la dernière séance publique de l'Académie; nous ne pouvons nous refuser au plaisir de le transcrire ici.

[M.i.159-60: Tous deux ont possédé ce mérite [. . .] le plus tragique qui ait régné sur scène'.]

853. G.1138.N, f.116; G.(ii)1274, f.117; Z.v, f.117; W., ff.113r-14r:

Ce sont des gens mal instruits ou mal intentionnés qui se sont permis de publier dans le *Mercure* du 17 que le service qu'on a célébré le 30 Mai dans l'Eglise catholique de Berlin pour l'âme de feu M. de Voltaire avait éte ordonne par Sa Majesté le Roi de Prusse. Ce service a été demandé par les membres catholiques de l'Académie des Sciences et Belles Lettres, et la manière édifiante dont cet acte solennel se trouve rapporter dans les Annonces de Berlin en fait un monument très honorable à la mémoire du grand homme pour ne pas être consacré avec les mêmes circonstances dans tous les fastes de notre littérature. Voici donc l'article en question fidèlement extrait. [*Mercure de France*, (17 juin 1780): extrait de 'Du 30 Mai 1780 – Aujourd'hui a neuf heures et demie' jusqu'à 'la vertu sincère et véritable'] Le bruit s'est répandu, il y a quelques mois, que son cercueil en avait été enlevé de nuit du consentement de M. Le Prieur pour être envoyé à Pétersbourg ou à Berlin. Nous ne pouvons pas garantir la vérite du fait, mais nous ne pouvons pas non plus la confirmer. Notre jugement est si réservé à cet égard, que si l'on nous annonçait dans quelques temps la résurrection de M. de Voltaire et ses suites nous ne nous permettrions pas de l'attaquer davantage. La destinée des grands hommes est encore plus extraordinaire apres leur mort que de leur vivant.

Mars 1781

854. *Impromptu de m. de Voltaire fait à Cirey sur la beauté du ciel dans une nuit d'été*, 'Tous ces vastes pays d'azur et de lumière'. CL.1812. v.274; G.1138.N, f.318r; BHVP.3865, f.68v; Mw.xvi, f.64r; G.(ii)1275, f.68r; Z.vi, f.62v. Selon Bengesco (iv.304), cette pièce est du père Lemoine.

Novembre 1781

855. *Derniers vers de m. de Voltaire au roi de Prusse, faits pendant le séjour de l'auteur à Paris*, 'Epictète au bord du tombeau' (M.viii.542). G.1138.N, f.509; BHVP.3865, f.248; Mw.xvi. f.254; G.(ii)1275, f.261; Z.vi, f.230; Ups. F523:3, f.433.

Septembre 1782

856. *Voltaire et le serf du Mont Jura*. G.1138.O, ff.203r-206v; S.VU. 29.13; BHVP.3866, ff.197r-200v; Mw.xvii, ff.166r-69v; G.(ii)1276, ff.195r-98v; Z.vii, ff.137r-40v. Cf. Jean P. Claris de Florian, *Voltaire et le serf du Mont-Jura, discours en vers libres* (Paris 1782), in-8°.

Janvier 1783

857. *Les vingt-quatre j'ai vu* (M.i.294-95). G.1138.O, ff.294r-95v; S.VU.29.13; BHVP.3867, ff.16v-17v; Mw.xvi, ff.16v-17v; G.(ii)1277, ff.16v-17v; Z.viii, ff.28v-29v. D'après Bengesco (i.204, n.1), les 'J'ai vu' de Le Brun ont été imprimés sous le nom de Voltaire dans un recueil intitulé *Mon petit portefeuille* (Londres 1774), ii.112.

Février 1783

858. *Billet à m. le marquis de Villette, en le remerciant du recueil de ses œuvres, où l'on trouve plusieurs lettres très-paternelles de m. de Voltaire à l'auteur.* CLT.xiii.267; G.1138.O, f.305r; S.VU.29.13; BHVP.3867, f.28v; G.(ii)1277, f.28r; Z.viii, f.34r.

Mars 1783

859. *Impromptu de m. de Voltaire au duc régent,* 'Non, monseigneur, en vérité': texte complet avec variantes (M.x.474). G.1138.O, f.324r; S.VU.29.13; BHVP.3867, f.47r; G.(ii)1277, f.47r; Z.viii, f.53r.

860. *Stances à Frédéric, roi de Prusse, pour en obtenir la grâce d'un Français*: texte complet avec variantes (M.viii.515). G.1138.O, f.333; S.VU.29.13; BHVP.3867, f.56v; G.(ii)1277, f.56; Z.viii, f.62. A la suite de cette pièce, Meister ajoute:

Ces vers sont tirés de la Vie privée de M. de Voltaire écrit par lui-même. Ce journal commence au moment où l'auteur quitta Paris pour se retirer à Cirey, et finit vers l'année 1759, à son établissement à Ferney. Ce précieux manuscrit n'est connu que par les lectures particulières qu'en ont faites Messieurs de Beaumarchais et le marquis de Condorcet. Il est écrit avec autant de rapidité que *Candide* et souvent il en a toute la grâce et toute l'originalité; mais un grand Roi n'y étant pas traité avec les égards que l'on devait attendre et de la reconnaissance de Voltaire pour un si auguste bienfaiteur et de son respect pour l'opinion du siècle et le jugement de la postérité, cet Ouvrage n'est pas prêt à paraître; il ne se trouvera pas du moins dans la collection qui se fait actuellement dans les presses de M. de Beaumarchais, collection dont il existe déjà, dit-on, quarante-six volumes superbement imprimés.

Avril 1783

861. *Vers sur l'estampe du r. p. Girard et de la Cadière,* 'Cette belle voit Dieu; Girard voit cette belle' (M.x.491). G.1138.O, f.340r; BHVP.3867, f.63r; G.(ii)1277, f.63r; Z.viii, f.69r.

862. *Impromptu à m. de Maupertuis,* 'Ami, vois-tu ces cheveux blancs' (M.x.548). G.1138.O, f.340r; BHVP.3867, f.63r; G.(ii)1277, f.63r; Z.viii, f.69r.

Mai 1783

863. CLT.xiii.302-303; G.1138.O, ff.360v-61r; BHVP.3867, ff.83v-84r; G.(ii)1277, ff.83v-84r; Z.viii, ff.81v-82r. 'Les Comédiens français

ayant déplacé la statue de Voltaire que Mme Duvivier, sa nièce avait donnée à la Comédie-Française, elle a cru devoir leur écrire la lettre suivante: Du 12 mai 1783. J'apprends, messieurs, que la statue de M. de Voltaire . . .'.

Décembre 1785

864. Best.D1444: extrait, de 'Prince cet anneau magnifique' jusqu'à 'Est le seul j'aimerais mieux'. G.1138.P, f.608*r*; BHVP.3869, f.252*r*; Mw.xx, f.222*r*; Z.x, f.163*r*.

Août 1786

865. *Epigramme contre Rousseau*, 'On dit qu'on va donner *Alzire*' (M.x.510-11). CLT.xiv.437; G.1138.Q, f.239*v*; BHVP.3870, f.194*v*; Ars.4978, f.361*v*; Mw.xxi, f.139*v*.

Octobre 1786

866. *Quatrains attribués à m. de Voltaire, à L'usage des jeunes personnes.* G.1138.Q, ff.265*r*-66*r*; S.VU.29.13; BHVP.3870, ff.208*r*-209*r*; Ars. 4978, ff.387*r*-88*r*; Mw.xxi, ff.166*r*-67*r*.

Tout annonce d'un Dieu l'éternelle existence;
On ne peut le comprendre, on ne peut l'ignorer.
La voix de l'Univers annonce sa puissance,
Et la voix de nos coeurs dit qu'il faut l'adorer.

Mortels, tout est pour votre usage;
Dieu vous comble de ses présens.
Ah! Si vous êtes son image,
Soyez comme lui bienfaisans.

Pères, de vos enfans guidez le premier âge;
Ne forcez point leur goût mais dirigez leurs pas:
Cultivez leurs talens, leur esprit, leur courage.
On conduit la Nature, on ne la change pas.

Enfant crains d'être ingrat; sois soumis, sois sincère:
Obéis, si tu veux qu'on t'obéisse un jour.
Vois ton Dieu dans ton père, offre-lui ton amour
Que celui qui t'instruit te soit un nouveau père.

Qui s'élève trop, s'avilit;
De la vanité nait la honte:

C'est par l'orgueil qu'on est petit:
On est grand quand on le surmonte.

Réprimez tout emportement,
On se nuit alors qu'on offense;
Et l'on hâte son châtiment
Quand on croit hâter sa vengeance.

De l'émulation distinguez bien l'envie.
L'une mène à la gloire et l'autre au déshonneur:
L'une est l'aliment du génie
Et l'autre est le poison du cœur.

La dispute est souvent funeste autant que vaine.
A ces combats d'esprit craignez de vous livrer.
Que le flambeau divin qui doit vous éclairer
Ne soit point en vos mains le flambeau de la haine.

Toutes les passions s'éteignent avec l'âge,
L'amour-propre ne meurt jamais.
Ce flatteur est tyran, redoutez ses attraits.
Et vivez avec lui, sans être en esclavage.

La politesse est à l'esprit
Ce que la grâce est au visage.
De la bonté du cœur, elle est la douce image
Et c'est la bonté qu'on chérit.

Soyez vrai, mais discrèt; soyez ouvert, mais sage,
Et sans la prodiguer, aimez la vérité:
Cachez-la sans duplicité;
Osez la dire avec courage.

Le premier des plaisirs et la plus belle gloire,
C'est de répandre des bienfaits.
Si vous en recevez publiez-le à jamais
Si vous en répandez, perdez-en la mémoire.

Janvier 1787
867. *Vers à m. Feuillet, alors clerc de procureur*, par m. de Voltaire.
G.1138.R, f.9r; BHVP.3871, f.9r; Mw.xxii, f.9r; Ups. F523:3, f.572r.

> Feuillet d'un Procureur la demeure profane
>   Est pour toi le Vallon sacré
>   Et dans l'antre de la chicane
> Tu griffonnes des vers sur du papier timbré
> Le plaideur étonné qui n'attend qu'un grimoire
> D'écriture du Diable en style de Palais
> Reçoit au lieu d'exploits, des sixains, des sonnets
> De jolis madrigaux et des chansons à boire;
> C'est bien la gagner son procès.

868. *Adieux au roi de Prusse*, 'Adieu grand homme; adieu coquette' (M.viii.512). G.1138.R, f.19; S.VU.29.13; BHVP.3871, f.19.

869. *Epître à m. l'abbé de *** qui pleurait la mort de sa maîtresse*, 'Toi qui fus des plaisirs le délicat arbitre' (M.x.220-21). G.1138.R, ff.19*v*-20*r*; S.VU.29.13; BHVP.3871, ff.19*v*-20*r*.

Février 1787

870. *Les Désagréments de la vieillesse*, 'Oui, je sais qu'il est doux de voir dans ses jardins' (M.viii.541). G.1138.R, ff.44*v*-45*r*; BHVP.3871, ff.44*v*-45*r*; Ups. F523:3 ff.581*v*-82*r*.

Mars 1787

871. *Stances à monseigneur le prince de Conti pour un neveu du père Sanadon, jésuite*, 'Votre âme a la vertu docile' (M.viii.508-509). BHVP.3871, ff.69*v*-70*r*; Mw.xxii, ff.49*v*-50*r*.

Janvier 1790

872. Best.D11807: extrait, de 'Tous ce que je vois jete les semences d'une révolution' jusqu'à 'ils verront de belles choses'. BHVP.3874, f.16*v*; S.VU.29.14; G.(ii)1280, f.16*v*; Z.xiii, f.12*v*.

Juillet 1791

873. *L'apothéose de Voltaire*, drame lyrique en un acte par m. Pitra, l'auteur de l'opéra d'*Andromaque*, l'un des électeurs de 1789, officier municipal en 1790. S.VU.29.14; Mw.xxvi, ff.115*r*-18*v*. En annonçant cette pièce, qui ne semble pas avoir été imprimée, Meister ajoute: 'Cet ouvrage était destiné à être représenté sur le théâtre de l'Académie royale de Musique la veille du jour que les cendres de Voltaire furent déposées au nouveau Panthéon français.'

874. *Hymne sur la translation du corps de Voltaire* par m. Chénier, 'Ce ne sont plus des pleurs qu'il est tems de répandre'. Cf. Marie J. B. Chénier, *Hymne sur la translation du corps de Voltaire* (Paris [1791]). S.VU.29.14; Mw.xxvi, ff.121*v*-23*r*.

Février 1792

875. *A madame de Flamarens*, 'Il est une déesse inconstante, incommode' (M.x.506-507). S.VU.29.15; BHVP.3875, f.98; G.(ii)1281, f.42.

876. *Inscription pour l'urne qui renferme les cendres du manchon*, 'Je fus manchon, je suis cendre légère' (M.x.507). BHVP.3875, f.98*v*; S.VU. 29.15; G.(ii)1281, f.42*v*.

Février 1793

877. *Le Bourbier* (M.x.75-77). BHVP.3875, ff.226*r*-27*v*; S.VU.29.15.

1805

878. *Dialogue sur l'entrée de Frédéric II dans la Silésie au mois de décembre 1744* (*Almanach des muses* (Paris 1805), pp.225-27 et Best.D2416). G.1138.V, ff.553*v*-54*r*.

879. *Vers à madame la duchesse de Saxe-Gotha*, 'Grand Dieu, qui rarement fais naître parmi nous' (M.x.553-54). G.1138.W, f.12*r*. Meister ajoute qu'il s'agit de vers 'sur sa convalescence après une grande maladie'.

880. *A la même*, 'Loin de vous et de votre image' (M.x.554). G.1138.W, f.12*v*.

1806

881. Best.D252: texte daté du 8 octobre 1726. G.1138.W, f.128.

882. Best.D253. G.1138.W, ff.128*v*-29*r*.

883. *Quatrain sur le maréchal de Saxe*, 'Ce héros que nos yeux aiment à contempler' (M.x.532). G.1138.W, f.263.

Bibliographie

1. Sources manuscrites

Archives d'actes anciens d'URSS, Moscou
— ms F.181 N.1433, i-xxvi;
— ms Fonds 10, description no.3, no. 510;
— ms Fonds 10, description no.3, no. 504.
Bibliothèque de l'Arsenal, Paris
— ms 4978-4979.
Bibliothèque centrale, Zurich
— ms M 44.
Bibliothèque historique de la Ville de Paris
— ms 'cote provisoire' 3850-3875.
Bibliothèque nationale, Paris
— Nouvelles acquisitions françaises, ms 6594
- - Nouvelles acquisitions françaises, ms 12961.

Bibliothèque royale de Stockholm, Stockholm
— ms VU.29. 1-16.
Forschungsbibliothek, Schloss Friedenstein, Gotha
— ms 1138. A-Z.
— ms B 1265-1281.
Goethe-Schiller-Archiv, Weimar
— ms 96 Nr. 965.
Sächsische Landesbibliothek, Dresde
— ms R 69.
Staatsarchiv, Weimar
— ms E.XIII.a.n. 16.
Universitetbiblioteket Carolina, Upsal
— ms F 523, 3.
Zentrales Staatsarchiv, Merseburg:
— ms. Rep.57.I.F10.

2. Ouvrages consultés

Almanach des muses. Paris 1766; 1776; 1805.

André-Murville, Pierre Nicolas. *Epître à Voltaire, pièce qui a obtenu l'accessit au jugement de l'Académie française en 1779.* Paris 1779.

Bachaumont, Louis Petit de. *Mémoires secrets pour servir à l'histoire de la république des lettres en France depuis 1762 jusqu'à nos jours.* Londres 1777-1789.

Barbier, Edmond Jean François. *Chronique de la Régence et du règne de Louis XV (1718-1763).* Paris 1857.

Barr, Mary Margaret H. *A century of Voltaire study: a bibliography of writings on Voltaire (1825-1925).* New York 1929.

— *Quarante années d'études voltairiennes: bibliographie analytique des livres et articles sur Voltaire, 1926-1965.* Paris 1968.

Belin, Jean-Pierre. *Le Commerce des livres prohibés à Paris de 1750 à 1789.* Paris 1913.

Bengesco, Georges. *Voltaire: bibliographie de ses œuvres.* Paris 1882-1890.

Besterman, Theodore. *Some eighteenth-century Voltaire editions unknown to Bengesco (Studies on Voltaire, cxi).* Banbury 1973.

— 'Some eighteenth-century Voltaire editions unknown to Bengesco: supplement to the fourth edition', *Studies on Voltaire* (1975), cxliii.105-12.

— *Voltaire.* Oxford 1976.

Bibliothèque des sciences et des beaux-arts (La Haye avril-juin 1759), xi.

Bibliothèque impartiale (Gottinge et Leide juillet-août 1755), xii.

Bonnefon, Paul. 'Une correspondance inédite de Grimm avec Wagnière', *Revue d'histoire littéraire de la France* (1896), iii.481-535.

Booy, J. Th. de. 'Henri Meister et la première édition de la *Correspondance littéraire*', *Studies on Voltaire* (1963), xxiii.215-69.

— 'Inventaire provisoire des contributions de Diderot à la *Correspondance littéraire*', *Dix-huitième siècle* (1969), i.353-97.

Boufflers, Stanislas Jean de. *Œuvres*. La Haye 1780.

Bournon, Fernand. *Catalogue des manuscrits de la Bibliothèque de la ville de Paris*. Paris 1893.

Carlander, C. M. *Svenska Bibliotek och ex-libris, anteckningar af C. M. Carlander*. Stockholm 1904.

Cazes, André. *Grimm et les encyclopédistes*. Paris 1933.

Chabanon, Michel-Paul-Gui de. *Vers sur Voltaire* 1778.

Chaudon, Louis Mayeul de. *Dictionnaire anti-philosophique pour servir de commentaire et de correctif du Dictionnaire philosophique*. Avignon 1767.

Chénier, Marie J. B. *Hymne sur la translation du corps de Voltaire*. Paris AN II.

Choisy, Albert. 'Libelles de Voltaire contre Rousseau', *Annales de la Société Jean-Jacques Rousseau* (1936), xxv.251-66.

Collé Charles. *Journal et mémoires*, éd. Honoré Bonhomme. Paris 1868.

Danzel, Th. W. *Gottsched und seine Zeit, Auszüge seinem Briefwechsel*. Leipzig 1855.

De Beer, Gavin, et Rousseau, A. M. *Voltaire's British Visitors (Studies on Voltaire*, xlix). Genève 1967.

Delafarge, Daniel. *L'Affaire de l'abbé Morellet en 1760*. Paris 1912.

Desmahis, Joseph-François-Edouard de Corsembleu. *Œuvres divers*. Genève 1762.

Desnoiresterres, Gustave. *Voltaire et la société au XVIIIe siècle*. Paris 1867-1875.

Diderot, Denis. *Œuvres complètes*, éd. R. Lewinter. Paris 1969.

— *Correspondance*, éd. G. Roth et J. Varloot. Paris 1955-1970.

Ducis, Jean-François. *Œuvres*. Paris 1839.

Dulac, Georges. 'Le manuscrit de Moscou', *La Correspondance Littéraire de Grimm et de Meister (1754-1813)* (Colloque de Sarrebruck, 22-24 février 1974). Paris 1976, pp.107-11.

Elie de Beaumont, Jean-Baptiste-Jacques. *Mémoire à consulter et consultations pour Pierre Paul Sirven*. Paris 1767.

Epinay, Louise-Florence-Petronille Tardieu d'Esclavelles, marquise d'. *Les Pseudo-mémoires de madame d'Epinay: histoire de madame de Montbrillant*, éd. G. Roth. Paris 1951.

— *Mes moments heureux*. Genève 1759.

Fabre, Jean. *Stanislas-Auguste Poniatowski et l'Europe des lumières, étude de cosmopolitisme*. Paris 1952.

Favart, Charles Simon. *Mémoires et correspondance littéraires, dramatiques et anecdotiques*, éd. H. F. Dumolard. Paris 1808.

Florian, Jean-P. Claris de. *La Jeunesse de Florian ou mémoires d'un jeune Espagnol*. Paris 1820.

— *Voltaire et le serf du Mont-Jura, discours en vers libres*. Paris 1772.

Fréron, Elie-Catherine. *L'Année littéraire, ou suite des lettres sur quelques écrits de ce temps*. Amsterdam et Paris 1759-1760.

Galiani, Ferdinando. *Dialogues sur le commerce des bleds*. Londres 1770.

Galland, Elie. *L'Affaire Sirven*. Mazamet s.d.

Gilbert, Nicolas Joseph Laurent. *Le Dix-huitième siècle, satire à M. Fréron.* Amsterdam 1776.

Goldoni, Charles. *Le Père de famille* trad. [A. Deleyre]. Avignon et Liège 1758.

—*Le Véritable ami,* trad. [A. Deleyre]. Avignon et Liège 1758.

Grimm, Friedrich Melchior. *Correspondance littéraire, philosophique et critique adressée à un souverain d'Allemagne, depuis 1770 jusqu'en 1782,* éd. J.-B. Salgues. Paris 1812, 5 vol.

—*Correspondance littéraire, philosophique et critique, adressée à un souverain d'Allemagne pendant une partie des années 1775-1776 et pendant les années 1782 à 1790 inclusivement,* éd. Suard. Paris 1813, 5 vol.

—*Correspondance littéraire, philosophique et critique, adressée à un souverain d'Allemagne, depuis 1753 jusqu'en 1769,* éd. Michaud et Chéron. Paris 1813, 6 vol.

—*Supplément à la Correspondance littéraire,* éd. Barbier. Paris 1814.

—*Mémoires historiques, littéraires et anecdotiques, tirés de la Correspondance philosophique et critique adressée au duc de Saxe-Gotha par le baron de G. et par Diderot, etc.* Londres 1813-1814, 4 vol.

—*Historical and literary Memoires and anecdotes, selected from the Correspondence of Baron de Grimm and Diderot, between . . . 1770 and 1790.* London 1814, 2 vol.

—*Correspondance littéraire, philosophique et critique de Grimm et de Diderot depuis 1753 jusqu'en 1790,* éd. Taschereau. Paris 1829-1830, 15 vol.

—*Correspondance inédite de Grimm et de Diderot et recueil de lettres; poésies, morceaux et fragments retranchés par la censure impériale en 1812 et en 1813,* éd. Chéron et Thory. Paris 1829.

—*Correspondance littéraire, philosophique et critique, par Grimm, Diderot, Meister, etc.,* éd. Maurice Tourneux. Paris 1877-1882, 16 vol.

—*Lettres de Grimm à l'impératrice Catherine II,* éd. Jacques Grot, 2e édition. St Pétersbourg 1886.

—*Correspondance inédite de Frédéric Melchior Grimm,* éd. Jochen Schlobach. Munich 1972.

Grubenmann, Yvonne de Athayde. *Un cosmopolite suisse, Jacques Henri Meister (1744-1826).* Genève 1954.

Havens, George R. et Torrey, Norman L. *Voltaire's catalogue of his library at Ferney (Studies on Voltaire: ix).* Genève 1959.

Holbach, Paul-Henri Thiry, baron d'. *Le Christianisme dévoilé ou examen des principes et des effets de la religion chrétienne.* Londres 1756.

—*Système de la nature ou des lois du monde physique et du monde moral.* Londres 1770.

Journal encyclopédique. Bouillon février 1761-mars 1763; avril 1779.

Kölving-Rodriguez, Ulla. 'Les années 1760-1763: travaux de l'équipe d'Upsal', *La Correspondance littéraire de Grimm et de Meister.* Paris 1976, pp.81-87.

Kopreeva, Tatiana. *Bibliothèque de Voltaire: catalogue des livres,* introduction de M. P. Alekseev et Varbanec. Moscou et Leningrad 1961.

Lacombe, Jacques. *Poétique de m. de Voltaire ou observations recueillies de ses ouvrages concernant la versification française, les différents genres de poésie et de style poétique, le poëme épique, l'art dramatique, la tragédie, la comédie, l'opéra, les petits poëmes et les poëtes les plus célèbres anciens et modernes.* Genève et Paris 1766.

La Harpe, Jean François de. *Œuvres.* Paris 1821.

Lanson, Gustave. *Histoire de la littérature française,* 12e éd. Paris 1912.

Lebois, André. *La Mort chrétienne de monsieur de Voltaire.* Paris 1960.

Le Franc de Pompignan, Jean-Jacques. *Mémoire présenté au roi.* Paris 1760.

Le Kain, Henri-Louis Kain, *dit.* *Mémoires de Lekain, précédés de réflexions sur cet acteur et sur l'art théâtral*, par F. Talma. Paris 1825.

Lizé, Emile. 'Voltaire "collaborateur" de la *Correspondance littéraire*', *La Correspondance littéraire de Grimm et de Meister*. Paris 1976, pp.49-67.

— 'Deux inédits de Charles Michel, marquis du Plessis-Villette, à Voltaire', *Revue d'histoire littéraire de la France* (1974), lxxiv.483-85.

Luchet, Jean-Pierre Louis de La Roche Du Maine, marquis de. *Histoire littéraire de m. de Voltaire*. Cassel et Paris 1781.

Malcom, Jean. *Table de la Bibliographie de Voltaire par Bengesco*. Genève 1953.

Marmontel, Jean François. *Œuvres complètes*. Paris 1819-1820, x.446-48.

Martin, Henry. *Catalogue des manuscrits de la bibliothèque de l'Arsenal*. Paris 1888, iv.

Mémoires et anecdotes pour servir à l'histoire de Voltaire. Liège 1780.

Mercure de France. Paris juin 1755; novembre 1755; avril 1758; février 1761; septembre 1774; juin 1780.

Montesquieu, Charles Louis de. *Correspondance*, éd. F. Gébelin et A. Morize. Paris 1914.

Monty, Jeanne. *La Critique littéraire de Melchior Grimm*. Genève 1961.

Morellet, André. *Mémoires inédits . . . sur le dix-huitième siècle et sur la Révolution*. 2e éd. Paris 1882.

— *Observations sur une dénonciation de la Gazette littéraire faite à m. l'archevêque de Paris*. [Genève 1765].

Nonotte, Claude François. *Les Erreurs de Voltaire*. Paris et Avignon 1762.

Pappas, John. 'Voltaire et la guerre civile philosophique', *Revue d'histoire littéraire de la France* (1961), lxi.525-49.

Perey, Lucien et Maugras, Gaston. 'Madame d'Epinay à Genève (1757-1759)', *Bibliothèque universelle et revue suisse* (1884), xxi.327-45, 550-71; xxii.128-38.

Piron, Alexis. *Œuvres*. éd. E. Fournier. Paris 1857.

Pomeau, René. *La Religion de Voltaire*, nouvelle édition. Paris 1969.

Quérard, Joseph Marie. *Les Supercheries littéraires dévoilées*. Paris 1847.

Retour de m. de Voltaire à Paris. s.l.n.d.

Rousseau, Jean-Jacques. *Les Confessions* (Bibliothèque de la Pléiade) Paris 1959.

—*Correspondance complète*, éd. R. A. Leigh. Genève 1965-1971; Banbury 1972-1975; Oxford 1976-.

Schérer, Edmond. *Melchior Grimm: l'homme de lettres, le factotum, le diplomate, avec un appendice sur la Correspondance secrète de Métra*. Paris 1887.

Schlobach, Jochen. 'Die frühen Abonnenten und die erste Druckfassung der *Correspondance littéraire*', *Romanische Forschungen* (1970), lxxxii.1-36.

— 'Description de manuscrits inconnus de la *Correspondance littéraire*', *La Correspondance littéraire de Grimm et de Meister*. Paris 1976, pp.119-25.

— 'Lettres inédites de Voltaire dans la *Correspondance littéraire*', *Studi francesi* (1970), xlii.418-50.

Smith, David *et al.* 'La correspondance d'Helvétius', *Dix-huitième siècle* (1973), v.335-61.

Tourneux, Maurice. *Diderot et Catherine II*. Paris 1899.

Tronchin, Henri. *Le Conseiller François Tronchin et ses amis, Voltaire, Diderot, Grimm*. Paris 1895.

Varloot, Jean. 'La Correspondance littéraire de F. M. Grimm à la lumière des manuscrits de Gotha: contributions ignorées, collaborateurs mal connus', *Beiträge zur französischen Aufklärung und zur spanischen Literatur: Festgabe W. Krauss*, éd. W. Bahner. Berlin 1971, pp.427-45.

Vercruysse, Jeroom. *Bibliographie descriptive des écrits du baron d'Holbach.* Paris 1971.

— 'Bibliographie des écrits français relatifs à Voltaire, 1719-1830', *Studies on Voltaire* (1968), lx.7-71.

— 'Sur le projet d'une édition critique', *La Correspondance littéraire de Grimm et de Meister.* Paris 1976, pp.77-79.

Vernière, Paul. *Diderot, ses manuscrits et ses copistes, essai d'introduction à une édition moderne de ses œuvres.* Paris 1967.

Villette, Charles-Michel, marquis de. *Œuvres.* Edimbourg et Paris 1788.

Voisenon, Claude Henri de Fusée de. *Œuvres. complettes.* Paris 1781.

Voltaire, François Marie Arouet de. *Œuvres complètes,* éd. L. Moland. Paris 1877-1882.

—*Voltaire's correspondence,* éd. Th. Besterman. Genève 1953-1963.

— *Correspondence and related documents,* éd. Th. Besterman (*Œuvres complètes de Voltaire:* 85-135). Genève 1968-1971; Banbury 1971-1975; Oxford 1976-1977.

— *Dictionnaire philosophique,* éd. R. Naves et J. Benda. Paris 1967.

— *Notebooks,* éd. Th. Besterman (*Œuvres complètes de Voltaire* 81-82). Genève 1968.

— *La Henriade,* éd. O. R. Taylor (*Œuvres complètes de Voltaire* 2). Genève 1970.

— *La Pucelle d'Orléans,* éd. J. Vercruysse (*Œuvres complètes de Voltaire* 7). Genève 1970.

— *Le Taureau blanc,* éd. R. Pomeau. Paris 1956.

Wilson, Arthur M. *Diderot.* New York 1972.

Index des lettres de Voltaire

Voir *Correspondence and related documents*, éd. Th. Besterman, dans les *Œuvres complètes de Voltaire* 85-135 (1968-1977). Les références en caractères italiques renvoient aux numéros de notre inventaire.

Index des incipit des pièces en vers

Les références en caractères italiques renvoient aux numéros de l'inventaire.

241

Index des titres des œuvres de Voltaire

Les références en caractères romains et précédées de 'p.' renvoient à l'introduction; celles en italiques se rapportent à l'inventaire. L'astérisque indique que l'attribution est douteuse.

Index des noms et des lieux

Les références en caractères romains et précédées de 'p.' renvoient à l'introduction; celles en italiques se rapportent à l'inventaire.

248